中国经济论丛 · 新农村建设专辑

我国传统牧区转变畜牧业发展方式问题研究

Study on Transformation of Animal Husbandery Development Mode in Traditional Pastoral Areas of China

陈 洁 原 英 乔光华 等著

上海远东出版社

图书在版编目(CIP)数据

我国传统牧区转变畜牧业发展方式问题研究/陈洁等著. —上海：
上海远东出版社，2018
(中国经济论丛. 新农村建设专辑)
ISBN 978-7-5476-1388-7

Ⅰ. ①我… Ⅱ. ①陈… Ⅲ. ①畜牧业经济—经济发展—研究—中国 Ⅳ. ①F326.3

中国版本图书馆CIP数据核字(2018)第149950号

责任编辑 祁东城
封面设计 李 廉

本书由上海文化发展基金会图书出版专项基金资助出版

我国传统牧区转变畜牧业发展方式问题研究
陈 洁 原 英 乔光华等 著

出 版 上海遠東出版社
(200235 中国上海市钦州南路81号)
发 行 上海人民出版社发行中心
印 刷 昆山亭林印刷有限责任公司
开 本 710×1000 1/16
印 张 13.5
插 页 1
字 数 242,000
版 次 2018年10月第1版
印 次 2018年10月第1次印刷
ISBN 978-7-5476-1388-7/F·621
定 价 58.00元

前 言

牧区是经济地理中的区域概念。英语中，pastoral area 是指放牧的地区，或以畜牧业为主的地区。作为以牧草为自然资源基础、以牧业为经济基础的社会，牧区有着自己显著区别于其他区域的独特的社会经济特征。在人类历史上，是先有狩猎经济、牧业经济，然后才有种植业经济。即使是在现代农业十分发达的情况下，牧区的畜牧业经济仍然保持着活力和可持续发展的能力。我国传统牧区是指利用天然草原，以放牧或饲养方式经营畜牧业取得畜产品为主业的地区。中国的八个传统牧区分别是内蒙古、宁夏、甘肃、青海、西藏、贵州、云南、四川①，主要分布在中国的西北和西南地区，它们有两个共同的基本特征：第一，从生产要素来看，大面积的天然草原是生产的基本条件，与农区主要依托耕地形成鲜明对比；第二，从生产结构来看，往往以农牧业为主，畜牧业在农牧业中占主要地位②，是主要的支柱产业。改革开放四十年，在国家和各个牧区畜牧业发展政策的激励下，传统牧区畜牧业得到了快速发展。

随着经济发展水平不断提高，经济结构、社会结构变迁，以及气候条件和生态环境的改变等，中国牧区发展也呈现出新的特点，遇到新的情况和问题。近二十几年来，牧区工业化、城市化和市场化呈现加速发展的态势，一方面体现在经济社会结构快速转型、城镇化加速发展、城乡居民收入水平快速提高，另一方面是草原退化、生态恶化、牧民赖以生存和发展的最基本条件被严重削弱，传统畜牧业面临着增长方式落后，以牧业为主要生计来源的大多数牧民收入不高等问题。在此背景下，有必要重新审视中国传统牧区的发展转型问题。畜牧业曾是传统牧区经济的支柱产业，也是农牧民长期以来赖以维持生计和增收的重要产业，以其为切入点来研究牧区发展转型问题，可以“以一斑窥全豹”，较为深入

---

① 根据《国务院关于促进牧区又好又快发展的若干意见》(国发〔2011〕17号)，我国牧区主要包括13个省(区)的268个牧区半牧区县(旗、市)，牧区面积占全国国土面积的40%以上。内蒙古、新疆(含新疆生产建设兵团)、西藏、青海、四川、甘肃、宁夏和云南为8个主要草原牧区省(区)。范远江(2009)将牧区划分为省区级单位的广义牧区和以县为单位的狭义牧区。当代中国出版社出版的《当代中国》之《当代中国的畜牧业》第104页认为“我国牧区主要分布在东北平原西部、内蒙古高原、黄土高原北部、青藏高原、祁连山以西、黄河以北的广大地区”。(丛书编辑委员会编，1991年)

② 1987年的《全国牧区工作会议纪要》明确提出，牧区要以牧为主，并认为这符合牧区少数民族的习惯和专长，有利于发挥牧区优势和富裕牧民。

地观察和了解传统牧区转型、传统产业发展所面临的内外环境、发展现状、问题及政策需求。本书以观察传统牧区畜牧业产业为视角，通过对我国传统牧区的实证研究，深入系统地研究了我国牧区畜牧业发展方式转变问题。全书以我国经济社会结构快速转型、城镇化加速发展、城乡居民收入水平快速提高为背景，从传统牧区畜牧业发展情况的实际特点出发，审视传统牧区畜牧业发展面临的内外环境、遇到的主要挑战、问题及政策需求，探索传统牧区转变畜牧业发展方式的道路。全书共分八章，具体的章节情况是：

第一章概述了传统牧区畜牧业发展历程，分别从中华人民共和国成立以来到农村牧区改革开放、改革开放以来到 20 世纪 90 年代初、20 世纪 90 年代初到 21 世纪初、21 世纪以来四个阶段进行概述和分析；第二章分析总结了传统牧区畜牧业发展的现状、模式和经验；第三章、第四章、第五章、第六章、第七章和第八章分别从加强牧区水利建设、草业发展、草原承包经营制度、草原生态补偿机制、牧区畜牧业发展的国际经验和完善畜牧业发展政策等角度研究了传统牧区畜牧业发展方式转变所需的支撑条件。

本书的作者分工情况是：第一章、第二章由陈洁（农业农村部农村经济研究中心研究员）、原英（内蒙古农业大学经济管理学院副教授）共同执笔；第三章由陈洁执笔；第四章由陈洁、乔光华（内蒙古农业大学经济管理学院院长、教授）、周杰（内蒙古农业大学经济管理学院副教授）、马志艳（内蒙古农业大学经济管理学院助教）共同执笔；第五章、第六章、第七章由陈洁执笔；第八章由徐雪高（江苏省农业科学研究院经济信息研究所副所长、研究员）、陈洁共同执笔。全书由陈洁负责统稿。

本书的研究曾得到多项课题的支持，它们分别是：农业部发展与计划司 2015 年课题“传统牧区转变畜牧业发展方式研究”、2014 年课题“我国粮草兼顾型农业结构调整研究”、2013 年课题“我国畜牧业生产区域布局研究”、2012 年课题“主要国家和地区畜禽养殖业发展模式研究”以及 2011 年世界混农林业研究中心资助课题“中国草原生态补偿机制研究”。在研究的过程中，农业部发展与计划司原副司长刘北桦、原处长崔泽民和副处长缪建民、农业部畜牧业司草原处原处长李维薇、产业发展处处长罗健均给予了支持。《牧区水利建设》一章还得到国务院发展研究中心原副主任韩俊主持的《完善小型农田水利建设和管理机制研究》课题的支持。在此一并感谢！

书中不足和疏漏之处，敬请读者不吝指教。

目录

第一章

传统牧区畜牧业发展历程

我国畜牧业发展历史悠久。早在七千年前,我国就有了原始畜牧业。游牧与农耕是中国古代并存的两大经济文化类型。① 由于各地自然条件不同,我国西北、西南部分高寒地区只能利用天然草场放牧牲畜,便在狩猎经济的基础上,发展为纯牧业区。② 公元9、10世纪,嫩江流域、内蒙古、新疆、青海的畜牧业已经具有一定水平,出现了牲畜圈养技术③、饲养牛羊、牲畜组群放牧、计数和印记、去势与驯化等方面的技术。④⑤ 但是,直到晚清和民国时期,我国传统牧区的畜牧业经济仍是不发达的,属于半自然经济半商品经济状态。⑥ 中华人民共和国成立60多年来,我国先后制定了一系列发展畜牧业的方针和政策,畜牧业在探索中前进,在曲折中发展,走出了一条具有中国特色的畜牧业发展道路。畜牧业在农村经济中发挥着越来越重要的作用,已成为我国农业的支柱产业之一,在促进农村劳动力就业、增加农牧民收入和保障国家食物安全方面发挥了积极的作用。

本章主要回顾中华人民共和国成立后我国传统牧区畜牧业的发展历史,对中华人民共和国成立以来不同发展阶段的传统牧区畜牧业发展情况和特点进行概述。可以看出,传统牧区畜牧业基本上走的是一条立足自身资源、不断开拓进取的发展道路,实现了畜牧业综合生产能力显著提高、主要畜产品供应充足,确保了牧业从业人员生计和增收,满足了区域内居民的肉类产品需要。

---

① 贺卫光:《农耕与游牧:古代中国的两大经济文化类型》,《西北民族学院学报(哲学社会科学版)》2002年第1期第100页。

② 李元放:《中国古代的畜牧业经济》,《农业考古》1984年第7期。

③ 张逢旭、雷达亨:《青海古代畜牧业》,《农业考古》1988年第7期。

④ 殷晴:《新疆古代畜牧业的发展》,《西域研究》1993年第12期。

⑤ 常宝军:《嫩江流域蒙古族古代畜牧业生产习俗概略》,《黑龙江民族丛刊》1990年第3期第89页。

⑥ 娜拉:《清末民国时期新疆游牧社会研究》,社会科学文献出版社,2010年7月第1版。

一、不同阶段传统牧区的畜牧业发展情况

晚清和民国时期,我国传统牧区的畜牧业经济有所发展,但是不发达,体现在工具简陋,自然分群、自然放牧,一般不储备冬草,“有圈无棚”,无改造草原的工程,也无防治虫兽害和其他灾害的措施,“夏饱、秋肥、冬瘦、春死亡”很常见。晚清政府闭关锁国,农业科技不能与时俱进,当时的传统牧区仍沿用牲畜自然交配,繁殖率低,牲畜种群退化严重。民国时期的畜牧业有所发展,牲畜数量大增,但又加重了草原负担,草场超载现象严重。总体上看,近代以来,我国原始的畜牧业生产经营方式开始走向近代化进程,但传统牧区仍以自然经济为主,在牧民的分散的个体经济生产力水平下,生产剩余极少,甚至入不敷出。这是中华人民共和国成立之前的传统牧区畜牧业的基本特点。中华人民共和国成立后,我国传统牧区畜牧业经济发展进入新的历史阶段,以下划分四个历史时期来分别概述。

(一) 中华人民共和国成立以来到改革开放前

中华人民共和国成立之初,由于经过长期战乱,加上广大牧区自然灾害严重、家畜匮乏、牲畜养殖科技水平落后、畜禽疫病流行等因素,我国草原畜牧业生产力十分低下,主要牧区的畜牧业生产凋敝。1936 年,青海省平均每户牧民有羊 400 只以上,到中华人民共和国成立前只有 100～200 只,1937 年牲畜总头数 1 230.7 万头只,到 1949 年下降为 748.7 万头只,减少了 39.6%。[①] 中华人民共和国成立之前,新疆牧区科技落后,疫病流行,盗匪横行,牧区牲畜急剧减少,1949 年阿勒泰牧区牲畜仅剩下 637 万头。[②] 1949 年的内蒙古自治区牧区人畜两不旺,蒙古族人口 83.5 万人,牲畜总数 956.3 万头[③],人均只有约 11 头牲畜。民主改革之前的传统牧区不仅贫富差距悬殊,而且农牧民受剥削现象严重。旧西藏的安多腰恰 23 户牧民的牲畜占有情况显示:牧主和富牧占有牲畜的一半以上,人均牲畜 150 头左右,而中下牧户和贫困牧户只占有牲畜的

---

① 张逢旭、雷达亨、田正雄编著:《青海畜牧》第 29 页,青海人民出版社,1987 年。

② 新疆畜牧业经济研究会、新疆社会科学院经济研究所,《〈新疆畜牧业经济调查与论述〉(1983～1984)上辑》第 72 页,新疆新华印刷三厂,1985 年。

③ 耿宝云:《人畜两旺是怎样实现的——新中国前期内蒙古牧区和谐发展的启示》,载于《内蒙古师范大学学报(哲学社会科学版)》2007 年第 2 期第 32～37 页。

48.4%，人均牲畜几十只[①]。1947年之前，内蒙古牧区的广大牧民仍受制于封建贵族所有制的枷锁：牧区占人口2%左右的牧主拥有20%以上的牲畜总数；占人口40%～50%的贫苦牧民却只拥有15%的牲畜总数。据1940年索伦旗、新巴尔虎左旗、新巴尔虎右旗的调查，占总牧户71%的劳动牧民，只拥有牲畜总数的2.1%，作为畜牧业重要生产资料的草牧场，则由封建上层所控制，牧民没有自由使用草牧场的权利。牧区的主要剥削形式是放“苏鲁克”[②]和雇工。在中华人民共和国成立前，新疆木垒河县的哈萨克牧民四五十张羊皮还换不到一块砖茶[③]。总体上，中华人民共和国成立之初，四大传统牧区的畜牧业发展全部处于低起点，畜牧业生产力降到历史最低水平。1952年，内蒙古自治区畜牧业产值为2.3亿元，西藏、新疆、青海均不到1亿元(以1950年不变价)，传统牧区的畜牧业生产没有大的发展。

中华人民共和国成立以后，我国颁布了一系列方针政策恢复农业生产，采取禁宰耕畜、奖励繁殖、防治兽疫、改良种畜等重要措施，畜牧生产不断恢复和发展[④]。1947年之后，内蒙古开展了牧区民主改革，推翻了封建农奴制度，变封建牧主所有制为蒙古民族公有制[⑤]，完成了土地改革任务。“牧场公有，放牧自

---

① 中国藏学研究中心社会经济研究所编：《西藏家庭四十年变迁——西藏百户家庭调查报告》第50—51页，中国藏学出版社，1996年。

② 苏鲁克为蒙古语(Suwug)，原意为畜群，这里专指牧工牧主之间的生产关系。1947年前，内蒙古牧区的封建牧主将畜群租与牧工放牧，称放“苏鲁克”，牧工在一定时间内需无偿替封建牧主放牧牲畜，这是一种剥削关系。内蒙古自治区成立后，牧区在废除封建特权的同时，实行了新“苏鲁克”制，一般接苏鲁克的牧民可得所产羔羊的40%～50%。见戴双喜、包英华：《法律视域中的苏鲁克制度》，《内蒙古社会科学(汉文版)》2007年11月第28卷，第6期，第18—23页。

③ 王谌：《木垒河草原上的人们》，原文刊于《新疆日报》1951年11月6日，引文出自中共新疆维吾尔自治区委员会政策研究室、农村工作部、新疆维吾尔自治区少数民族经济研究会、畜牧经济研究会、社会科学图书馆组编，农村读物出版社出版的《新疆牧区社会》第157页。

④ 中华人民共和国成立初期，为解决人民群众的温饱问题，我国制定了“以粮为纲”的农业发展路线，优先发展粮食生产。因此，我国执行保护与奖励繁殖耕畜的政策，为粮食生产提供农业畜力和肥料来源。为保护耕畜、繁殖耕畜和提高耕畜与家畜的质量，1950年，我国相继颁布了《家畜保护暂行条例》《家畜防疫暂行条例》《种公畜、候补种公畜选定及奖励暂行办法》《家畜执照管理暂行办法》等。其中《家畜保护暂行条例》规定：凡家畜畜主享有家畜的所有权。凡可供使役和繁殖用家畜一律严禁屠宰，否则人民政府视情节轻重予以处罚。随后，各地也相继颁布了禁止宰杀耕畜的条例，如1951年华东区、中南区分别颁布了地方版的《禁宰耕畜暂行条例》。1957年，我国大牲畜年末存栏量为8 382万头，比1949年增加了2 380万头，增长了39.65%；其中牛增加了1 967万头，占到大牲畜增加总数的82.65%。

⑤《内蒙古自治区政府施政纲领》(1947年)中明确规定：没收王公贵族、上层喇嘛及牧主手中的绝大部分优良牧场，将封建的土地及牧场所有制废除，并依照蒙古民族的历史习惯，在全区范围内实行蒙古民族公有的草牧场所有制度，牧民在其所在的行政区域内都可自由放牧。

由"政策、"三不两利"[1]政策和"新苏鲁克"制度等的实施，较快地促进了畜牧业的恢复和发展。通过改进放牧方法和饲养措施，在牧区、半农半牧区推行"保护牧场，禁止开垦"以及"人畜两旺"的政策方针，牧区畜牧业生产不断发展，经营范围不断扩大，畜牧业发展方式不断变革。1947—1952 年，内蒙古大牲畜和羊从 841.90 万头上升到 1 601.90 万头，增幅近一倍[2]。到 1952 年，分散的个体牧户约占牧区总牧户的 90%以上，其拥有的牲畜约占牧区牲畜总数的 80%以上，在牧区经济中占主导地位。[3]

传统牧区地广人稀、生产落后，风雪、疫病等灾害频发，且劳动力缺乏、生产工具不足，牧业生产存在许多困难，客观上有互助合作的需要。1952 年内蒙古开始试办牧业生产互助组，截至 1955 年底互助组发展到 6 710 个，参加互助组的牧户占到总牧户的 53.2%。到 1955 年初试办了 20 个牧业生产合作社，1956 年发展到 543 个，入社牧户占牧户总数的 22%。1957 年冬大力兴办初级牧业生产合作社。到 1958 年 7 月初，牧业生产合作社发展到 2 083 个，入社牧户占总数的 85%，内蒙古牧区基本实现合作化，实现了畜牧业的社会主义改造。1958 年 9 月内蒙古成立了第一个人民公社——上都河人民公社。到 1959 年 2 月，在全区牧区范围内共有 163 个人民公社建成，97%的牧民入社，基本实现了人民公社化。到 1958 年，内蒙古自治区草原载畜量已接近饱和。1958—1960 年，许多国营农场、国营企事业单位兴办"副食基地"、农业社队开垦草原，以耕挤牧的情况已经发生，这一时期，牲畜以 9.9%的年平均速率增长。1961—1966 年，内蒙古重申"保护牧场，禁止开垦"，刹住滥垦草原之风，封闭了大量垦地，要求给予牧业社队长期、固定的草原集体使用权。1965 年，内蒙古自治区创造了牲畜总数 4 176.2 万头(只)的历史最高纪录。但这期间畜牧业发展速度减缓，牲畜以 3.8%的年平均速率增长。人民公社后期(1966—1978 年)，在"农业要上，牧业要让""农业下滩，牧业上山""牧民不吃亏心粮"等口号影响下，牧区开垦又有抬头，有利于牧区畜牧业发展的方针政策被忽视。1978 年牧业年度，内蒙古牧区大牲畜和羊的总头数比"文化大革命"前的 1965 年减少 24.2%。十几年中，畜牧业发展总体徘徊，牲畜头数在 3 500 万头上下波动。从全国情况看，这一阶段牲畜头数大起大落，发展极不平衡：1949—1957 年牲畜年均递增 9.2%；1958—1965 年牲畜年均递增 5.1%；1966—1976 年牲畜年

---

① 内蒙古自治区委员会采取积极、稳妥的步骤，在民主改革中，对大部分牧户执行"不斗不分，不划阶级"和"牧工牧主两利"的政策。

② 吴海山：《乌兰夫牧区工作思想的逻辑构架》，《内蒙古社会科学(汉文版)》，2017 年 3 月第 38 卷第 2 期，第 22 页。

③《内蒙古：分类推进规模养殖进程》，《中国畜牧业》2011 年第 21 期。

均递减 0.1%。1966 年到改革开放前，牧区牲畜总头数几乎没有增长。[①]

总体上，农村改革开放以前，我国传统牧区畜牧业有所发展，但是受政策影响比较大，基本上处于自给自足状态，生产力水平不高，生产经营方式落后，牧民没有商品经济观念，市场发育程度非常低，畜牧业在低水平徘徊。在这一阶段，牧区畜牧业发展的停滞与日益扩大的畜产品需求形成强烈的反差，畜产品原料短缺已成为国民经济中的一大矛盾。[②]

（二）改革开放以来到 20 世纪 90 年代初

十一届三中全会之后，内蒙古、西藏等自治区确立了“以牧为主，农林牧结合，因地制宜，多种经营，发展商品生产”的方针，加快发展畜牧业，实行免征牧业税，提高畜产品收购价格，在 1985 年取消了畜产品派购，实行多渠道流通。1987 年，《全国牧区工作会议纪要》指出，牧区要实行以牧为主、草业先行、多种经营、全面发展的方针。20 世纪 80 年代，牧区经济体制改革使畜牧业生产发生了历史性变革。随着“牲畜作价归户，私有私养”以及“草场承包到户 50 年不变”[③]等政策措施的贯彻落实，牧民家庭成为相对独立的经济实体，用于畜牧业生产经营方面的支出开始逐年增加，棚圈、草库伦等基础设施建设日益完善，草原畜牧业走上建设养畜的发展道路。牧区重点推广草原围栏保护、划区轮牧、草场改良、人工种草、飞播牧草、建设配套草库伦，引种入牧，发展饲草料生产；家畜改良配种高新技术在生产中开始应用。农区和半农半牧区实行引牧入农、农牧结合、引草入田，逐步建立粮经饲三元种植结构，加强农作物秸秆利用，为农区畜牧业发展建立巩固的物质基础；发展牲畜数量与提高牲畜质量并重，建立起提高母畜比重、加速繁殖、扩大出栏、快速周转、增加效益的生产模式。各大牧区在推动畜牧业向商品化、现代化方向发展，实现生产与经营结合，提高畜牧业经济效益方面都做了大量工作。我国四大牧区的五畜总头数[④]在改革开放初期的十余年里得到快速增长，1978—1990 年，五畜总头数增加了 3 686.4 万头，增长了 48.5%。其中，西藏和内蒙古增长显著，增长了 105.1% 和 93.3%。内蒙古改良配种数量逐年增加。1990 年，全区良种和改良种五畜年

① 潘照东、曹征海、张定龙、苗复春、方向：《牧区畜牧业经济：长期发展的问题和前景》，《农业经济丛刊》1987 年第 10 期。

② 同上。

③ 1985 年 1 月内蒙古推行“草场公有，承包经营”的办法，统称“畜草双承包”（后又改为“双权一制”）责任制，这是内蒙古广大牧民在长期经营畜牧业的实践中所创造的一种新的畜群经营形式。“畜草双承包”责任制的普遍推行，真正使社会主义制度的优越性同家庭经营的积极性结合起来，促使广大牧民对提高经济效益的要求更加迫切，生产的积极性更加自觉，大大推动了生产的发展。

④ 注：在传统牧区，牧民将牛、马、骆驼、山羊、绵羊统称为草原五畜。

末为 1 796.95 万头(只),占当年全区五畜比重达 50.08%,改良种大牲畜和羊在畜群中的比重达到 48.2%,比 1982 年增加了 15 个百分点。

表 1.1　1978—1990 年我国四大牧区五畜总头数增长情况

(万头只)

	西藏	内蒙古	新疆	青海	总数
1978 年	1 992.5	1 856.8	2 521.5	2 144.3	8 515.1
1990 年	2 215.9	3 588.3	3 291.0	2 194.1	11 289.3
增长%	11.2	93.3	30.5	2.3	32.6

数据来源:根据国家统计局 data.stats.gov.cn/easyquery.htm?cn=E0103 分省年度数据整理计算得出

(三) 20 世纪 90 年代初到 21 世纪初

20 世纪 90 年代初,计划经济与市场调节相结合的体制,打破了牧区经济的封闭半封闭状态。1992 年内蒙古提出“科教兴牧”的畜牧业发展战略。到 1997 年,全区已建立畜牧、兽医、草原、机械、水利科学研究单位 14 所,农牧业大学 2 所,畜牧和农牧中专 16 所,畜牧系统旗县级以上的家畜改良站 92 所,草原工作站 98 处、兽医工作站 104 处、冷冻精液站 2 处、畜牧业经营管理站 50 处、畜牧兽医技术服务中心 18 处,苏木、乡镇畜牧业综合服务站 1 192 处,基本形成了从自治区到盟市、旗县以至苏木、乡镇较配套的畜牧业技术服务体系。1996 年 9 月,内蒙古自治区党委提出“增草增畜,提高质量,提高效益”的“双增双提”可持续发展战略。通过全面实施该发展战略,相当一部分地区有计划地实行了禁牧制度,推行舍饲圈养,实现畜牧业增长方式从粗放型向集约型转变。1997 年 12 月内蒙古自治区进一步做出《关于推进牲畜“种子工程”的决定》,以实现发展高产、优质、高效畜牧业。2000 年牧业年度全区良种、改良种大牲畜和羊达到 3 176.90 万头,在畜群中的比重达到 76.12%。同时,内蒙古畜牧业综合生产能力有了显著提高,2000 年畜牧业产值(1990 年不变价)达到 112.37 亿元,是改革开放初期的 4.4 倍,年均递增 7.0%。在牲畜数量仅提高 0.75 倍、年均增速 2.7%的情况下,全区肉类总产量达到 143.4 万吨,是 1978 年的 6.9 倍,年均递增 9.2%;鲜奶产量达到 82.99 万吨,是 1978 年的 11.5 倍,年均递增 11.7%。这些说明,内蒙古阶段性地实现了畜牧业发展的提质增效目标。这一时期,畜牧业各方面实现快速发展。1990 年,全区畜牧业产值达到 53.01 亿元,比 1980 年增长 95.24%,年均增长 6.9%;牲畜总头数达到 5 307.43 万头,肉类总产量达到 229.68 万吨,毛绒总产量达到 29.89 万吨;大牲畜和羊出售率达到17.04%。全区良种改良种牲畜2 194.9万头,比1980年的1 001.2万头增加119.23%,良种改良种牲畜比重达到49.3%。畜牧业科学研究和科技推广出现新局面,获国家和自治区级奖励的各类科技成果有150项。许多科研项目达到国内和国际先进水平,对畜牧业现代化建设起到重要作用。

20世纪90年代以后,我国传统牧区草原五畜增长开始变缓,特别是大牲畜增长波动大,马、骆驼的增长率持续变缓,羊的增长也有波动,但个别年份增长较快。1990年,我国传统牧区五畜数量合计增长率为0.79%,其中牛、马、骆驼都是负增长,而山羊的增长率是2.62%;1992和1993年,五畜数量合计均为负增长;此后,山羊、绵羊的增长率有恢复,特别是山羊在1994、1995和1996年的增长率分别达到了4.01%、8.31%和11.34%,1996年之后增长率回落,1999年为0.71%。

表1.2　1990—1999年我国传统牧区草原五畜增长率变化

(%)

年份	牛	马	骆驼	山羊	绵羊	五畜
1990	-0.80	-1.22	-1.64	2.62	0.75	0.79
1991	1.37	-1.71	-4.51	1.55	0.17	0.55
1992	1.65	-1.23	-8.46	-0.70	-0.81	-0.44
1993	-2.65	-1.55	-5.71	0.21	-0.02	-0.46
1994	-0.91	-0.86	-4.73	4.01	1.45	1.49
1995	0.85	-0.64	-2.03	8.31	3.87	4.15
1996	-3.37	1.39	0.96	11.34	-0.07	1.85
1997	-0.64	-2.41	0.24	1.95	1.91	1.44
1998	-3.45	-4.14	-4.51	-3.52	4.50	1.32
1999	0.80	-2.23	-1.66	0.71	1.72	1.28

(四) 21世纪以来的发展情况

随着我国经济持续增长,工业化、城镇化水平发展和居民收入水平提高,居民消费结构已经迅速转换,需求结构升级明显,对畜产品的需求也在不断上升。到21世纪末,我国城乡居民收入水平要实现倍增目标。届时,作为农业的重要产业部门,畜牧业不仅要满足城乡居民"吃好"的客观需求,继续为市场提供充足的畜产品和动物蛋白,还要在产值、就业、促农增收、推动资源可持续利用、保护环境和文化传承等方面做出应有贡献。

传统牧区的畜牧业优势主要在草食家畜上。2015年,四大牧区牛羊肉总产量为 289.2 万吨，占到其肉类总产量的 62.7%，猪肉只占 25.1%；四大牧区牛奶总产量为 1 020.5 万吨，占全国牛奶总产量 3 754.7 万吨的 27.2%（见表 1.3）。目前，我国西北地区的牛羊肉生产主要集中在内蒙古和新疆，两个自治区的牛羊肉产量分别占北方地区产量的 17.59%、10.95%；牛奶产量主要集中在内蒙古，其产量占北方地区总产量的 24.06%，位居首位。

表 1.3　2015 年四大牧区畜牧业结构

（万吨）

地区	肉类总产	猪肉	猪肉占肉类比重(%)	牛羊肉	牛羊肉占肉类比重(%)	牛奶总产	禽蛋
内蒙古	245.7	70.8	28.8	145.5	59.2	803.2	56.4
西　藏	28	1.5	5.4	24.7	88.2	30	0.5
青　海	34.7	10.3	29.7	23.1	66.6	31.5	2.3
新　疆	153.2	33.1	21.6	95.9	62.6	155.8	32.6
合计	461.6	115.7	25.1	289.2	62.7	1 020.5	91.8

资料来源：根据《中国统计年鉴》计算整理而得。

进入 21 世纪以来，内蒙古从实际出发，先后出台了《关于转变生产经营方式发展生态畜牧业的意见》《关于加快发展农区畜牧业的决定》《关于促进牧民增加收入的实施意见》等文件，在农区、半农半牧区、牧区推进规模化养殖，在转变畜牧业发展方式上坚持因地制宜、分类施策，选择不同路径，取得了一些积极的成效。① 2013 年，内蒙古牧业产值占农业总产值的比例达到 44.77%，已成为与种植业并重的农业支柱产业，其规模与效率均得到了提高，畜牧业生产从数量规模型的传统畜牧业不断向质量效益型的现代畜牧业转变，畜牧业产业地位日趋重要。2013 年内蒙古牧业年度牲畜总头数达到 10 291.3 万头（只），是 2000 年的 1.66 倍。畜牧业生产结构调整不断深化，市场需求较高的牛、绵羊、山羊的饲养量快速增长，2013 年内蒙古大牲畜和羊分别达到 1 266.5 万头和9 024.7 万只，分别比 2000 年增加 463.2 万头和 3 618.5 万只，主要以绵羊头数的增加为主，马、骆驼、驴、骡等的养殖量相对下降和变化不明显。节粮型草食类牲畜呈现快速增长态势，猪肉比重从 2000 年的 53.43%下降到 2013 年的 29.95%，牛羊肉的比重由 2000 年的 37.42%上升为 2013 年的 57.41%，奶业产量由 2000 年的 1 090 457吨增长为 2013 年的 7 785 547 吨，年均增长率高达 16.32%。

① 《内蒙古：分类推进规模养殖进程》，《中国畜牧业》2011 年第 21 期。

进入 21 世纪以来，我国传统牧区畜牧业良种化水平不断提高。到 2014 年底，新疆牛、羊良种率分别达到 65%、75%，牛羊活体优良种公畜生产能力达到 6 万头(只)以上，牛冻精 250 多万剂的供种能力，牛冷配改良头数 100 多万头，羊的人工授精改良只数 200 多万只，多胎(多羔)母畜达 50 万只以上。随着综合经济实力和科技水平的不断提升，畜牧业的经济效益和可持续发展能力大幅提高。2014 年为锡林郭勒盟最好的牧业年度，全盟大小畜日历年度总增率、良改比重分别达到 91.1%、97.8%，较"十一五"时期最好年份 2010 年分别提高 6.1 个百分点、0.5 个百分点，死亡率为 0.3%，较"十一五"时期下降 0.1 个百分点。2015 年，全盟肉和奶类产量分别达到 27 万吨和 62.47 万吨，"十二五"期间年均分别增长 2.36%和 2.37%。①

为应对气候变化影响和遏制草原生态退化，我国出台了一系列草原生态保护和建设的项目工程，主要牧区发展生态畜牧业的意识越来越强。2013 年青海省下达财政资金 28 亿多元，重点用于提高农牧业综合生产能力，其中大力发展生态畜牧业经济成为重中之重。② 2014 年，农业部在青海设立了全国草地生态畜牧业试验区，青海生态畜牧业建设进入新阶段。近年来，青海省主要以实现草原减畜、牧民增收、生态恢复为目标，推进畜牧和水利设施建设；加强畜种改良，加大品种选育和推广力度；培育畜产品加工龙头企业；加强技能培训，提高牧民素质；推进畜牧业合作社经营机制创新，建立健全农牧区社会化服务体系；注重生态畜牧业与游牧民定居、三江源生态移民与青海湖生态工程建设相结合。其他主要牧区也先后开展了生态畜牧业发展模式的探索。

二、我国传统牧区畜牧业发展取得的成就

中华人民共和国成立以来，尤其是改革开放以来，传统牧区畜牧业发展取得了显著成就：畜产品产量、产值迅速增长，畜牧业结构逐渐优化，畜牧业生产经营方式逐步由靠天养畜、粗放经营的传统方式向机械化、产业化、集约化、社会化的现代畜牧业发展方式转变，促进了农牧民收入水平和生活水平提高。

---

① "十二五"期间锡林郭勒盟农村牧区发展成绩显著，中央人民政府网 2016 年 2 月 26 日 18:50 http://www.toutiao.com/i6255550323167855106/.

② 青海大力发展生态畜牧业经济，来源：中国广播网 2013 年 5 月 14 日 10:08:00，http://news.163.com/13/0514/10/8UR1GSSR00014JB5.html.

(一) 畜牧业经济增长明显

随着国家对畜牧业发展的重视程度提高和牧区经济体制改革的深入，主要牧区畜牧业经济增长明显。到 1988 年底，内蒙古、新疆、青海、西藏大牲畜存栏数达 2 472 万头，羊 8 810 万只，比 1979 年分别增长 11.5%和 9.3%。1982—1990 年，内蒙古牛羊肉总产量增长 90.9%；毛绒总产量增长 14.3%，畜牧业产值(1980 年不变价)增加 7.24 亿元，达到 19.98 亿元，增长 56.9%。① 2014 年青海省牧区六州农牧业增加值 118.6 亿元，比 2010 年的 74.6 亿元增加 44 亿元，高于同期全省农牧业增加值递增速度。农牧民人均纯收入达到 6 266 元，比 2010 年时的 4 062 元增加 2 204 元，增长 54.3%，年均递增 15.5%。② 1979—2015 年，四大传统牧区畜牧业总产值有很大提高。按 1990 年价格计算，2015 年四大传统牧区畜牧业总产值比 1979 年增长了近 11 倍，这与前一个历史时期相比可谓是翻天覆地的变化。从畜牧业产值上来看，牧区畜牧业产值增长速度和全国畜牧业产值增长速度保持一致。1978—2014 年的 36 年间，全国畜牧业产值年均增长速度为 14.7%，牧区畜牧业产值年均增长速度为 14.2%，而非牧区畜牧业产值增长速度为 14.8%。2014 年，全国畜牧业产值 28 956.3 亿元，其中牧区畜牧业产值为 5 785.2 亿元，牧区畜牧业产值占全国畜牧业产值的 1/5。

畜牧业经济增长直接带动了农牧民收入水平和生活水平的提高。改革开放以来，特别是进入 21 世纪以来，我国传统牧区牧民收入持续增长。2013 年，西藏、内蒙古、新疆、青海四大传统牧区农牧民名义收入分别比 1980 年高出 24、45、36、30 倍。如果按照 1978 年的不变价计算，则 2013 年的实际收入为 1980 年的 2.5、4.6、3.7 和 3.1 倍(见表 1.4)。

表 1.4　四大牧区 1980—2013 年主要年份农牧民人均纯收入

(元)

年份	西藏		内蒙古		新疆		青海	
	当年价	1978 不变价	当年价	1978 不变价	当年价	1978 不变价	当年价	1978 不变价
1980	274	216	192	151	201	158	204	161
1985	535	334	400	249	394	246	343	214

① 数据来源：相关年份《内蒙古统计年鉴》。

②《青海畜牧业从传统走向现代》，《青海日报》2015 年 7 月 14 日星期二，来源：http://epaper.tibet3.com/qhrb/html/2015-07/14/content_262314.htm.

续 表

年份	西藏		内蒙古		新疆		青海	
	当年价	1978 不变价	当年价	1978 不变价	当年价	1978 不变价	当年价	1978 不变价
1990	582	294	647	327	684	345	560	283
1995	878	302	1 300	448	1 137	392	1 030	355
2000	1 331	347	2 038	531	1 618	422	1 490	388
2005	2 078	342	2 989	492	2 482	409	2 152	354
2010	4 139	429	5 530	573	4 643	481	3 863	400
2013	6 578	536	8 596	701	7 297	595	6 169	503

数据来源：《新中国 55 年统计资料汇编》、历年《中国统计年鉴》。

(二) 畜牧业结构发生显著变化

供给与需求两方面的变化使得传统牧区畜牧业结构发生了显著变化。首先，草原五畜的结构发生变化。从四大传统牧区五畜总头数的变化看，1980年，四大传统牧区牛、马、骆驼、山羊、绵羊的头数分别为 1 557.0 万头、354.2 万头、54.0 万头、1 821.2 万头、6 275.7 万头，合计为 10 062.1 万头；到 2015 年，牛、马、骆驼、山羊、绵羊的头数分别为 2 139.3 万头、227.3 万头、32.9 万头、2 852.4万只和 9 852.0 万只，合计数为 15 104.0 万头只；35 年间，草原五畜中马和骆驼呈现负增长，牛、山羊、绵羊的增长率分别为 37.4%、56.6%和57.0%，五畜合计增长率为 50.1%(见表 1.5)。

表 1.5　1980 年和 2015 年四大传统牧区草原五畜分畜种头数

(万头只，%)

年份	牛	马	骆驼	山羊	绵羊	合计
1980	1 557.0	354.2	54.0	1 821.2	6 275.7	10 062.1
2015	2 139.3	227.3	32.9	2 852.4	9 852.0	15 104.0
增长率	37.4	−35.8	−39.1	56.6	57.0	50.1

数据来源：历年《中国统计年鉴》

传统牧区草原五畜产量呈现波动中增长的态势。从表 1.6 可以看出，近五年来，骆驼的产量发展很快，而牛、马、羊的增长率均呈小幅波动。相对而言，近两年五畜增长比较平稳。随着机械化发展，马和骆驼等大畜的交通工具和役畜功能逐渐丧失，其数量大幅度减少，而绵羊和山羊的肉用、毛用价值都很高，数量不断增长。这使得目前草原五畜中以绵羊和山羊为多，马、骆驼和牛等大畜的比重在减少。近年来随着现代马产业、驼乘业等的兴起，马、骆驼的生产数量又有回升。特别是市场对于骆驼的耐寒、耐饥渴、耐粗饲、养殖成本低且具有

表 1.6　2011—2015 年我国传统牧区草原五畜增长率变化

年份	牛	马	骆驼	山羊	绵羊	合计
2011	−2.78	−0.98	6.23	2.64	−1.09	−0.54
2012	0.34	−0.92	8.36	−1.85	2.82	1.38
2013	1.83	−0.23	7.28	−5.06	5.21	2.46
2014	1.60	2.37	5.28	−0.85	5.15	3.41
2015	2.53	2.99	6.60	3.01	2.64	2.71

数据来源：历年《中国统计年鉴》。

绒、肉、乳、役、皮、血、脏器等食用、生活、保健、药用用途的日益看重，骆驼产业近年来在局部地区有了较快的发展。

再来看主要牧区内蒙古的情况。1950 年，内蒙古牛、马、骆驼、山羊、绵羊的头数比例关系为 22.71∶4.40∶1.29∶26.86∶44.74，这一年牛的比例还能占 20%以上，而到 1960 年牛、马、骆驼、山羊、绵羊的比例已经变为 13.56∶3.69∶0.86∶35.45∶46.44，牛、马和骆驼这些大牲畜的比重已经下降，而山羊数量明显增加，占到 30%以上。此后，绵羊开始显著增加，到 1970 年，绵羊所占比重已经超过 50%。1980 年，牛、马、骆驼、山羊、绵羊的头数比例关系为 9.92∶4.98∶0.99∶24.40∶59.71，绵羊的比例接近 60%。到 2013 年，牛、马、骆驼、山羊、绵羊的头数比例关系为 10.31∶0.74∶0.15∶23.18∶65.82，马和骆驼的比例均不到 1%，而绵羊比例超过了 65%(见表 1.7)。

表 1.7　1950～2013 年内蒙古草原五畜头数结构变化

(%)

年份	牛	马	骆驼	山羊	绵羊
1950	22.71	4.40	1.29	26.86	44.74
1955	17.74	3.76	0.91	31.22	46.38
1960	13.56	3.69	0.86	35.45	46.44
1965	12.09	4.09	0.76	33.61	49.45
1970	11.30	5.69	0.85	29.65	52.52
1975	10.56	5.97	0.83	25.07	57.56
1980	9.92	4.98	0.99	24.40	59.71

续 表

年份	牛	马	骆驼	山羊	绵羊
1985	11.44	5.11	0.87	21.52	61.06
1990	9.58	3.69	0.54	26.61	59.59
1995	9.00	3.21	0.33	30.96	56.50
2000	8.12	2.16	0.23	30.94	58.56
2005	7.58	0.78	0.11	29.50	62.02
2010	9.87	0.75	0.13	27.88	61.38
2013	10.31	0.74	0.15	23.18	65.62

数据来源：历年《内蒙古畜牧业年鉴》。

(三) 畜牧业科技支撑能力不断提高

传统牧区的畜牧业科技水平不断提高，是促进牧区畜牧业持续发展，提高牲畜个体生产性能、促使畜产品产量逐年增加的重要因素。根据已有研究，内蒙古自治区畜牧业产值增长中各要素的贡献率大小顺序依次是：物资消耗、科技进步、饲养畜禽头数及劳动力投入①，这表明科技进步在畜牧业产值增长中已占相当比重。根据测算，“十二五”期间，我国畜牧业科技进步贡献率已达到58%，比同期对农业的贡献率高2个百分点，我国畜牧业科技综合实力在国际上总体处于中等偏上水平。科技进步为推动我国畜牧业繁荣发展发挥了至关重要的作用。畜牧业科技涵盖了品种培育、种畜繁殖、高效养殖、饲料加工、疾病诊断、疫苗和药物开发、产品加工储藏等诸多科学技术，领域很宽，延伸范围广。每一项先进的技术发明或创新在产业中的成功应用，都对产业跨越式发展起到引领和推动作用。②

传统牧区畜牧业生产基础薄弱，尚处在由传统畜牧业向现代畜牧业、由自然经济向商品经济转化的过程中，畜牧业经济增长主要依靠物质投入来实现。而随着畜牧业发展，牧区畜牧业生产越来越注重内涵扩大再生产，注重提高劳动生产率。

以云岭牛为例。云岭牛是我国第一个采用三元杂交方式培育成的肉用牛品种，是国内具有完全自主知识产权的第四个肉牛新品种，也是第一个适应南方热带、亚热带地区的肉牛新品种。云岭牛杂交选育历时30余年，具有适应性

---

① 陈秋晔：《内蒙古畜牧业科技进步作用的研究》，内蒙古农业大学硕士学位论文，2005年。

② 刘涛、王涌鑫、周凌云、徐哲、张军民、黄庆生：《“十二五”畜牧业科技成就及下一步工作建议》，《农业科技管理》2016年6月第35卷第3期。

广、抗病力强、耐粗饲、繁殖性能优良且能生产出优质高档雪花肉等显著特点，2014 年 12 月云岭牛获国家畜禽遗传资源委员会颁发的畜禽新品种证书，2016 年被列为“十三五”南方肉牛主推品种，改变了我国高档雪花牛肉长期依靠国外品种资源的状况。自 2006 年中试开始，我国共推广云岭牛种公牛 500 多头、冻精 30 余万剂，累计生产杂交改良肉牛约 30 万头。根据中试项目组监测结果，云岭牛杂交改良牛 0.5～1.0 岁时，体重比云南本地黄牛多增重约 50 千克，1.5～2.5 岁比本地牛多增重约 100 千克。每饲养 1 头云岭牛可比云南本地牛多盈利 1 500～3 000 元。截至 2016 年底，我国选育区云岭牛存栏四世代以上基础母牛已达 5 万头。① 云岭牛目前已在云南、贵州、广西、重庆、四川、广东、海南等省(区、市)推广，为我国南方肉牛产业化发展提供了种源保障。②

养羊业是新疆具有相对发展优势的产业。③ 目前新疆的细毛羊育种在全国处于领先水平，科研人员经过近 50 多年的工作，获得了数以百万计的优良细毛羊群体，形成年产优质羊毛 1 万吨以上的生产能力，培育出的新吉细毛羊是我国优良的细型和超细型细毛羊新品种。目前新疆已经形成了以高等院校和科研院所为研究主体的畜牧科技创新网络；以自治区、地州、县市的畜禽改良站、草原站、动物卫生监督所、动物疾控中心为技术推广主体的畜牧科技推广网络；以畜牧业科技企业为纽带，具有区域特色的畜牧科技示范基地、养殖小区和畜牧养殖大户为载体的畜牧科技应用示范网络。④

青海省的牦牛研究在全国具有绝对领先优势。据青海省科技信息所对国内文献的检索查询，有关牦牛的科学研究成果共计 329 项，其中青海 128 项，甘肃、四川、西藏分别为 78 项、49 项、22 项。⑤ 青海加大品种改良力度，提高供种能力，扩大良种覆盖率，逐步建成配套完善的引、繁、育、推、改体系。青海的牦牛、藏羊的数量和质量牢牢占据市场优势，与良种产业的发展密不可分。目前全省有种羊场 25 个、牦牛种牛场 15 个，羊和牦牛的年供种能力分别在 2 万只以上和 8 000 头以上。

随着牲畜良种繁育技术和科学饲养技术的应用，主要牧区牲畜的生产效率不断提高：内蒙古良种和改良种大牲畜与羊的比重由 2001 年的 76.84%提高

---

① 资料来源：云南省农业厅。

② 《云南推介“云岭牛”》，2017 年 08 月 04 日 8 时 35 分 00 秒，来源：云南信息报 http://news.yninfo.com/yn/jjxw/201708/t20170804_2492088.html.

③ 杨奎花、刘娜娜、王惠、苏尤力、许承云：《新疆畜牧业科技创新体系存在的问题与发展对策》，《农村经济与科技》2010 年第 21 卷第 09 期(总第 253 期)。

④ 同上。

⑤ 《青海畜牧业从传统走向现代》，《青海日报》2015－07－14，来源：http://epaper.tibet3.com/qhrb/html/2015-07/14/content_262314.htm.

到2013年的91.41%;“十二五”期间,地方品种肉羊通过选育后胴体重增加2～3千克,杂交良种羊胴体重增加5千克以上,肉牛屠宰增肉10千克以上。2013年,大牲畜和羊的总出栏率为97.05%,比2001年提高了40.34个百分点,其中,羊的出栏率从2001年的66.04%提高到2013年的105.00%,提高了39.04个百分点。青海省牛的胴体重由2005年的78千克提高到90千克,羊的胴体重由15千克提高到17.3千克;奶牛能繁母牛头均产奶量达到3 660千克,比2005年统计基数1 890千克提高1 770千克。藏羊高效养殖技术的推广,使青海省放牧藏羊母羊枯草期失重比传统放牧母羊减少8千克,损亡率降低2个百分点,羔羊繁活率提高5个百分点、断奶时间比传统放牧缩短2个月,羔羊6月龄活重比传统生产方式增加14～21千克;牦牛高效养殖技术实现了牦牛1年1产,有效提高了牦牛和藏羊的繁殖生产性能①。科技创新对青海藏羊养殖的贡献率超过40%,藏羊生产也被纳入到国家肉羊产业规划之中。

(四) 畜牧业投入不断增加

传统草原畜牧业以靠天养畜、放牧为主,是低投入、低产出的生产方式。“早出晚归,深牧远放,勤搬慢赶”是传统草原畜牧业生产方式下牧民生活的真实写照。在这种生产经营模式下,牧民要连续不断地搬家,大部分牧民除了牛羊之外,也没什么其他资产。现代畜牧业必须对草场和畜牧业进行投入,这是由它的商品性生产目的、满足经济发展需要的本质所决定的。牧民通过基础设施建设,如饲草料基地、围栏、房屋、牲畜棚圈、打水井、青贮窖等来解决基本的生产生活条件,通过技术、装备等生产性投入和必要的人力资本投资(即学习科学文化、掌握新的市场信息等)来实现增畜增草、提高收入、提高效益的目标。一些富裕的新一代牧民拥有发达的运输工具、打草机械、先进的通讯设备和交通工具、现代化的家电用品等,其经营能力、信息获取能力和生活水平与过去相比都有了显著的改变。

草原基础设施建设,政府投入是关键。进入21世纪以来,政府对传统牧区的投入倾斜加强,各项强牧惠牧政策相继出台,包括草原生态保护奖励补贴、良种补贴、各种基础设施建设补贴、生产资料补贴、农机具购置补贴等。2003—2014年,中央财政退牧还草工程共投入资金215.7亿元。2002—2009年,内蒙古牧区退牧还草补贴40亿元,农机具购置补贴12亿元。2010年青海省用于

① 《青海畜牧业从传统走向现代》,《青海日报》2015-07-14,来源: http://epaper.tibet3.com/qhrb/html/2015-07/14/content_262314.htm.

畜牧业的项目资金投入超过亿元，投资额相当于“十一五”前 4 年的投资总量。仅 2011 年，青海省筹集的各类支农资金达 5.18 亿元，其中 40%以上涉及生态畜牧业发展。①

随着农村牧区金融机构数量不断增加，资产规模不断扩大，金融机构对农牧业的贷款也在增长。如内蒙古金融机构对农业贷款从中华人民共和国成立到 2009 年增长了 19 000 多倍，尤其是 20 世纪 90 年代以来增长非常快。②

草畜双承包和“双权一制”改革后，牧民由游牧转变为定居，对棚圈暖圈、青贮设施、机械设备、饲草饲料、新品种、草场建设、雇工等方面的投入大幅度增加。根据内蒙古农业大学经济管理学院 2016 年的调查，一般牧户可以获得 9 种补贴，补贴数量最多的为退牧还草补贴、阶段性禁牧和划区轮牧补贴以及危房改建补贴，户均获得 31 092 元补贴。在补贴的支持下，牧户畜牧业生产投入增加。调查的 42 个样本户中，有 39 户有棚圈设施，棚圈设施拥有量达92.9%。棚圈设施总面积达到 12 510 平米，总价值 191.35 万元，户均棚圈面积 297.86 平米，基本满足牲畜过冬要求。

一些畜产品加工或流通企业也增加了畜牧业投入。有的企业直接建设畜产品生产基地或开展草业基地建设，有的则为牧户提供饲料、技术和标准等。

部分合作社以社员牲畜或草场投资入股，将闲散的资本集中起来用于投资公共基础设施建设，由合作社统一运营。

（五）畜牧业机械化发展较快

我国畜牧业机械化始于 20 世纪 50 年代后期，最早从牧草收获环节开始。20 世纪 60 年代，全国第一家畜牧机械专业厂——海拉尔牧业机械厂和第一家国家直属畜牧机械科研机构——农业机械部呼和浩特畜牧机械研究所成立。20 世纪 70 年代中后期我国畜牧机械化起步并发展，牧草收获、围栏、剪毛、乳制品初加工和牧区供水及农区牧业的饲料粉碎、铡草等工作的半机械化、机械化成为主要内容。总体上，在改革开放之前，传统牧区畜牧业发展主要依赖传统技术手段，畜牧业机械化程度低，牧草收获还基本上依靠人工。

1978 年秋，中华人民共和国成立以来的首个大规模农机展会在北京召开。之后，在我国北方牧区兴办的 17 个畜牧业现代化试点县开始系统引进国外牧机产品。1982 年，大庆石油管理局从匈牙利引进全套饲料加工设备。我国畜

---

① 青海大力发展生态畜牧业经济，来源：中国广播网 2013－05－14 10:08:00，http://news.163.com/13/0514/10/8UR1GSSR00014JB5.html.

② 数据来源：《内蒙古统计年鉴》。

牧养殖机械科研机构、生产企业相继在引进样机的基础上，结合国情，仿制和研发了新产品并完成了样机试制，部分实现了小批量生产。一大批新技术新产品成果相继问世。① 这一时期，畜牧养殖机械化生产主要集中在一些大中城市，传统牧区畜牧业机械化程度和水平都很低。

进入 20 世纪 80 年代，通过引进吸收国外先进技术，牧区出现了简易割草机、搂草机、翻晒机和集垛机等，且逐步形成一定规模，产品逐渐增加。在国产畜牧养殖机械的研制方面，自行研制了各种类型的挤奶设备 10 多种，包括移动车式、提桶式、管道式和挤奶间式挤奶设备等，1983 年我国研制生产的挤奶机型号 J-72-2 型、9JZ-2/8/12 型、9JSG-8-1 型等得到推广应用，牛奶分离器 9N-50/100/200/500/1000 型在国内销售，9N-50 型机器还有少量出口。但这一时期总体上我国传统牧区饲养机械化水平不高。

2010 年中央一号文件明确把牧业机械设备纳入农业补贴范围，牧机产品正式列入国家和各省区购机补贴目录。在农机补贴政策及一系列惠农政策支持下，畜牧业机械研发和制造业均获得发展，牧区机械化程度呈加速发展趋势。目前，牧草种植机械化已经开始向草原保护与改良和人工草场建设并重的方向发展。近年来成功研制了适应市场需求的小圆草捆卷捆样机、圆捆缠膜机。新研制的青饲收获机性能及质量均有显著提高。饲料工艺技术设备由简单的粉碎发展到配合饲料、熟化饲料的加工，某些设备已经达到发达国家 20 世纪 90 年代后期的水平。奶品采集处理、饲喂、饲草加工、防疫、粪污清理等关键环节已经实现机械化。目前，我国可自行独立生产各种畜牧养殖机械设备，其中包括养牛、养羊等设备，如牛栏、牛床、饲喂、拴系设备、挤奶系统、网围栏等养牛设备；剪羊毛机、牛奶分离器、储奶罐、禽蛋分选设备等。饲料加工储运设备包括：大、中、小型各类成套饲料加工机组、颗粒饲料压制机、饲料膨化机、青贮切碎机、饲料搅拌车、运输车等。环境设备包括：系列风机、湿帘降温系统、热风炉（燃煤、燃气）、照明系统、太阳能畜舍、暖棚圈、漏粪地板、清粪系统、粪污处理系统、病死畜禽无害化处理设备及消毒机、药浴机等消毒设备。智能化奶牛个体精料变量补饲机及具有自动推送饲草能力、自主充电，可实现远程控制的饲草推送系统等设备开始研制。牛粪清除已经采用铲斗机、固液分离机、翻堆机、筛选机、装袋机与脱臭设备。1978—2015 年，四大牧区农牧业机械总动力从 426.3万千瓦提高到 7 367.99 万千瓦，增长约 17 倍。农用四轮车、机井、水泵、发电机、打草机等在牧户中有了较高普及。2014 年，内蒙古拥有机引牧草收割

① 中畜协工程分会中国畜牧业协会畜牧工程分会，《中国养殖装备的发展和趋势》（调研报告），2017-02-13.

机 101 129 部，增长 7.0%；饲料粉碎机部 141 959 部，增长 5.6%；机动剪毛机 5 246台，增长 11.3%[①]。

（六）畜牧业产业化水平不断提高

现代畜牧业是以市场为导向，以组织化或契约化的形式，把分散的农牧民组织起来，将牧户与市场相连，把生产经营活动延伸到产前、产后部门，以实现一体化经营，降低交易成本，增强抗风险能力，使资源优化组合，提高综合经济效益，从而带动整个牧区经济的快速发展。20 世纪 90 年代之后，主要牧区立足资源优势，突出特色，以市场为导向，以效益为中心，按照产加销、贸工牧一体化经营原则，大力发展食草畜牧业，逐步形成规模较大的牛羊生产基地；以绒毛、皮革、肉乳以及牲畜副产品为原料，引入加工企业进行产品多层次、多形式的系列化开发，逐步形成区域化布局、专业化生产、一体化经营、社会化服务、企业化管理的经营模式，实现产业链价值最大化。

经过多年来的发展，主要牧区的畜牧业产业化水平和组织化水平得到了大幅度提高。“十二五”期间，新疆共建成年出栏 1 000 头以上肉牛养殖基地 16 个、年出栏 5 000 只以上肉羊养殖基地 32 个、年出栏 1 万口以上生猪养殖基地 30 个，已获批国家级标准化养殖小区 110 个，自治区级标准化养殖小区 125 个，标准化养殖小区备案 6 273 个，增强了畜牧生产基地实力；全区畜牧养殖专业合作组织达到 1 708 个，畜产品加工企业共有 463 家，饲料加工企业已有 286 家，形成了年加工原料奶 190 万吨、年分割加工牛羊 150 万头(只)、生猪 20 万口，工业饲料年产量达 140 万吨以上的现代畜牧生产综合能力。[②]

青海先后建成奶牛规模养殖场 39 家，其中百头以上的规模养殖场 30 家，存栏奶牛 1.26 万头；建成肉牛规模养殖场 118 家，其中出栏肉牛百头以上的规模养殖场 99 家，年出栏牛 3.05 万头；建成肉羊规模养殖场 232 家，其中年出栏羊 500 只以上的规模养殖场 151 家，年出栏肉羊 21.58 万只。青海省组建生态畜牧业合作社 961 个，入社牧户达 11.5 万户，牧户入社率达 72.5%；累计牲畜 1 015 万头只，牲畜集约率达 67.8%；流转草场 2.56 亿亩，草场集约率达到 66.9%。目前，青海省从事肉制品、奶制品、毛绒制品加工的企业有 500 多家，产品包括牦牛分割肉、牦牛肉干、牦牛原奶、牦牛酸奶、藏毯、服饰及其副产品

---

① 注：数据来自于农牧业厅农机局，http://www.nmagri.gov.cn/zwq/tjsj/533175.shtml.

② 《辉煌“十二五”：新疆畜牧业蓄势前行》，2015 年 11 月 26 日 07:11 原标题：《辉煌“十二五”·行业亮点巡礼：新疆畜牧业蓄势前行》，来源：亚心网 http://xj.people.com.cn/n/2015/1126/c188514-27180763.html.

等,种类达 200 多种。① 青海省有国家级农牧业产业化龙头企业 11 家,省级 50 家,带动农牧户 50.6 万户,涉及牦牛、藏羊产业的合作组织千余家。青海省藏羊集团、雪舟三绒、三江集团、江河源农牧、可可西里等企业销售额都已过亿元,地毯、毛纺织业、牛羊肉加工等已成为青海实现农牧业产业化的引导行业。目前,青海省牦牛存栏量 424 万多头,占全国牦牛总量的 30.3%,年牦牛肉产量占全省总牛肉产量的 78%;藏羊存栏量达 1 100 多万只,年出栏 589 万只,年产藏羊肉 7.5 万吨、藏羊毛 1.72 万吨。②

内蒙古牧区大力推进草牧场规范流转,引导扶持专业大户、联户、合作社等形式的家庭牧场发展。2015 年全区已建档立卡的规模养殖场 10.3 万个,其中牧区家庭牧场已发展到 3.5 万个,参与家庭牧场的经营户达到 5 万户,占到牧户总数的 11%。"十二五"期末,全区畜禽养殖规模化率达到 68.2%,比全国平均水平高 14 个百分点。其中,羊、荷斯坦奶牛、肉牛规模化程度分别达到 68%、80%和 44%。③ 2014 年,内蒙古锡林郭勒盟培育和引进的盟级以上农牧业产业龙头企业 84 家,其中年销售收入亿元以上龙头企业达到 19 家,每年加工肉羊 700 万只左右,肉类产量达到 27 万吨,基本做到了"不加工不出盟"。积极培育新型生产经营主体,新建农牧民专业合作组织 100 家,建设生态家庭牧场 500 户,目前已建成各类牧民专业合作组织近 1 000 家,辐射带动全盟 80% 以上牧民。④

三、传统牧区草原畜牧业向现代畜牧业发展的特点

现代畜牧业是完全不同于传统草原畜牧业的一种新型的畜牧业发展方式,它是用先进的生产力、先进的装备、先进的科学技术和管理方式所"武装"起来的。它不仅改变了畜牧业的生产经营方式,还改变了牧民的生活方式。它改变了传统的认为草原"无价"的思想,不仅要对草原投入,而且是要以草业为基础,使畜牧业变为高投入、高产出的资金密集、技术密集、知识密集、集约化发展的

---

① 《浅析:青海畜牧业应如何发展?》,2013 年 12 月 17 日,中国行业研究网 http://www.chinairn.com.

② 《让牦牛、藏羊成为畜牧业的两张"王牌"》,2013 年 12 月 17 日,来源:农民日报,http://www.cgapa.org.cn/2013/55526895943.html.

③ 《2015 年内蒙古自治区畜牧业概况》2016 年 6 月 8 日 10:58:00,内蒙古自治区农牧厅官网 http://www.nmagri.gov.cn/zwq/nmygk/xmy/576483.shtml.

④ 《锡盟农牧民人均纯收入首次突破万元》2014 年 2 月 21 日 15:02,来源:内蒙古农牧业信息网 http://www.moa.gov.cn/fwllm/qgxxlb/nmg/201402/t20140221_3793108.htm.

产业。经济、社会、生态协调综合发展是它的目标。在传统牧区草原畜牧业向现代畜牧业方向发展的过程中，主要有如下的特点和内容：

(一) 在对草原资源的利用上开始注重草畜平衡，以草定畜

草畜平衡管理制度的实行标志着我国畜牧业发展进入了一个新的阶段。1985 年颁布的《中华人民共和国草原法》中有草畜平衡的内容，但是没有对草畜平衡制度加以明确。1996 年，内蒙古自治区在锡林郭勒盟试点推行《草畜平衡管理办法》。国务院 2002 年 9 月发布《关于加强草原保护与建设的若干意见》，明确提出了推行草畜平衡制度。2003 年 3 月我国实施的新修订的《中华人民共和国草原法》，以法律的形式明确规定了“国家对草原实行以草定畜、草畜平衡制度”，为建立和推行草畜平衡制度奠定了法律基础。2005 年 3 月 1 日，农业部正式实施《草畜平衡管理办法》，其中提出，草畜平衡是指为保持草原生态系统良性循环，在一定区域和时间内，使草原和其他途径提供的饲草料总量与饲养牲畜所需的饲草料总量保持动态平衡。这一办法对开展草畜平衡工作的基本原则、各级草原行政主管部门及草原监理机构的职责、草原载畜量标准的制定、草畜平衡的核定与抽查、草畜平衡的日常管理等作出了详细具体的规定。2000 年内蒙古自治区政府发布了《内蒙古自治区草畜平衡暂行规定》和《关于开展草畜平衡试点工作的通知》，制定了《草畜平衡试点工作方案》。2002 年锡林郭勒盟盟委、行政公署制定了《锡林郭勒盟草畜平衡实施细则(试行)》，作为以草定畜的纲领性文件。到 2003 年 10 月底，锡林郭勒盟全盟的牧户都签订了“草畜平衡责任书”。2004 年又对《细则》进行了修改完善，颁布了《锡林郭勒盟草畜平衡实施细则(暂行)》，进一步明确了政府、部门、牧户方的责任与义务。2007 年又出台了《锡林郭勒盟草畜平衡实施细则(暂行)补充意见》。

草畜平衡管理的首要要求是落实完善草原家庭承包经营，真正将草原承包到户。其次是产草量的调查测算和牧户草场载畜量的核定。以锡林郭勒盟为例，该盟先确定牧户的天然草场、人工草地、饲草料地的面积，再测定各类草地的生产力，由盟、旗两级草原监理机构根据不同类型草场产量最高月份实测，通过固定监测样地产草量测定数据校正后，结合卫星遥感技术，根据前五年平均生产能力，综合分析确定。第三是基于草地面积和生产力计算各类草地的可食干草量，考虑其他来源的饲草料并折算为标准干草量，基于可食干草量计算适宜载畜量，再按理论载畜量，核定每个牧户在一定时期内能够饲养的牲畜数量，并逐户清点牲畜数量，确定能够饲养的牲畜头数。在最新颁布的《锡林郭勒盟草畜平衡实施细则(暂行)补充意见》中提出由每五年核定一次草畜平衡变为每三年核定一次。最后，与牧户签订草畜平衡责任书。责任书内容包括：草原的

四至界限、面积、类型、等级；可食饲草饲料总量及适宜载畜量；实有牲畜种类和数量；达到草畜平衡的措施；草原使用者或者草原承包经营者的责任；有效期限；其他有关事项。这些具体内容明确可查，增加了实施草畜平衡管理的可操作性。最后再由各地草原监理部门与乡镇、苏木政府配合，检查落实草畜平衡的实施情况。对于草原超载的牧户采取包括限期强制出栏、经济处罚直至收回草原使用权等在内的处罚措施。①

草畜平衡其实是畜牧业科学管理的一种体现。从事传统草原畜牧业的牧民在长期的生产实践中总结了一些生产经验，如季节性放牧、牲畜走场等，但这基本上还属于被动地适应环境。从事现代畜牧业，草畜资源要在更大的空间尺度上进行更合理的配置，要求草原管理向着科学化、知识化的方向发展，如科学地划区轮牧和实行草畜平衡制度等，此外，龙头企业和社会化服务组织的现代经营思想和管理制度也被引入畜牧业，从而改造传统的生产经营方式和管理制度，提高经营水平。目前各大牧区基本都已经实行了草畜平衡管理制度，并继续朝着科学管理的方向迈进。例如青海省到“十二五”期末要达到满足省内牛羊肉需求的目标的同时，外销量提高到 7 万吨，产值达到 78.82 亿元，牧区中度以上退化草场全部实行禁牧，其他草地全面推行草畜平衡制度，就要核减超载牲畜 1 500 万个羊单位。②

（二）牲畜饲养方式从靠天养畜向建设养畜转变

传统牧区的牲畜饲养方式是“逐水草而牧”、靠天养畜，牧民根据季节变化，考虑自然气候特点、水源和牧草生长情况和饲料管理条件，顺应动物的采食特性和迁徙规律，循环利用天然草场的牧草，以人驱赶畜群移动迁徙和家畜自动采食来满足营养需求，这种草场利用方式被称为游牧。一般，牧民在夏季利用水草资源条件好的夏牧场，冬季则利用边远的冬春草场。有些地区牧民的游牧距离甚至长达数千千米。在游牧方式下，牧民主要依靠的是人力和放牧经验，是一种纯粹依赖天然牧场进行的粗放饲养，因此被称为“靠天养畜”，即牲畜在天然牧场上自由采食，物化劳动和活劳动投入很少，生产效率低下。我国传统牧区大都地处高寒地区，与四季变换、牧草荣枯和牧草营养成分变化的自然规律相适应，形成了牲畜“夏壮、秋肥、冬瘦、春乏”的生长规律。特别是冬春枯草期有的长达 6～7 个月，由于风雪严寒和缺乏饲草料，牲畜在这个季节的损失很

① 赛希雅拉：《内蒙古天然草原草畜平衡管理政策实证研究》，内蒙古大学硕士学位论文，2009 年 6 月.

② 马玉宏、李闰玲：《实现草原减畜、牧民增收，青海畜牧业转型升级》，中国经济网 2011 年 8 月 29 日，http://news.hexun.com/2011-08-29/132890277.html.

严重,甚至有"大灾大减产,小灾小减产"的说法。

草畜双承包和"双权一制"改革后,牧民由游牧转变为定居,对棚圈暖圈、青贮设施、机械、新品种、草场建设等方面的投入大幅度增加。传统牧区的牲畜饲养方式也发生了改变,开始向投入更多人力物力的建设养畜方向发展,畜牧业发展水平逐步提高。

首先是发展人工半人工草地。现代畜牧业以草业发展为先,从解决草畜矛盾入手,突破草原畜牧业发展的资源局限,以草兴牧,以草富民。这是草原畜牧业发展方向的重大转折。由于天然草地饲草不足,传统牧区开始对天然草地进行改良,实施飞播补播,使放牧条件得到很大改变。2013 年,四大传统牧区累计种草保有面积达 1 080.84 万公顷,种草保有面积占可利用草地面积的比重分别为西藏 4.0%,内蒙古 7.1%,新疆 3.6%,青海 5.4%。

其次为实行半舍饲和全舍饲喂养。牧区实行"双权一制"改革后,将打草场和放牧场划分到户。20 世纪 90 年代末以后,牧户逐渐用围栏将草场围住,在自己划定的草场上放牧,牧户之间的放牧边界清晰。放牧方式有季节轮牧、划区轮牧、放牧+舍饲、全舍饲等。由于草场划分到户,以及草场大面积退化和实行草畜平衡、禁牧休牧政策等原因,牧民不可能远距离全年放牧,因此"放牧+舍饲"成为最常见的草场利用方式。一般的情况是夏秋季在草场上放牧,冬春季则舍饲圈养;或是白天放牧、晚间舍饲;也有的是育肥阶段舍饲,育成阶段放牧;或者牲畜先在牧区育成、后在农区育肥。传统牧区及其周边地区饲料工业的发展、添加剂与补充饲料的广泛应用,为半舍饲或全舍饲的饲养方式提供了客观条件。

第三,加强基础设施建设。主要包括棚圈设施、机械设备、饲料草地建设等。为了舍饲,一些地区引进适合舍饲的品种或改良新品种,大搞畜棚暖圈建设。2000—2015 年,内蒙古畜棚面积从 7 195.9 万平方米增加到 14 262.79 万平方米,增长至 1.98 倍,每平米畜棚拥有牲畜数从 0.9 头增加到 1.23 头,畜圈面积从 8 763.7 万平方米增加到 15 624.43 万平方米,增长至 1.78 倍,每平米畜圈拥有牲畜数从 0.74 头增加到 1.12 头。根据内蒙古农业大学经济管理学院 2015 年开展的调查,42 个样本户中,有 39 户有棚圈设施,棚圈设施拥有量达 92.9%,棚圈设施总面积达到 12 510 平方米,总价值达到 191.35 万元,户均棚圈面积 297.86 平方米,基本满足了牲畜过冬要求。

(三) 农牧结合起步,专业化分工日益明显

饲草料是传统牧区畜牧业发展的基础。牧区的饲草料存在时空分布不均衡的问题,特别是在冬春季节,饲草料尤为缺乏。为了缓解人、畜、草矛盾,传统

牧区探索出农牧结合的路子。以青海省为例。按照国家草原生态补奖政策和青海省“十二五”草业和畜牧业发展规划要求，青海对 2.45 亿亩草原实行禁牧封育、2.29 亿亩草原实行草畜平衡。据青海省农牧厅测算，落实草原生态补奖政策后，全省年饲草缺口将达到 716 万吨。为实现禁牧不禁养、减畜不减收，青海提出“西繁东育，牧减农增，农草牧用”，一是实施西繁东育，鼓励牧民加大羔羊出栏力度，把牧区减下来的牛犊羊羔转移到东部农业区育肥。二是在原有的草场放牧地建设畜暖棚，进行舍饲或半舍饲养殖。2012 年，《青海省人民政府办公厅关于加快推进饲草料产业发展的指导意见》发布，对青海省饲草料产业发展作出了全面规划。在布局上，东部农业区依托粮食种植、加工副产品丰富和养殖业比较发达以及科研院所相对集中的有利条件，建立饲草料、浓缩饲料和预混合饲料生产基地；在环青海湖地区依托规模化饲草种植基地的有利条件，建立饲草料加工基地；在柴达木地区建立豆科牧草生产加工基地。鼓励龙头企业、专业合作社、种养大户积极采取有偿转让租赁和土地流转方式开展草饲规模种植和牧草良种基地建设；充分利用弃耕地、轮歇地、退耕还草地扩大饲草种植规模；调整粮食低产田和灾害频发地区的耕地，大力种植饲草；大力发展水利灌溉饲草种植，建立优质高产饲草基地和牧草良种基地。近年来，青海省利用低产田和高位坡耕地种植燕麦、黑麦等优质牧草，推广覆膜玉米发展玉米青贮，做好“草畜联动、农牧互补”工作，使牛羊产业得到快速发展。目前，全省覆膜玉米种植面积达 42.51 万亩、青贮资源量达 213 万吨，人工草地保留面积 669 万亩、年产饲草 496 万吨，肉牛肉羊养殖场发展到 1 800 家，其中通过省级认定的标准化养殖场数量达到 645 家，牛羊规模养殖比重达到 38.37%，比 2009 年提高 11 个百分点。青海还提出建设省级、州级、县级、户级四级跨地区防灾减灾饲草料储备体系，用于饲草料贮备的应急救灾。到“十二五”期末，青海牧区冬春季节畜均贮备饲料 15 千克以上，畜均贮备饲草 90 千克以上。为解决青海南部牧区冬季饲草料不足的问题，还鼓励牧民充分利用牲畜圈窝和牧民房前屋后退化草地，加大种草力度，确保环青海湖和柴达木地区户均种草达到 5～10 亩，青海地区户均种草达到 3～5 亩。到“十二五”末，青海省饲草种植面积将达到 650 万亩，年生产青干饲草 400 万吨以上；扶持、培育饲草料加工龙头企业 13 家，饲草料加工能力达到 80 万吨以上；综合加工利用农作物秸秆达到 100 万吨以上。

内蒙古自治区调整种植业内部和畜牧业内部的品种结构和布局，以发展优质牧草替代部分饲料粮，促进了草业发展，提升奶牛、肉牛肉羊生产能力。在呼伦贝尔市鄂温克旗，大量已垦草原被发展成为优质高产的人工草地。从 2007 年起，全旗以年均 10 万亩的速度实施退耕还草，到 2010 年底，已垦草原实现退耕还草 45 万亩，这些退耕还草区成为全旗重要的草产业发展基地。到 2014 年底，该旗草原建设总规模达 1 001 万亩，比 2007 年增加 85%，其中围栏草场 853 万亩，人工草地 75 万亩，种植饲料地 5 万亩，草场改良 68 万亩，分别比 2007 年增加 89%、83%、25%和 51%。该地区还在近 10 万亩的人工草地上推广打伏草适用技术，不仅提高了青干草品质，而且打草后的再生草还可放牧利用 2～3 个月。

（四）产权更加清晰，激励了农牧户自主投入建设

在集体经济时代，草原共有，牧民集体放牧，没有草场产权概念，大家都吃草原的“大锅饭”。农村改革开放后，草场家庭承包经营制明确了牧民对草场的使用权，草场承包是“大稳定，小调整”，牧民吃了“定心丸”，有了积极性去保护草原生态和建设草原。但受投入和技术手段等因素制约，长期以来，我国传统牧区仍存在草原产权界定不清、权属模糊、测量面积不准、边界不清、承包期较短、草原流转机制不健全、草原违法现象时有发生等问题。在草原承包责任制不断完善的过程中，草原管理与利用仍不合理。

草原产权制度建设是现代畜牧业发展的基础。在传统草原畜牧业向现代畜牧业转变的过程中，各大牧区都十分重视稳定草原承包权，包括：草原承包期限长期不变；在承包期内，发包方不得随意调整和收回承包草原；实行“增人不增草地，减人不减草地”；解决不合理占用草原的现象；在签订草原家庭承包经营合同时，要求牧民不能破坏草原，必须建设、保护和合理利用草原；对造成草原退化的牧户采取一定的措施予以警告或是惩罚，对其不给予项目扶持；对草原保护好的牧户要进行物质鼓励，以奖代投，草场延包时这样的牧户有优先权等。20 世纪 80 年代末，在“草畜双承包”责任制推行后，又开展了户、联户、浩特等多种承包形式的第二轮草牧场承包，并实行草地有偿使用办法，使用者承担保护建设草原的责任，同时其权益也受法律保护。2008 年后，中央政府开始提出“土地确权”，包括土地、草原、林地、宅基地等登记工作。每块地需要经过登记申请、地籍调查、权属审核、登记注册、颁发证书等登记程序，才能得到确认和确定。2013 年后，各地纷纷在现有承包的基础上加快推进确权登记工作。农业部提出力争 2015 年完成草原承包确权工作。总体上来看，草原承包是朝着产权明晰的方向发展。

在草原承包和确权工作推进的过程中，各个牧区不断建立和完善草原承包经营权流转机制。在充分尊重牧民意愿和不改变草原用途的前提下，允许草原承包经营权依法有偿转让。牧民之间的草原流转，由双方自愿协商具体的形式和经济补偿办法。超出集体经济组织范围的草原流转，要经过发包方的同意。

将草原使用权延长到更长时间，期间允许转让、出租、继承。通过一系列的产权明晰的制度安排，给了农牧民稳定的预期，促进了生产发展。

在传统牧区，草原没有明显的边界划分。对面积如此辽阔的草原要进行保护和建设，必须从政策上确保农牧民的收入预期，激发他们投资的动力。从事草原畜牧业的牧民流动放牧，不置恒产与产权公有或产权模糊是有着直接关系的。对于无界的草原，牧民一般很少进行投入或几乎没有投入，畜牧业经济发展方式具有低投入、低产出的特点。现代畜牧业是完全不同于传统畜牧业的一种新型的畜牧业发展方式，它是用先进的生产力、先进的装备和先进的科学技术所“武装”起来的，它不仅改变了畜牧业的生产经营方式，还改变了牧民的生活方式。畜牧业发展方式转变首先就是投入方式的转变，即农牧民们开始采用“高投入—高产出”的经营模式。首先就是对草场进行投入。现代畜牧业是按照市场经济的规律运行的，它首先建立在产权明晰的基础上，由于划定草场边界，明确了产权结构，草原建设的投资者主要还是牧民，这解决了草原生态环境保护的激励机制问题。过去牧民的资产只有牛羊，定居后的牧民有了围栏、房屋、牲畜的棚圈、打水井、饲草料基地、青贮窖等，富裕的牧民还有打草机械、现代化的家电用品、先进的通讯设备和交通运输工具等。

其次，实行草原家庭承包经营，赋予广大牧民长期稳定的草原使用权，将人、草、畜基本生产要素统一于家庭经营中，广大牧民保护草原的主人翁意识增强，有效地遏制各种破坏草原的行为，牧民增加投入和建设草原的积极性被调动，转变畜牧业生产经营方式，逐步实现草畜平衡。牧民在自己的草场内，根据草场的质量和载畜量合理安排生产，或是减少生产活动，在部分草场缩减牲畜头数，使单位草场面积的载畜量控制在理论载畜量的水平之内，给草场以休养生息；或是在水土资源较好的草场建立高产高效的饲草料基地；或是根据牲畜吃草量和速率，以及草的恢复能力和速率进行科学的“划区轮牧”。真正实现了以草定畜，草畜动态平衡。

第二章
传统牧区畜牧业发展方式转变的现状、模式和经验

我国传统牧区的畜牧业发展面临来自供给层面的瓶颈制约，如水资源短缺、饲草料资源不足、草原生态退化、畜牧业基础设施薄弱、科技投入不足等，又面临来自需求层面的压力，即经济增长带来的市场需求结构变化、市场竞争加剧、农牧民增收致富的需求强烈等问题。传统牧区畜牧业发展方式转变的动因可以从内部动力和外部推力两个角度来开展。外部推力主要有两个方面：资源环境压力和需求结构变化，而内部动因也有两个方面：风险管理和提质增效。要突破供给层面的制约、适应消费需求的变化，传统牧区畜牧业就要尽快从主要追求产量和依赖资源消耗的粗放经营转向数量、质量、效益并重和注重科技创新、可持续、可提高竞争力的集约化发展方式上来，走出一条产出高效、产品安全、资源节约、环境友好的现代畜牧业发展道路。资源环境压力、动物疫病、自然风险和社会风险等也迫切要求畜牧业发展方式转型和强化风险管理，以及更好地利用两种资源、两个市场。

一、传统牧区畜牧业发展方式面临的挑战

传统牧区畜牧业主要以牲畜采食天然牧草的方式进行生产，受自然气候条件影响比较大。气候条件的变化直接影响牧草的生长环境，从而影响牲畜对牧草的可采食量，进而对畜牧业综合生产能力产生重要影响。在市场需求变化不大的情况下，传统牧区畜牧业发展比较迟滞，而随着农村改革开放之后市场经济的发展，畜牧业经济增长比较快，在增收致富愿望的驱使下，传统牧区牲畜头数增长很快就达到草原资源和生态环境可以承载的极限。近几十年来，受人口大量增加、发展方式不科学、全球气候变化等因素的影响，我国传统牧区畜牧业的持续发展的资源基础被严重削弱，牧区经济与非牧区经济的发展差距越来越

大，畜牧业和牧区经济社会发展面临的压力越来越大。

（一）全球气候变化带来的影响

全球气候变暖已成为各国共识。我国地处全球气候变化速率最大且最敏感的东亚季风区。气候变暖后，水循环会随之加强，水汽蒸发和耗散会加大，降水量少的草原地区干旱化趋势更为明显。青藏高原位于亚洲腹地，近几十年来其气候变化表现与全球气候变化一致，也呈现变暖趋势。[①②③] 学者对藏西北高寒牧区 1971—2005 年的气象资料分析发现，该区域西部气候朝着暖干方向发展，在牧草生长最旺盛的夏季，温度升高，降水量减少，蒸发量增加，非常不利于牧草的生长，是导致草地退化的主要自然因素。[④] 侯琼等分析了内蒙古典型草原区近 40 年的气候变化对土壤水分的影响，得出内蒙古典型草原区近 40 年气候变化趋势与全球气候变化规律相似，气候变暖导致蒸发加剧，在降水增加不明显的条件下，加速了土壤干旱化程度。[⑤] 王云霞利用内蒙古国家气象站观测数据统计了 1960—2004 年的牧区和半农半牧区 54 个旗县的年平均气温，发现 54 个旗县 1960 年的年平均气温约为 4.2℃，2004 年平均气温达到 5.9℃，45 年来平均气温上升了 1.7℃。33 个牧区旗县 1960—2004 年平均气温变化在 -1℃～8.8℃之间，从分布上看，呈现从东北向西南逐渐升高的特点。研究发现，内蒙古牧区和半农半牧区 54 个旗县的草地退化率与该地区的年平均气温之间存在明显的线性关系，年平均气温升高，草地退化率也呈现升高的趋势。[⑥]

气候变化作为草原畜牧业可持续发展的重要环境因素，给传统畜牧业带来了显著的影响，主要表现在影响牧草生产力、载畜量及幼畜成活率等方面。

首先，气候变化使传统牧区的草地生产力普遍下降。[⑦] 研究人员在年均温增加 2℃、年均降水量增加 20％和年均温增加 4℃、年均降水量增加 20％两种

---

① 汤懋苍、白重瑗、冯松等：《本世纪青藏高原气候的 3 次突变与天文因素的相关》，《高原气象》1998 年总第 17 期，第 3 期，第 250—257 页。

② 冯松：《青藏高原十到千年尺度气候变化的综合分析及原因探讨》，中国科学院兰州高原大气物理研究所博士论文，第 11—23 页，1999 年。

③ 蔡英、李栋梁、汤懋苍、白重瑗：《青藏高原近 50 年来气温的年代际变化》，《高原气象》2003 年总第 22 期，第 5 期，第 464—470 页。

④ 杨秀海、卓嘎、边多：《藏西北高寒牧区气候特征及草地退化原因分析》，《干旱区资源与环境》2009 年 2 月第 23 卷，第 2 期。

⑤ 侯琼、乌兰巴特尔：《内蒙古典型草原区近 40 年气候变化及其对土壤水分的影响》，《气象科技》2006 年第 1 期，第 102—106 页。

⑥ 王云霞：《内蒙古草地资源退化及其影响因素的实证研究》，博士学位论文，第 39—59 页，2010 年 6 月。

⑦ 王馥堂、赵宗慈、王石立等：《气候变化对农业生态的影响》，北京：气象出版社，2003 年。

情景下，不计草地类型空间迁移的影响，对内蒙古各类型草原生产力进行测定，结果发现各类型草地均有减产，其中荒漠草原减产达17.1%，若计入各类型空间分布的变化，各类草地生产力减少约30%。[①] 受气候变化影响，仅在约10年间，锡林郭勒盟各旗县草地生产力平均下降近50%。[②] 1993年后，我国典型草原区羊草样地的地上生物量值出现明显下降趋势，而冬季增温也使该地区春季干旱进一步加剧，导致草地生产力下降。[③] 有学者以县域为单位，对内蒙古草地生产力的时空变化特征及其分布的地域差异性进行了分析，发现：2000—2003年与1981—1985年相比，大部分地区生物单产及可食牧草产量均明显减少，可食牧草比例也明显降低；生物单产、可食牧草产量以及可食牧草比例高值区与次高值区均明显减少。[④] 而气候变化与CO_2倍增的综合作用可以改变草地的地理分布和生物量，使草地生产力的下降幅度明显减小，一些草地群落的生产力甚至会略微增加。[⑤]

其次，气候暖干化影响放牧家畜载畜量。在未来气候变暖情况下，草地生态系统退化，草地生物量减少、生物多样性降低、覆盖度下降、适口性好的草种减少甚至消失，直接影响草地产草量，导致草地生产力降低，草地理论载畜能力下降。对于幼畜来说，气候暖干化和饲草料缺乏会使牲畜体质下降，降低存活率。同时水位下降，牲畜饮用水受到影响。

第三，气候变化改变了畜牧业生产结构。内蒙古牧区在20世纪80年代前五畜结构比较稳定，五畜分布状况与环境条件相适应，符合自然规律。近30年来，小畜比重上升，大畜比重下降，五畜结构有单一化趋势[⑥]。分析得出，五畜的地理分布与气候因子关系密切，五畜地理分布状况取决于气候要素的综合影响。[⑦]

第四，气候暖干化使畜牧业经济持续发展受到影响。为了抗旱，牲畜消耗饲草料增加，从而使畜牧业成本增加。气候暖干化还会使草原大风天气增多，

---

① 盛文萍：《气候变化对内蒙古草地生态系统影响的模拟研究》，博士学位论文，北京：中国农业科学院，2007年。

② 李晓兵、陈云浩、张云霞等：《气候变化对中国北方荒漠草原植被的影响》，《地球科学进展》2002年总第17期，第2期，第254—261页。

③ 李镇清、刘振国、陈佐忠等：《中国典型草原区气候变化及其对生产力的影响》，《草业学报》2003年总第12期，第1期，第4—10页。

④ 郝璐、吴向东：《内蒙古草地生产力时空变化及驱动因素分析》，《干旱区研究》2006年第23卷，第4期。

⑤ 肖向明、王义凤、陈佐忠：《内蒙古锡林河流域典型草原初级生产力和土壤有机质的动态及其对气候变化的反应》，《植物学报》1996年总第38期，第1期，第45—52页。

⑥ 注：与马、骆驼等大畜相比，小畜饲养期短、收益期短、市场效益高，因此小畜数量增多成为趋势。

⑦ 斯日贡：《基于气候因子的内蒙古牧区五畜地域结构特征分析》博士学位论文，2016年6月。

大风伴随扬沙，给畜牧业生产带来不便，甚至影响羊毛羊绒品质。[①] 暖冬还给病原微生物繁殖滋生提供了环境条件，对幼畜的健康带来威胁。

(二) 需求结构变化对畜牧业生产提出新要求

畜牧业是将第一性的植物生产力转化为第二性的动物生产力的食物生产部门。长期以来，人类社会对于畜牧业的基本要求就是提供肉蛋奶、毛皮等动物产品。随着我国人均 GDP 接近 7 000 美元，居民消费结构加快升级，对畜牧业生产提出了新的要求。根据《中国食物与营养发展纲要(2014—2020 年)》，到 2020 年，我国人均奶类、牛肉、羊肉消费量[②]将分别达到 36 千克、5.49 千克和 3.46 千克的目标。目前我国肉类(不含水产品)人均消费量已达 28.73 千克，而奶类只有 11.98 千克，肉类消费总量已接近完成目标，而奶类现有消费水平与目标消费量的差距较大，相差 24 千克。在肉类中，我国人均猪肉消费量为 18.02 千克、人均牛肉、羊肉消费量分别为 1.83 千克和 1.07 千克。但近年来牛羊肉、乳制品等草食畜产品的消费增速大大快于猪肉。猪肉产量占我国肉类产量的比重已经由改革开放初期的 90%以上降到 60%多。从发展趋势看，"猪—粮型"农业生产结构势必向着多元结构转换。为适应需求结构变化，今后的畜牧业发展必然要调整内部结构，突出奶业、肉牛、肉羊业的发展(陈洁，2014)。我国牧区是奶业、肉牛业、肉羊业发展的重要地区，需求结构的变化凸显了牧区上述产业发展的重要性。

其次，随着城乡居民收入水平增加、生活水平提高，人们对畜产品质量安全要求越来越高，对优质、安全、营养、绿色、生态的畜产品需求不断增大。我国牧区地处偏远，受工农业污染较小，水土污染和空气污染也较小，具有提供优质绿色无公害畜产品的优势。此外，国内市场对草畜产品和优质绿色无公害产品的需求旺盛，近年来草畜产品价格攀升，也使得牧区发展草食畜产品具有市场基础。农业部 2015 年 5 月发布的《关于促进草食畜牧业加快发展的指导意见》中指出，草食畜产品是重要的"菜篮子"产品，牛羊肉更是国内穆斯林群众的生活必需品。随着人口增长、城镇化进程加快、城乡居民畜产品消费结构升级，草食畜产品消费需求仍将保持较快增长。缓解草食畜产品供需矛盾，必须大力发展草食畜牧业。而传统牧区的畜产品就是以牛羊肉和牛奶为主，居民饮食结构的

① 尹燕亭，侯向阳，运向军：《气候变化对内蒙古草原生态系统影响的研究进展》，《草业科学》2011 年 28 卷 06 期 1132—1139 页。

② 牛羊肉消费量含户外消费。根据《全国牛羊肉发展规划(2013～2020 年)》和《中国食物与营养发展纲要(2014—2020 年)》提出的目标。

变化和大力发展草食畜牧业的政策导向必然为传统牧区的畜牧业发展带来契机。

第三，随着体育健身、休闲娱乐、文化教育等活动需求的增长，以畜牧业为主要载体的相关产业不仅体现出巨大的经济价值，还凸显了重要的生态文化价值。例如，传统马(骆驼)业衍生出赛马(骆驼)、马术及马术运动、马上休闲娱乐等现代马(骆驼)业，相关的饲草料、良种、兽药、养殖、加工、骑乘、旅游商务、文化体育出版等行业蓬勃兴起，形成较长的产业链。但目前，这一发展趋势尚未在畜牧业发展政策层面得到足够重视，对传统牧区畜牧业资源的保护利用和文化价值的挖掘研究均十分薄弱，制约了产业快速发展。

(三) 自然风险和社会风险频发对风险管理提出更高要求

牧区畜牧业面临的风险有自然风险和社会风险。自然风险包括自然灾害和动物疫病。传统牧区有一种说法：“家有万贯，带毛的不算。”这是因为牧区自然灾害较多，旱灾、雪灾等对于畜牧业具有很大影响。一旦遭灾，一些牧户甚至转眼之间就成为无畜户。因此，牧区的防灾减灾建设十分重要。动物疫病是制约我国传统牧区畜牧业发展的另一大因素。我国牧区常见的动物疫病主要有口蹄疫、牛瘟、痒病、牛传染性胸膜肺炎、小反刍兽疫、绵羊痘和山羊痘、新城疫、布病和包虫病等，有些属于人畜共患传染病，威胁着牧区公共卫生安全。20 世纪 90 年代以后，伴随牧区牲畜舍饲圈养，人与牲畜密切接触的概率增加。由于没有强制性约束，牧民很少主动给牲畜免疫。卫生知识的缺乏使得一些牧民感染了布病，患病呈家庭聚集性且导致部分家庭因病返贫。随着交通条件的改善，牲畜的跨地域放牧、转移牧地、畜力运输等成为常态，这也为疫病防控带来很大挑战。例如，口蹄疫是一种传染性极强的传染病，在草原牧区，口蹄疫疫情一旦发生，会迅速大面积蔓延。因此，牧区畜牧业发展的同时，动物疫病防控是一个非常重要的工作。

社会风险既包括市场风险也包括因质量安全、环境保护等问题而带来的生产和市场波动。畜产品基本满足城乡居民需求后，随之而来的就是市场波动加剧，紧缺和卖难交替。目前，我国牧区畜牧业整体发展水平不高，行业准入门槛低，经营规模较小，生产经营规范性差，质量安全控制、污染治理和全方位服务困难，无序生产和竞争易于造成市场波动。在自然风险和市场风险交替出现的情况下，加强公共服务和管理是促进传统牧区畜牧业发展方式转变的重要任务。2010 年以来，我国主要牧区牛羊肉价格持续上涨，但从 2014 年下半年开始，牛羊肉以及牛奶等畜产品价格持续走低，累计跌幅达 2006 年以来最低值。2014 年呼伦贝尔市活羊的出售价格为 700～800 元/只，2015 年价格不到 400

元/只。从内蒙古、新疆和北京的代表性批发市场的每3个月羊肉价格情况来看，从2014年3月1日到2016年9月1日，各大批发市场羊肉价格一路下跌，呼和浩特东瓦窑批发市场最低价格出现在2016年3月1日，为46元/千克，与2014年最高值相比下跌27%；乌鲁木齐北园春批发市场最低价格出现在2016年9月1日，为37元/千克，与2014年最高值相比下跌37%；北京丰台区新发地农产品批发市场最低价格也出现在2016年9月1日，为28.8元/千克，与2014年最高值相比下跌30%。

（四）资源环境压力要求畜牧业发展方式加快升级转变

在经济发展水平提升的过程中，我国对畜产品的需求量很大，形成了基于自然资源条件、依赖资源消耗扩大规模的畜牧业经济增长模式。随着时间推移，这一发展模式逐渐暴露出许多问题：一是随着肉类需求不断增长，饲草料需求随之上升，大豆、玉米、豆粕产品、牧草等的需求缺口越来越大，资源供给能力不足。二是因土地消纳空间有限、环保设施不健全，集约化生产带来的畜禽粪便污染、动物疫病等问题越来越多。随着《畜禽规模养殖污染防治条例》施行，规模养殖的粪污处理问题成为绕不过去的一道坎儿。总体来说，紧缺的耕地和淡水资源以及脆弱的生态环境，已不允许继续以平面式拓展和粗放式经营来发展畜牧业；政策法规变化、可持续发展理念等要求畜牧业发展向着规范有序、质量安全、不以环境为代价的发展方式转型。

当前，传统牧区面临的资源环境约束日趋严峻。我国不少牧区半牧区县处于高海拔高纬度地区，气候多变、灾害多发，部分地区是重要的生态环境屏障，环境容量相对较小，生态环境脆弱，因此在发展畜牧业与保护生态环境之间存在着平衡关系，转变畜牧业发展方式首先要保护生态。在经济发展水平提升的过程中，我国对畜产品的需求量很大，传统畜牧业经济增长模式下，“唯数量论英雄”的“头数畜牧业”一度占据主要地位。这一发展模式随着时间推移逐渐暴露出问题。随着肉类需求不断增长，饲草料需求随之上升，国内大豆、玉米、豆粕产品、牧草等的需求缺口越来越大，资源供给能力不足，人畜草矛盾日益突出。当前我国优质草种饲草进口依存度不断提高，苜蓿干草和草种的进口量成倍增长，饲用玉米、蛋白草、油花草、氨基酸草、香槟草、黑麦草等养殖用饲草品种都要从国外购买①。我国传统牧区畜牧业一直是“靠天养畜”，而自20世纪80年代以来，我国草原退化和荒漠化速度加快。20世纪70年代以前，我国草地退化面积大约占草原总面积的10%，80年代达30%，90年代扩大到60%以

① 陈洁：《我国畜牧业发展面临的挑战问题与对策》，《农村工作通讯》，2017年第21期，第22页。

上,其中严重退化草原近 1.8 亿公顷。2010—2013 年,在全国荒漠化土地面积比 2005—2009 年减少 85.86 万公顷的情况下,四大牧区的荒漠化土地面积却逆势增长了 944.53 万公顷,尤其是西藏和新疆的荒漠化土地面积分别增长 958.40 万公顷和 4.14 万公顷,内蒙古和青海的荒漠化土地面积分别减少 12.53万公顷和 5.48 万公顷,但减少得并不多,这使得四大牧区荒漠化面积占全国面积的比重由 80.94%提高到 86.80%。① 西藏农牧厅发布的西藏第二次草原普查数据显示:西藏草原总面积达 13.23 亿亩,其中可利用草原面积 11.57亿亩;年均产鲜草 7 790.69 万吨,全年载畜量 3 213.72 万个绵羊单位。② 西藏草原退化面积 3.53 亿亩,约占草原总面积的 26.7%。③ 草原退化导致可采食牧草数量减少,牧区畜牧业发展陷入困境。要维持一定的发展速度,牧区畜牧业必须解决饲草料问题,改变"靠天养畜"的局面,转变畜牧业发展方式,或者通过进口满足需要,或者发展饲草料产业,或者科学合理地设定发展规模。

(五) 畜牧业提质增效的发展需要

目前国际国内市场供求结构发生变化,传统牧区的畜牧业竞争力低下。传统牧区天然草场养殖的畜产品品质好、营养价值高、口味鲜美,但是却竞争不过农区畜产品以及国外进口的畜产品。传统牧区畜产品加工增殖能力弱,品牌建设滞后,销售手段单一落后。牧户分散的小生产与国内国际大市场不匹配。奶牛养殖方面,以前以散养和小规模饲养为主。但"三聚氰胺"事件以后,政府的产业政策引导、乳品企业实施歧视性奶价、饲料价格上涨等因素,使得奶牛养殖呈现"企业进、个人退;规模进、散户退"的特征。这对于传统牧区奶牛散户是个巨大的打击。一些大型乳业集团基本只收牧场牛奶,很少再收散户牛奶。内蒙古呼伦贝尔市鄂温克旗是著名的奶业生产基地。该旗花费近 20 年时间打造了海拉尔至伊敏的 70 千米奶牛带,曾引进三元、光明等乳业集团。牧户的出售牛奶收入曾达每月 1 万元。但是从 2015 年初开始光明集团只收牧场牛奶,停收散户牛奶,波及鄂温克旗 1 200 多户奶户,导致当地牛奶价格跌至 1.2 元/千克,出现牛奶比水便宜的现象。这充分反映了农牧户组织化程度低、产品标准化程度低的问题。在品种改良方面,传统牧区牲畜品种以当地品种居多。当地品种具有适合气候环境、耐寒等特点,但是产量低、生产周期长。如青藏高原牧

---

① 数据来源:中国林业网 http://cfdb.forestry.gov.cn。

② 《第二次草原普查数据显示:西藏草原面积超 13 亿亩》,2016 年 10 月 31 日 09:08,来源:人民网-人民日报,http://env.people.com.cn/n1/2016/1031/c1010-28820877.html.

③ 2011 年,西藏安排 1 840 万元专项经费启动了全区第二次草原普查工作。此次草原普查工作采用遥感技术、地理信息系统和全球定位系统,结合 2 432 个野外样地调查,建立了西藏草地本底数据库。

区畜牧业以牦牛和藏羊为主，它们适合高原气候，但是个头不大、产量小、价值低，不能提高效率。从上述问题可以看出，当前传统牧区畜牧业发展的当务之急是提高产业化、组织化、专业化和良种化水平，提升品牌形象。

二、传统牧区畜牧业发展方式转变的现状

传统粗放的草原畜牧业生产经营方式在当今时代已经显露出极大的不适应性。现代化畜牧业以现代科学技术代替传统经验，以科学的经营管理代替家庭的简单核算，并大大减轻繁重的体力劳动，极大地提高劳动生产率，促进了畜牧业专业化、社会化发展，从而成为畜牧业发展的方向。以下从饲草料业发展、养殖规模化、产业化、组织化、科技化、经营体制创新和品牌化等几个方面考察传统牧区畜牧业发展方式转变的现状。

（一）牧草产业和饲用玉米产业较快发展

现代畜牧业发展，饲草饲料是根本。草不仅是生产资料，还具有生态功能。立草为业是传统牧区草原畜牧业发展方向上的重大转折，它改变了传统畜牧业重利用、轻养护的发展方式，重视草业发展的价值，处理好草的几大功能之间的关系，从解决草畜矛盾入手，在增草上突破，以草兴牧，以草富民，是草原畜牧业发展的方向所在。近年来，我国实施"振兴奶业苜蓿发展行动"、推进"秸秆养畜"和"粮改饲"，都是为了协调种养关系、缓解国内的饲料粮消耗问题。在政策导向下，我国牧草产业得到较快发展。2014 年，我国牧草总产量为 17 999.7 万吨，比 2001 年的 8 819.3 万吨增长 9 180.4 万吨，年均增长率为 5.6%；其中，2014 年，我国牧草总产量为 17 999.7 万吨，比 2001 年的 8 819.3 万吨增长 9 180.4万吨，年均增长率为 5.2%；其中，2014 年全国多年生牧草总产量为 9 234.7万吨，一年生牧草总产量为 8 765.0 万吨，分别比 2001 年增长 2 988.5 万吨和 6 191.9 万吨，年均增长率分别为 2.8%和 9.1%。2015 年，全国牧区的牧草总产量、多年生牧草总产量和一年生牧草总产量分别为 11 861.9 万吨、5 859.5万吨和 6 002.4 万吨，分别占全国的比重为 65.9%、63.5%和 68.5%，其余为非牧区所占比重。

从年末人工种草面积来看，2001 年全国人工种草面积 14 435.6 万亩，其中牧区面积 9 933 万亩，占 68.8%；到 2014 年全国人工种草面积 19 233 万亩，其中牧区面积 13 538 万亩，占 70.4%。

从年末改良种草面积来看，2001 年全国改良种草面积 9 418.5 万亩，其中

牧区面积 8 026.8 万亩，占 85.2%；到 2014 年全国改良种草面积 12 895 万亩，其中牧区面积 9 762 万亩，占 75.7%。

从年末飞播牧草面积来看，2001 年全国飞播种草面积 1 485 万亩，其中牧区面积 1 184.8 万亩，占 79.8%；到 2014 年全国飞播种草面积 882 万亩，其中牧区面积 710 万亩，占 80.5%。

2000 年以来，内蒙古乌兰察布市草原建设总规模每年保持在 500 万亩以上，建设内容包括人工种草、饲料作物种植、饲用灌木种植、草地围栏、草地改良五大块建设内容。2013 年全市完成人工种草 300 万亩，其中多年生牧草 80 万亩、一年生牧草 130 万亩、饲用灌木 90 万亩；种植饲料作物 182.6 万亩，草地改良 53 万亩；全市青贮饲料 27.45 亿千克，微贮、氨化饲料 3 亿千克，共打青贮干草 13.76 亿千克。2014 年，内蒙古乌兰察布市完成人工草地建设 300 万亩，其中多年生牧草 80 万亩，饲用灌木 90 万亩，一年生牧草 130 万亩；在凉城岱海滩涂、后旗大六号云天化基地分别打造 7 万亩和 2 万亩高产优质苜蓿种植示范点；围绕肉羊、奶牛产业，抓好以饲用玉米为主的一年生饲料作物的种、收、贮、转，2014 年种植饲料作物 180 万亩，其中饲用玉米 100 万亩，全膜覆盖玉米 20 万亩。在凉城海高牧场、前旗绿色田园有限公司分别建设 2 000 亩和 1 000 亩的青绿饲料种植示范点；购进大中型打草机 120 台套，小型打草机 1 200 台套，加强牧草的收割、加工和利用。在后旗蒙原公司、四子王旗龙源饲草料公司以及察右中旗建立柠条收割、加工、贮藏和利用的示范点，加强柠条的收割利用以及示范推广。呼伦贝尔市建立高产优质人工草地，目前牧业四旗大约有林缘耕地 200 万亩，到 2016 年，牧区各旗的退耕地要全部实现种植优质牧草；其中鄂温克旗、陈旗、新左旗每年新增优质苜蓿 4 万亩，到 2016 年新增苜蓿种植面积达到 36 万亩，禾本科牧草每旗每年新增 5 万亩以上，到 2016 年达到 50 万亩的种植规模，可提供 24 万吨人工种植的优质青干草。“十二五”期间，四川省在牧区累计推广新品种、新技术 427 万亩，其中优质高产饲草基地 11 万亩。在生态上，通过新品种、新技术的推广，示范区植被覆盖率提高了 5%左右，水土流失量减少了 20%，优质牧草经济效益提高了 2 倍。①

（二）规模化养殖水平不断提高

规模化经营是现代畜牧业的发展方向，也是适应市场化进程的必然要求。近年来，传统牧区把推进畜牧业规模化经营作为发展现代畜牧业的首要任务，

---

①《四川省饲草育种攻关支撑建设美丽牧区》，原发表日期：2013－03－18，来源：中华人民共和国科学技术部，http://www.caaa.cn/show/newsarticle.php?ID=289749.

从实际出发，因地制宜，通过转变规模养殖方式，加大新型经营主体的培育力度，推进规模化经营。

内蒙古以联户、合作社、草牧场流转等形式，大力发展家庭牧场。2010 年，内蒙古自治区制定《牧区家庭牧场建设标准》，借助畜牧业防灾基地、京津风沙源治理、退牧还草生态建设工程和草原补奖后续产业发展、“菜篮子”畜产品生产、标准化规模养殖建设等基础设施建设项目，每年创建示范家庭牧场 500 个，对其棚圈、贮草棚、人畜饮水井以及相关配套牧业机械设备进行资金支持，有力地促进了畜牧业发展。2015 年，内蒙古自治区建设牧区牧场和农区标准化规模养殖场 1 124 个，牧区各类生态家庭牧场 3.5 万多个，参与经营牧户为 5 万多户，占牧户总数的 10%。全区肉羊年出栏 100 只以上规模养殖水平的达到 68%，同比提高 6.1 个百分点；奶牛百头以上规模养殖水平的达到 80%，同比提高 8.5 个百分点。已形成面积在 0.67 万～2 万多公顷的八大苜蓿产业聚集区，苜蓿产业区域发展的格局正在形成。2015 年，云南肉牛、肉羊、奶牛规模化养殖比例分别为 25%、29%、32%，分别比上年提高 1.2、1.6、2.1 个百分点。2015 年云南省畜牧龙头企业 435 家，其中国家级的 7 家，省级的 134 个。宁夏采取代购、代养、托管、入股等形式，出户入场、整村推进，加快规模养殖场、养殖园区、家庭牧场建设，全区各类规模养殖场(园区)达到 6 215 个，其中奶牛 268 个、肉牛 1 073 个、滩(肉)羊 4 575 个，规模养殖比例达到 84%、38%、47%，比“十一五”末分别提高 14 个、9 个和 9 个百分点。

(三) 产业化经营水平提升，新型经营主体涌现

内蒙古启动龙头企业提升工程和品牌带动战略，制定出台《关于加快培育领军企业、推进产业集群发展，提升农牧业产业化经营水平的意见》，开展“六个一”(即引导龙头企业创建一个基地，振兴一个产业，打造一个品牌，引领一个合作社，创新一个模式，造福一方百姓)示范创建活动，增强龙头企业的市场竞争力和辐射带动能力；落实好《关于加快推进品牌农牧业发展的意见》，提升龙头企业和农畜产品的品牌知名度和影响力。全力推进肉羊产业“三五”工程和振兴羊绒产业“五三”工程，发展农畜产品精深加工，延伸产业链条，提高附加值；大力实施绿色农畜产品输出工程，继续推动在广州、深圳、天津、西安等一、二线城市建立农畜产品展示直销中心和零售体验店。构建“电商平台＋展示直销中心＋零售体验店”一体化的绿色农畜产品宣传展示、体验销售平台，全方位拓展销售渠道，推动内蒙古优质绿色农畜产品走向全国。2015 年全区销售收入在 500 万元以上的乳制品加工企业、肉类加工企业、绒毛(皮革)加工企业实现销售收入分别为 1 323.8 亿元、628.6 亿元和 466.9 亿元，同比分别增长12.2%、

10.3%和 4.8%，占全区农畜产品加工业的比重分别为 32.4%、15.4%和 11.4%，三者合计占全区农畜产品加工业的比重是 59.2%。①

宁夏整合专项资金 8.98 亿元，对基础设施、良种繁育、优质饲草生产、畜产品加工、品牌培育、市场销售等实行全产业链扶持；建立了 8 000 万元的奶产业发展风险基金；安排金融服务支撑资金 5 500 万元，对新型经营主体和中小规模养殖场提供贷款担保；引进一批龙头企业。云南一批畜牧业龙头企业出现，马龙双友牧业带动马龙县增加基础母牛 10 250 头，种植青贮玉米 666.7 公顷，光叶紫花苕 166.7 公顷，带动农民增收近 1 亿元。②

在产业化的发展过程中，新型经营主体不断涌现，形成主体多元、协调互补的新型经营主体体系。以下是其中的一些典范。

1. *新品种养殖示范户*。在内蒙古自治区呼伦贝尔市鄂温克旗巴彦塔拉乡伊兰嘎查，书记孟永是鄂温克旗科技示范户之一。为鼓励牧民参与全旗现代肉羊产业转型基地建设，他率先进行杜泊胚胎移植、杂交商品肉羔生产。他家有 1 000 只羊，其中，基础母羊 700 只。2013 年，他家杜泊羊冷冻胚胎移植 213 枚，产羔羊 141 只，按定单合同约定向企业出售羔羊 130 只，销售收入 39 万元，只均出售价格达 3 000 元；呼伦贝尔羊人工授精 80 只，产羔 34 只，均用于基础母羊及种公羊生产；养殖呼伦贝尔羊 420 只，产羔 130 只，出售养殖羊 80 只，销售收入 32 000 元，只均出售价格 400 元。2014 年，他家的杜泊羊冷冻胚胎移植 400 枚，B 超测孕，怀孕 253 只，怀孕率 63.25%；绵羊二元杂交子宫角输精 330 只，预计受孕率 85%以上，其余进行本交。2015 年，预计他家的销售收入有 80 万元，纯收入 60 万元。

2. *保种育种核心示范户*。鄂温克旗锡尼河西苏木巴彦胡硕嘎查牧民朝格巴特尔是该旗短尾羊保种区育种核心户。近两年，他家严格按照市、旗农牧业部门的技术设计，积极开展绵羊早期接羔、母羊与羔羊选种选育和阶段性补饲育肥等工作，支持市旗两级实施的地方良种资源的保护性利用和肉羊产业现代化转型。该牧户饲养绵羊 710 只，基础母羊 550 只，经专家入户鉴定，符合标准短尾特性的基础母羊有 220 只、后备母羔 124 只。2013 年，因他家羊群短尾特征明显，整齐度好，被纳入短尾羊育种核心户。当年，他利用旗里免费提供的优质短尾种公羊，对家里的母羊进行了本交提纯后发现，羔羊短尾特性更加明显，通过对母羊产前、羔羊早期的补饲措施，羔羊生长发育加快，个体明显大于其他普通羔羊。2013 年，鄂温克旗大尾羔羊收购价格 18 元/千克，而短尾羔羊

---

①《中国畜牧兽医年鉴 2016》第 40 页。

②《中国畜牧兽医年鉴 2016》第 115 页。

19.5元/千克，按照出栏羔羊平均重32千克计算，每只短尾羔羊多获利48元，他家出栏短尾羔羊180只，多获利近9 000元。2014年，他自愿长期参与全旗短尾羊选种选育工作，力争3年全部淘汰和置换非短尾母羊，再补充、扩繁和提升短尾种群，走短尾羊的纯种繁育路线，全力支持市、旗政府开展的短尾羊选育工作，并积极申请为他家饲养的短尾母羊实施人工授精配种。预计2015年3月25日前后，他家母羊进入产羔期，约产短尾羔200只。

3. **旅游型家庭牧场**。青海省海西州天峻县快尔玛乡阳龙村牧民吴堡有3 300亩草场，放牧80头牦牛、800多只羊，出售牦牛、牛犊、羊羔及羊毛等收入近32万元。2005年开始，他在哈熊沟旅游区开办牧家乐旅游。旅游区草场租金为第1～2年2万元/年，第3～4年3万元/年，第5～10年4万元/年。在旅游区，他主打特色藏族餐饮。每年旅游旺季经营3个月。2014年他家的旅游毛收入10万元。内蒙古锡林郭勒盟西乌珠穆沁旗好乐图镇诺干宝力格嘎查牧民达布希拉图在自家草场上投资10万元，搭建9座蒙古包，开办牧家乐，经营蒙餐、提供食宿和骑马、篝火晚会等服务项目，年游客达1 000人次，年旅游收入约15万元。

4. **生态型家庭牧场**。内蒙古自治区呼伦贝尔市鄂温克旗巴彦塔拉乡温都尔嘎查的5户牧民与内蒙古奶联科技有限公司合作成立了塔拉生态合作牧场。牧场占地面积30亩，集现代化厂房棚舍、挤奶设备、制冷储蓄罐、智能牛场管理系统于一体，总投资330万元，其中牧民自筹30万元，公司出资300万元。项目于2013年12月9日建成投产。塔拉生态合作牧场采用先进的设备和管理方法，对奶牛进行科学饲养，对棚舍进行分区管理，建造可以容纳120头育乳牛牛舍、育成牛牛舍和幼牛(牛犊)牛舍。2014年塔拉生态家庭牧场总资产达500万元，其中固定资产350万元；拥有牛舍2 700平方米、办公用房50平方米、职工宿舍50平方米、饲料库60平方米、青贮窖1 350立方米。2014年旗政府扶持新建标准化棚圈588平方米；拥有放牧场1 400亩、建有饲草料地600亩、打草场7 000亩；拖拉机5台；打草设备2台套，深水井1眼。2015年夏，塔拉生态合作牧场有牛192头，其中泌乳牛100头，日产鲜奶1吨。2014年销售鲜奶28.9吨，营业收入达124.8万元，净利润60万元。塔拉生态合作牧场组织牧户科学养畜，提高了当地畜牧业生产的组织化水平，通过调整牲畜结构与更换品种、改造奶牛饲养管理技术和配套畜牧业基础设施，发展高起点、高标准、高效益的奶牛养殖业。在散户的羊价格与牛奶价格因市场变化而波动的情况下，塔拉生态牧场的鲜奶销售却丝毫不受影响。

5. **合作社**。在畜牧业发展过程中，各地以组建牧民合作经济组织为切入点，走以牧业增效、牧民增收、人与自然和谐发展为目标的生态畜牧业建设道路。青海共建立生态畜牧业合作经济组织 337 个，入社牧户 31 426 户，整合草场 7 746.57 万亩，整合牲畜 217.68 万头只。海西州开展以股份制经营为主要内容的生态畜牧业建设，形成多种形式、多种方式的股份制合作经济组织发展模式；海南、海北州以合作社统一经营下的联户经营为主要建设形式；黄南、果洛、玉树州立足实际，根据牧民的接受程度不同，采取联户制、大户制、代牧制等多种建设模式。①

青海省海西州乌兰县茶卡镇有 6 个牧业村，2 个农业村，每个村都成立了生态畜牧业合作社。2011 年，吉仁生态农牧业有限公司暨巴里河滩合作社成立，注册资金 500 万元，发起人 3 人。巴里河滩村有 48 户牧户，其中 22 户参加了该合作社，另有外村 3 户参加。该合作社养殖的茶卡贡羊是 2008 年奥运会指定产品，销往北京、上海、广州、香港等地。合作社与 25 户社员之间的合作关系有以下三种方式：(1)对无畜户和困难户，合作社以 6 元/(亩・年)的价格租赁其草场，签订 15～25 年的草场流转合同。(2)对于有畜、有草场的牧户，以"羊十草场"入社，15 亩草场加一只羊为 350 元，如果有剩余草场按 6 元/(亩・年)计算给予流转费。(3)对于有羊无草场的牧户，按 260 元/(羊・年)计算分红，一般为 5 年。另外给 25 户牧户每户每年提供 3～4 只羊。除了年底分红以外还优先安排这 25 户人员从事剪羊毛、放羊等零工。合同到期后，牧户可以退出。草场基本建设由合作社负责，合同到期后还给牧户。该合作社共有 22 万亩草场，无打草场。在集中产羔期的 2 月 20 日—4 月 20 日牲畜舍饲圈养。3 600只畜群分为 9 群，每群 400 只羊。羊倌用的是 9 户社员，并返聘 4 个本村羊倌。产下的羊羔在合作社与羊倌之间按 6∶4 来分配，合作社再给羊倌 1 000 元/月工资，双方签署 2 年的合同。羊倌可在草场养 10～20 只羯羊，但不能养母羊。

吉仁生态农牧业有限公司有员工 30 多人，其中总部 6～7 人、牧户 13 家、兽医 1 人、财务 2 人、驾驶员 1 人、管理层 3 人。产羔期临时聘用 7～8 人工作 45 天，日工资 100 元/人。剪毛期则把剪毛工作包给 1 个人，这个人带 7～8 人干活，实行计件工资，计件价格 8 元/只。

目前，公司固定资产包括 20 个棚圈(每个棚圈 400 平米、其中棚 120 平米，造价 3.8 万元，自筹 3 万元，项目补贴 8 000 元)、贮草棚、2 个剪毛车间、配种设施等。2 口打水井，每口 150 米深，每口井投资 30 万元，加上配套设施价值共 100 万元。公司在建项目还有青甘草、青稞、玉米种植基地，羊棚 1 600 平米，1 200吨青贮饲料窖等。

---

①《生态畜牧业建设破解牧区经济发展难题》，2011 年 8 月 29 日 09:29:00，来源：《青海日报》。

加工和销售方面，该合作社的羊在当地藏源屠宰场屠宰，屠宰费15元/只，然后经可可西里公司分割、包装、速冻1～2天再出售。在北京、苏州、四川等地茶卡贡羊销售价格为70～80元/斤，乌兰县、西宁市等省内地区销售价格为35元/斤。产品为肉卷、羊排，且均为精包装。产品空运或经公路运输到北上广等地的"青海之窗"门市销售。"青海之窗"主要销售牦牛肉、枸杞、茶卡羊肉。

(四) 科技内涵不断增强

草原畜牧业是粗放型的生产经营方式，畜牧业经济的科技内涵不多；而现代畜牧业需要不断增加科技投入。科技进步是畜牧业经济增长的一个重要的因素，牧民通过改良草原、改良牲畜品种、加强疫病防治，甚至引进产后的储运、保鲜、加工等技术和学习管理科学技术，来提高自己的经济效益。

内蒙古全面实施"双百千万高产创建工程"，重点抓好畜牧业品种改良，加快地方品种提纯复壮，推动引进品种的扩繁和杂交改良，用国家和自治区畜牧良种补贴资金每年重点扶持50个种羊场建设，为提高单产、增加效益提供了保障。2015年，全区共建有种羊场362个，种公牛站5个，奶牛扩繁场19个，肉牛扩繁场18个。优势畜种供种能力明显增强，年可生产种公羊15万只、牛冷冻精液1 000万粒(支)，形成了育种、扩繁、推广、应用相配套的基本框架，为加快地方品种选育和提纯复壮，促进杂交改良，提高畜产品质量和数量打下了基础。在良种补贴的促进下，地方优势畜种单产水平提高，据生产性能测定数据显示，地方品种成年公母羊体重分别达到70千克和50千克以上，均达到二级羊标准，部分指标超过了特一级羊标准。与2010年相比，荷斯坦奶牛年产奶量、苏尼特羊和西门塔尔牛胴体重分别提高860千克、2～3千克和10千克。① 内蒙古还实施绒山羊提质工程建设，围绕白绒山羊核心区，划定保护区，加强保种场建设，开展绒山羊遗传资源动态监测评估，保护绒山羊优质资源，从根源上解决羊绒质量下降问题。2015年宁夏围绕肉牛规范化养殖，实施清真肉牛产业关键技术研发、示范和推广，重点示范推广了品种改良、母牛规范化饲养、低成本养殖、饲草料加工调制、日粮科学配制等技术，冷配改良普及率达到80%，比2010年提高9个百分点；改良肉牛18月龄胴体重达到230千克，比2010年提高50千克；建立了高档肉牛生产技术体系和示范基地。②

---

①《中国畜牧兽医年鉴2016》第41页。

②《中国畜牧兽医年鉴2016》第130页。

（五）经营体制不断改革创新

实行草场承包经营制后，广阔无边的草原被划分成一个个有固定边界的草场，牧户在一定的草场边界内发展生产。草原使用权有明确的归属后，草原的资源环境承载力就是牧民从事畜牧业生产的边际：在收入最大化的目标下，牧民会有计划地安排生产，在充分高效利用草场资源的同时又保证草场不被破坏而可以持续利用。目前，传统牧区正在不断完善草场承包经营制度，稳步推进农牧业经营体制改革创新。一是加快推进农村牧区土地草牧场确权登记颁证工作。二是加快构建新型农牧业经营体系。在稳定农村牧区草牧场承包关系保持长久不变和在坚持家庭经营基础性地位不动摇的基础上，积极推进草牧场流转，推进家庭经营、集体经营、合作经营、企业经营等共同发展的农牧业经营方式创新，鼓励和引导工商资本发展现代农牧业。三是建立完善基本草原保护制度，开展基本草原划定工作。四是继续深化种业体制改革。充分发挥市场在种业资源配置中的决定性作用，加快构建以产业为主导、企业为主体、基地为依托、产学研相结合、“育繁推一体化”的现代种业体系，全面提升种业发展水平。

（六）产品品牌化工作日益强化

目前，绿色、生态畜产品已成为传统牧区的一张名片。截至 2015 年，内蒙古有机农畜产品企业共计 42 家，产品 356 个，其中畜牧业产品 63 个。据内蒙古自治区农牧业厅统计，目前全区销售额在 500 万元以上的农畜产品加工企业已达 1 849 家。除此之外，240 万亩天然草场获得国家有机认证，意味着可以形成有品牌竞争力、优质优价的有机畜牧产品。以奶业为例，内蒙古形成以伊利、蒙牛两大品牌为核心，众多本土品牌共同发展的区域品牌局面，全区拥有乳制品企业 167 家，其中国家龙头企业 4 家，自治区龙头企业 10 家。区域品牌形成及龙头企业的不断壮大，带动了内蒙古奶牛养殖、乳制品加工及相关产业不断发展，使之成为国内外著名的乳制品加工产区。通过草原畜产品“三品一标”认证和质量追溯体系建设，极大地提高了草原牛羊肉的附加值，提升了优质畜产品的市场竞争力，带动了区域畜牧业的品牌化发展。目前，全区无公害畜产品产地认证 111 处，涵盖牲畜总量达到 2 200 万头只。

内蒙古物通天下网络科技有限公司通过养殖环节佩戴电子耳标，建立起畜产品监管溯源公共信息服务平台，涵盖了养殖环境、饲养管理、防疫检疫、投入品使用、饲养周期、屠宰加工、冷链物流、消费查询等诸环节，形成畜产品全产业链可追溯。公司建立的 5 个“畜产品追溯技术标准体系”，已取得内蒙古地方标准认证，正在推动制定行业标准和国家标准，这为推动牛羊肉草原品牌的培育，提高草原畜牧业的质量效益发挥着重要作用。呼伦贝尔市和锡林郭勒盟积极尝试草原羊养殖、加工、销售全产业链可追溯试点，2014 年为 98.5 万只羊佩戴可追溯电子耳标，实现了养殖、屠宰和加工环节的二维码对接转换。在 2013 年上海农畜产品博览会上，建立追溯体系的锡林郭勒苏尼特羊肉每市斤售价高达 120 元。达茂旗蓝色牧野肉业股份公司的有机认证羊肉，在上海市场每市斤批发价 198 元，零售价高达 400 元。

内蒙古还利用现代物联网，加快建设绿色畜产品输出工程，构建“电商平台＋展示直销中心＋零售体验店”一体化的绿色畜产品展示、体验和销售平台，拓展销售渠道。目前“蒙优汇”农牧业电商平台已上线运行，北京、上海展示直销中心在建设中。

三、传统牧区畜牧业发展方式转变的模式

如何立足自身自然资源、市场需求、经济社会条件来发展畜牧业，是世界主要畜牧业国家面临的长期课题。目前，我国传统牧区畜牧业发展已经到了由快速增长阶段向发展方式转变、结构调整阶段转变的关键时期，传统牧区的牧民在政府引导和市场竞争中正在适应新情况和摸索新的发展方向，在这一过程中，各地根据自身资源条件、经济社会发展水平、消费习惯和畜牧业发展提质增效的客观需要，探索出了一些畜牧业发展方式转变的新模式。从大体特征上来看，这些模式的核心点都是要摆脱传统靠天吃饭的束缚，减少对天然草原的依赖，进行水利、圈舍、青贮基地等基本建设，立草为业，发展舍饲圈养，或遵循因地制宜发展的原则，根据草原生态系统特点和畜牧业发展规律来进行适应性调整，或是开展种养结合的跨区域分工协作等。

20 世纪末期，受气候变化影响和经济发展方式影响，我国传统牧区草原退化问题日益突出，由此带来了一系列的经济社会问题，使得草原生态治理进入公众和决策层的视野，草原生态问题受到前所未有的关注。此后，各个草原牧区纷纷开始探求新的出路。基本的思路有三种：一是通过发展草业来提高草地生产力水平，通过调整种植业结构来促进饲草料供给增加；二是减轻草场的压力，遏制草原退化的趋势，促进草原的可持续利用，主要体现为生态移民、禁牧休牧、退牧还草等；三是利用不同区域资源的条件，使畜牧业生产各要素在空间层面上重新进行优化组合布局，达到取长补短的目的。

（一）以水利为先导，立草为业，通过“生态置换”推进传统畜牧业转型升级

2002年9月，国务院出台《关于加强草原保护与建设的若干意见》（国发[2002]19号）。这个文件不仅提出了以建立基本草地保护制度、实行草畜平衡制度、推行划区轮牧、休牧和禁牧制度、实施已垦草原退耕还草等为主要内容的草原保护制度，同时将转变草原畜牧业经营方式作为一个专门的问题提了出来，要求大力推行舍饲圈养方式，并给予粮食和资金补助。推行舍饲圈养，一个基本的前提条件就是解决饲草料的来源问题。《意见》明确要求，要积极建设高产人工草地和饲草饲料基地。

水是饲草料生产的基本要素之一。对草原畜牧业而言，水一直是最大和最为直接的制约。对草原生态治理和转变草原畜牧业经营方式而言，牧区水利建设是迫切需要重视和解决的问题。在新建定居点周围建设灌溉饲草基地，是实现牧民定居的基本条件。总体而言，就地就近建设灌溉饲草料基地的成本较低，容易为牧民所接受。

新疆维吾尔自治区把水土开发、牧民定居与饲草料基地建设称为“生态置换工程”，以水土资源优势区的高产出和非水土资源优势区的适度资源开发为物质基础，来替换生态脆弱区，以达到生态经济双赢和可持续发展的目的。主要建设内容包括：在草原建设中，围绕牧民定居，进行人工饲草料基地建设、牲畜棚圈建设和配套基础设施建设；实行种养结合，冷季舍饲和暖季放牧结合，减轻对天然草原的放牧压力，改善草原生态环境。伊犁、阿勒泰、塔城等北疆牧业地州均采取了这种模式，效果比较明显。利用小片土地合理进行水利建设及综合开发，种植优质饲草料，使大面积天然草场得以自然恢复，这种“小建设，大保护”、“小绿洲、大生态”的水利生态建设模式，在具备一定水利条件的牧区得到推广。内蒙古鄂尔多斯市、呼伦贝尔市的许多农牧民通过发展饲草料基地，改良了大面积草场甚至治理了大片的明沙草场，或是“以小换大”，依靠节水灌溉人工草地使承包的退化天然草场有了休养生息的机会。2011年起，在内蒙古、新疆、青海等地进行的牧区水利建设试点中，灌溉饲草料地亩产一般可达1 000千克以上，相当于40～50亩中等天然草原的产草量；建设1亩灌溉饲草料地可使20～100亩天然草原得到保护。内蒙古鄂尔多斯市位于毛乌素沙地腹地，因浅层地下水富集，绝大多数牧民都拥有规模不等的灌溉饲草料基地。毛乌素沙地通过发展灌溉饲草料基地保护天然草原，已使草原植被覆盖率由20世纪70

年代的25%提高到了现在的55%以上，部分地区达到了80%以上。[1] 在连年干旱的情况下，畜牧业和牧民收入稳步增长。

新疆主要实行以水利资源开发、饲草料基地建设和牧民定居为重点的草原建设模式，基本思路是：首先解决草的问题，以此吸引牧民定居，通过牧民定居带动牲畜定居，来缓解草场压力。其路线是：水土开发——草业经营——牧民定居——牲畜定居——草场休养生息——生态改善——畜牧业发展、牧区经济发展、牧民增收。主要做法，一是饲草料基地建设。实行以建立饲草料基地为中心内容的集约化草业经营路线，将种草集中于地势比较平坦、有充足水利条件、土质比较肥沃的地区。在这些相对集中的地区采用优良品种，实行灌溉和精细管理，采用集约的科学栽培技术，以大幅度提高单位面积草的产量，由此解决牲畜的吃草问题。二是选择经济条件较好、交通便利、有一定基础设施条件的村作为"中心村"，按照一定的定居标准，如新疆的"三通"（即通水、通路、通电）、"四有"（即有草料地、有住房、有棚圈、有林地）、"五配套"（即学校、商店、文化室、卫生所、技术服务站五配套）等，把牧民定居建设作为一项社会系统工程。通过水土开发、饲草料基地建设、牲畜棚圈建设和牧民定居工程，牧民获得了牧草和稳定的生活，他们更加有时间和精力去发展草业，对牲畜进行品种改良，进行商品性生产，增加收益。而解决了草的问题，饱受压力的天然草场得以休养生息，生态环境得到改善，自然灾害的发生率和危害程度会大大降低，反过来会进一步促进草原畜牧业的持续健康发展。

专栏一　新疆等地实行牧民定居面临的问题

1. 稳定草场承包权与建立牧民定居点的矛盾。建立牧民定居点需要占用大量土地，这其中既包括生产用地如饲草料地，也包括生活用地如建住房、棚圈和其他生产生活设施所用土地。这就需要对原有的承包草场进行调整。

2. 饲草料基地不足。如裕民县一开始搞试点时，每户规定饲草料基地为100亩，后来随着入住的牧户不断增加，每户的饲草料基地变为50亩。饲草料基地不足，使牧民难以生产出足够的草料来满足冬季舍饲的需要。

3. 牧民定居后，仍可自由到冬季牧场放牧。如果不采取相应的禁牧和轮牧措施，随着定居后生产和生活条件的改善，牧民就有可能增加牲畜饲养

---

① 《牧区"小水利"能换来"大生态"》，新华网呼和浩特6月6日电（记者：殷耀、金卫星）。

量，对冬牧场的压力不仅减轻不了，还有可能增加。如果不进一步界定产权，实行草场有偿使用，定居也解决不了草场退化的问题。

4. 牧民定居点的生产生活服务还不完善。由于投入不足，水利设施、草场改良、牧业机械、生活条件改善等满足不了牧民发展畜牧业的需要。与游牧相比，牧户的生产成本和生活费用都提高了。

（二）以围封禁牧、舍饲休牧和划区轮牧制度为主的草原利用和保护模式

内蒙古的气候特点是从半湿润到干旱区过渡，是典型的水平分布特征，从南到北热量递减，从西到东降水量递增。内蒙古草原类型丰富，没有大河流。根据各地的自然条件和社会经济状况，采取了不同的草原保护和建设措施，形成以围封禁牧、舍饲休牧和划区轮牧为主的草原保护和建设模式。围封禁牧，是把严重退化地区和生态异常脆弱地区的草原围封保护起来，禁止放牧，让草原恢复重建。舍饲休牧，是在春季牧草刚刚返青时和秋季牧场结实期实行季节性休牧或不放牧，在此期间牧民对牲畜进行圈养舍饲，使牧草正常生长和繁殖。划区轮牧，是根据天然草场类型将草场划成若干小区，测算出每块小区草地的载畜能力，根据测算结果，控制牲畜头数和有计划地在每个小区轮流放牧。季节轮牧按照草场的多少分为两季营地、三季营地和四季营地，对应的分别有两季轮牧、三季轮牧和四季轮牧。三季、四季轮牧需要较大的草场，在青海较为普遍。两季轮牧是将草场划分为冬春营地和夏秋营地，内蒙古较多见。由于草场经营权可以自由流转，有些牧户也租用其他牧户的草场，进行倒场和季节轮牧①。通过上述措施，既防止了草原的超载过牧，又让牧草休养生息；既提高了单位草场的载畜量，合理有效地利用了草原资源，又实现了草畜平衡；在保护草原生态环境的同时，也使草原畜牧业的生产经营方式由粗放型向集约化转变，实现了经济效益和生态效益的结合。

2002 年以来，锡林郭勒盟先后启动了“围封转移”和“两转双赢”战略，通过转变传统畜牧业生产经营方式和转移牧区人口，实现改善草原生态环境和增加牧民收入的“双赢”，畜牧业发展呈现了由数量型到效益生态型的转变。从2003 年起全盟开始主动调整压减牲畜头数，2015 年全盟牧业年度牲畜存栏为1 548.6万头只，比历史最高的 1999 年减少 274.8 万头只，减少 15%，较大程度

① 杜富林：《草原牧区牧户草地利用的实证研究：东北亚干旱地区可持续农牧业系统开发研究》，内蒙古科学技术出版社，2009 年。

地缓解了草场压力。内蒙古锡林郭勒盟西乌珠穆沁旗从 1996 年开始在 280 万亩草场上实施划区轮牧,2011—2014 年当地配套资金 4.63 亿元,2015 年发放草原生态保护补奖资金 4 100 万元。划区轮牧后每亩干草产量增加 10 千克,每户年平均增加收入 1.3 万元。该旗巴拉嘎日高勒镇萨如拉图雅嘎查牧民道·达木林是 2001 年第一批天然草场划区轮牧示范户。他将 4 000 多亩草场分为 6 个轮牧小区,根据季节每块放牧 3～7 天,另外 2 000 亩作为打草场,不放牧,每年轮刈。其家庭牧场被评为农业部第一批畜禽标准化示范场。

(三) 以牧区繁育、农区和半农半牧区育肥为主的农牧结合、区域分工模式

随着畜产品市场需求的扩大,畜牧业的发展速度也相应加快,在新疆和内蒙古自治区及其他省市,利用农区的资源,调整和优化草原畜牧业布局,逐渐形成了牧区搞繁育,农区和半农半牧区搞育肥的生产格局。牧区主要以优良品种的选育和繁殖为主,加快牲畜的出栏速度,减轻草场压力,打破牛羊肉供给季节性不平衡的局面;农区以农业结构调整为契机,利用农区饲草料丰富的资源条件,大力发展育肥,增加畜产品供给。农区和牧区分别利用各自的资源和分工优势,农牧结合,农牧互补,以农养牧,共同发展,缓解草场压力。一些条件成熟的地区,把农业结构调整与畜牧业产业化经营有机结合起来,建立农区与牧区优势互补的大循环系统,改牧区四季放牧为两季放牧,充分利用夏牧场的优势和农区的资源优势,缓解冬牧场的压力,促进草场的良性循环。建立新型的种植业、养殖业小区,形成区域化合理布局,提高畜产品产量,推动畜产品生产向专业化、集约化、标准化和市场化转变。

牧区繁育、农区和半农半牧区育肥的模式,挖掘了不同地方的资源优势,将畜牧业不同生产环节放到牧区、半农半牧区、农区等不同地区进行,牧区主要承担繁育环节的任务,促进了草原畜牧业区域布局的调整,转变了草原畜牧业的生产经营方式,在短时间内提高了农牧民经济收入,有利于使他们摆脱贫困落后的局面,走上致富之路。

从上述三种草原畜牧业发展方式转变的模式的实践经验来看,无论是以牧民定居为主的模式,还是实行禁牧休牧轮牧相结合的保护模式,还是牧区繁育、农区育肥生产格局的形成,这些模式或是利用“生态置换”,或是通过科学规划和合理利用,或是利用不同地区经济和资源上的优势进行分工和合作,都是在草原生态环境与牧区经济发展之间寻找均衡点。他们的共同之处和总的目标是:通过转变草原畜牧业的生产经营方式,实现牧区经济、社会、生态协调发

展。实际上,牧区经济社会的发展并不必然与草原生态环境保护和建设目标相冲突,关键在于如何正确处理它们之间的关系,使畜牧业发展不要超出草原的承载力限度。草原承载力的临界点决定了只有在它的承受范围以内,牧区经济才可能持续发展,牧民生活水平才可能提高,畜牧业才可能发展,而一旦人类活动的破坏超出了一定的环境容量,草原自身的修复能力就会被破坏,累积到一定程度,就将最终影响社会再生产。因此,传统牧区发展现代畜牧业,必须处理好草原生态保护与“三牧”的关系。实践经验表明,在草原保护中如不能促进“三牧”发展,从根本上转变草原畜牧业的生产经营方式,则草原生态环境恶化的问题还会出现。要保护草原生态环境,又要使“三牧”发展,根本的选择就是转变生产经营方式,将传统的粗放经营的生产方式转变为现代的集约化经营的生产方式。

立足于耕地、草原、林地、水域等国土资源,充分利用光、热、水、土等自然条件,进行合理布局和资源优化配置,将过去偏重于谷物作物的种植系统调整为谷物种植和饲草料种植有机结合的作物种植系统,形成以草养畜、以畜带草、农牧结合的农业发展方式,达到既“藏粮于地”,又延长种植业链条、增加饲草料种植和草食家畜养殖,达到“粮、草、畜”协调发展的目的,具有经济、高效、生产和生态兼顾、可持续发展等特征。具体到传统牧区,“粮草兼顾”型农业结构调整统筹考虑口粮、饲料粮和饲草需求,与退耕还草相结合,与发展牛羊肉相结合,与饲养奶牛相结合,与青储作物相结合,重点在北方农牧交错带、南方草山草坡区和农区低产农田,合理调整种植业、养殖业产业结构与布局,将发展青贮作物和牧草产业作为畜牧业持续发展的重要基础,促进产业链各环节相协调,推进草食牲畜养殖规模化、标准化和集约化,着力提高土地产出率、资源利用率、劳动生产率,实现生产、生态、生活“三生共赢”。

四、传统牧区畜牧业发展方式转变的经验

在积极推进畜牧业转型升级的过程中,主要牧区都采取了一些措施,这些措施具有一定的共性,可以作为传统牧区畜牧业发展方式转变的经验。

(一)以政府为主导推进畜牧业产业化发展

传统牧区的畜牧业产业化发展目前还是主要由政府推动。2011—2015年,新疆连续出台多项促进畜牧业发展的政策,从品种改良到规模化养殖,肉羊肉牛产业加快发展,全区新增500万只肉羊综合生产能力,奶业等产业稳定健

康发展，使新疆畜牧业进入一个全新发展阶段。2011 年，全区投资 1 500 万元启动“多胎肉羊杂交生产体系建设”，有效缓解区内羊肉市场消费需求增加和羊产业发展受草地资源承载能力限制的矛盾。2012 年，启动“新增 1 000 万只出栏肉羊综合生产能力建设规划”，发展多胎肉羊、农区和牧区肉羊养殖、肉羊杂交等。2013 年，出台《关于加快肉羊肉牛产业发展的意见》，从资金安排、羊肉牛肉产量任务、财政贴息补助及养殖风险保障等多方面进行了全面部署。2014 年，示范推广“四良一规范”（良种、良舍、良料、良法和规范化防疫）综合配套技术，强化专业技术人员队伍建设，着力提高肉羊肉牛产业发展的技术服务能力和水平。在草原生态保护补助奖励政策支持下，2014 年，全区完成牧草良种补贴面积 1 963.072 万亩，牧民生产资料综合补贴 27.58 万户，牧民户均政策性收入 6 064 元①。

贵州省为发展山地生态畜牧业构造了良好的政策环境。2003 年，贵州省委、省政府下发《关于加快畜牧业发展的意见》，作出建设“贵州生态畜牧业大省”的决定。2014 年、2015 年先后出台了《关于加快推进山地生态畜牧业发展的意见》《关于加快推进现代山地特色高效农业发展的意见》等指导性文件。近 10 年来，中央财政扶持畜牧业资金累计达 1 950 亿元，贵州省委、省政府连续 13 年出台聚焦“三农”工作的 1 号文件，这些文件都对畜牧业发展作出了具体安排部署。2015 年中央和省级投入贵州省畜牧业发展资金 5.7 亿元，达到历史新高；2016 年，贵州省委、省政府又明确提出推动全省重点区域畜牧业实现裂变式发展的决策部署，贵州脱贫攻坚投资基金计划 270 亿元投向山地生态畜牧业发展，这些都为贵州省加快畜牧业发展提供了强有力的政策保障。

内蒙古自治区先后制定下发《关于支持农牧业产业化龙头企业发展的意见》和《绿色农畜产品生产加工输出基地发展规划（2013—2020 年）》，以优势畜产品主导产业为重点，落实国家和自治区扶持龙头企业政策，大力招商引资，积极推动企业重组联合，培育发展一批精深加工能力强、规模集约度高、辐射带动面广的畜牧业产业化示范园区，推动畜牧业产业化集群、集聚发展。2014 年，全区产品销售收入 500 万元以上畜产品加工企业达到 1 790 家，实现销售收入 3 779.9 亿元；拥有国家级畜产品农业产业化重点龙头企业 22 家，中国畜产品驰名商标 17 个。另一方面，积极推进新型畜牧业经营组织创新发展，探索完善产业化利益联结机制，制定出台《关于深化农村牧区改革建立完善龙头企业与

① 《辉煌“十二五”：新疆畜牧业蓄势前行》，2015 年 11 月 26 日 07：11，来源：亚心网 http://xj.people.com.cn/n/2015/1126/c188514-27180763.html.

农牧民利益联结机制的意见》,成立领导小组,明确责任人,建立长效工作机制,制定工作措施,实施专项督查。在大力推进规模养殖基础上,积极鼓励养殖者联合,形成一批如犇腾牧业、现代牧业、东乌旗哈日高毕牧业合作社等各具特色的大型养殖场联合体。这些养殖者联盟,具备了与下游企业对等谈判的话语权,维护了联盟成员的利益。犇腾牧业与乳品加工企业协议约定的生鲜乳销售价格每千克高出普通养殖场 2 元,东乌旗哈日高毕牧业合作社乌珠穆沁羊商品羊利润高出普通牧户 15%～20%,乌珠穆沁羊种公羊售价平均在 4 000 元以上,最高可达 1 万元。新型合作经营组织的创新发展,提升了养殖者的主体地位,提高了他们的市场竞争力,增加了养殖效益。

专栏二　新常态下"公司＋农户"模式的变化

包头源升农牧业有限公司是国家级重点奶牛养殖农业产业化龙头企业。公司与伊利集团签署为期 15 年的战略合作协议,约定到 2018 年,日供生鲜乳量从目前的 45 吨提高到 500 吨。公司采取以下经营方式:一是与中小养殖户协商,在其自主自愿的前提下,由公司对中小养殖户的奶牛进行托管,公司根据奶牛个体的年龄、体况、产奶量等实际给予 2 000～4 000 元/头年的托管费[①],并优先安排托管奶户在公司打工或从事订单种植;二是与部分低标准奶牛养殖场建立合作,牧场纳入公司管理,帮助其改扩建成为标准化规模化牧场,改善牛舍、卧床、恒温饮水槽等硬件,推广 TMR 饲喂和标准化饲养技术;三是公司成立奶牛交易中心,中心按质交易,吸引周边养殖效益低,不宜再进行奶牛养殖的散养户出售奶牛,转产转业,退出奶牛养殖,这样既减少了散养户损失,公司奶牛养殖头数也可快速增加。同时,延伸产业链条,推进巴氏鲜奶、后发酵酸奶和奶酪等衍生品区域发展,避开伊利、蒙牛常温奶市场,与其形成差异化竞争发展业态。目前公司日产 10 吨巴氏鲜奶,全程冷链配送,已有 3 个鲜奶销售店投入运营,并注册自有商标品牌,销售目标要覆盖包头市,力争辐射到呼包鄂 200 千米范围内城市圈。

资料来源:根据调研材料整理。

---

① 养殖公司为了减少一次性投资购买奶牛的资金压力,采取公司托管的方式,统一管理,标准化生产,因此需要支付给中小牧户托管费,实际上就是奶牛租金,经营风险完全由公司承担;而对于中小牧户来说,奶牛是生产资料,出租奶牛可以一次性获得收益,没有经营风险。这是企业的一种融资租赁或经营租赁方式,具体为两者中的哪一种,则视企业与牧户之间的具体合同条款约定来判定。

(二) 发挥私营部门在新品种开发和示范方面的优势

传统牧区的当地牲畜品种具有适应气候条件、耐粗饲等优点，但是其产量低、生产周期长、消耗资源多、效益低，不适合传统牧区资源环境和市场条件约束下的草原畜牧业的发展。因此传统牧区相关科技人员正在试验和推广高产杂交品种。像云岭牛、福牛和杜蒙羊这样的新品种具有产量高、肉质好、经济价值高，适合舍饲圈养、对草场的损害少等特点，很受养殖者欢迎，推广效果较好。

良好的政策环境和市场价格促使一些企业投身于新品种开发和示范工作中。青海省海西蒙古族藏族自治州德令哈市的洋嘉生态农业开发有限公司是海西州柴达木牦牛三元牛杂交核心试验基地。该公司 2008 年开始试验三元福牛，2012 年开始生产。三元福牛是牦牛与本地黄牛杂交后产下的母犏牛再与肉牛（包括安格斯、西门塔尔、和牛等品种）杂交产下柴达木福牛。福牛是商品肉牛，无繁殖能力。三元福牛项目总投资 1 700 万元，其中海西蒙古族藏族自治州本级投资 590 万元，企业自筹 1 110 万元。总投资主要用于固定资产投资 475 万元，技术改进推广和人员培训 115 万元，收购母犏牛及饲草总值 1 100 万元。项目建设包括新建改建牛舍牛圈 11 000 平米、化粪池、贮草棚、青贮池等；供水系统 1 套，购置农机具、液氮罐、人工授精机械等 149 台；购买犏牛 1 150 头，种植紫花苜蓿 1 350 亩；另建有办公室、兽医室等。公司为农户饲养的犏牛提供人工授精，价格为西门塔尔一粒 25 元，和牛一粒 50 元，产下福牛 3 个月龄断奶后收购，体重约 90 千克，价格约 1 万元/头，饲养到 24～30 月龄再出栏，体重达 600 千克以上。三元福牛属于高档肉的部分价格为 900 元/千克，能占全牛体的 10%～12%，普通肉则为 60 元/千克。一般一头福牛产值可达 8 万元以上，经济收益是传统肉牛的好几倍。公司以“公司＋基地＋农户”的形式，通过提供冻精，带动都兰县、乌兰县、天峻、德令哈市等地散户 1 500 户。目前海西州有 6 家福牛养殖基地，已建成柴达木福牛产业核心试验基地、养殖示范推广基地、规模育肥基地，通过规模化、规范化发展，已基本实现了“一个模式、四大产业体系、开发四大产品”的目标。通过一、二、三产业融合，已经形成以良种繁育、肉牛饲养、饲料加工、生物制品加工、有机肥生产加工、市场流通等为一体的循环农牧产业，未来利用两个五年计划，打造百亿元的产业体系。该公司现有基础母牛 1 000 头、福牛 500 多头、黄牛（西门塔尔）100 多头，年均销售收入达 1 100 万元，利税 376 万元。2015 年该公司还要扩大养殖规模，建设 1 000 立方米沼气供气站，再建设一个面积 5 000 亩的饲料种植基地，对现有的生物秸秆饲料加工生产线实施技术改造后，2 年再增加 40 座牛舍，3 年实现利税 1 亿元目标。在福牛产业体系快速形成的同时，带动了种养业联动发展，推进了高科技成果的转化率。当地农户增加销售农作物秸秆收入 150 万元，安排劳动力 250 人次，劳务收入 125 万元。

内蒙古赛诺草原羊有限公司位于内蒙古乌兰察布市四子王旗，是集良种肉羊选育、良种肉羊扩繁、杂交肉羊生产、优质羊肉产品开发、现代高效生态草原畜牧业模式推广与技术服务为一体的畜牧业产业化龙头企业。企业 2011 年重组，注册资金 3 000 万元。现有肉羊胚胎移植技术服务中心 1 处、种羊场 1 处、肉羊产业园区 1 处。其通过黑头杜泊公羊和当地优良蒙古母羊杂交，生产杜蒙杂交肉羊新品系，为全国最大的黑头杜泊羊生产基地，年产种羊 10 000只。杜蒙羊适应性强、生长速度快、日增重 450 克，比当地羊高出 300 克，3 月龄的杜蒙羊体重约 64 斤，当地羊只有 45 斤。杜蒙羊出栏时间 3～4 个月，而当地羊出栏需要 7～8 月。杜蒙羊可实现二年三产，肉质优良、瘦肉率高，养殖效益显著，杜蒙羔羊售价可达 1 000 元以上，比本地羔羊高 450～500 元/只。该公司带动 510 个牧户养殖杜蒙肉羊，户均增收 6 万元以上。"杜蒙"牌杂交羔羊已通过有机认证，每年向市场提供 15 万只优质标准肉羊。四子王旗在南部三个牧区苏木镇 1 200 万亩草畜平衡区推行高效生态杜蒙肉羊养殖。2013 年，全旗杜蒙羊杂交改良规模达到 27 万只，出栏杂交肉羊 18 万只。杜蒙肉羊杂交改良示范户达到 1 200 户，占草畜平衡牧区牧户的 1/3，户均纯收入达到 10 万元。

（三）发展专业大户、生态牧场和合作社

目前传统牧区畜牧业经营主体主要是牧户。牧户在畜牧业发展方式转变的过程中出现了分化：一部分牧民接受新品种、新模式的程度高，通过养殖高产新品种，得到了很好的经济效益；一部分牧户利用家庭牧场搞养殖的同时还开办了牧场旅游服务，获得可观的收入。这样的牧户或被称为专业大户，或在政策支持下成为家庭牧场。另有一部分专业大户或家庭牧场领办养殖专业合作社或旅游专业合作社，吸引其他中小牧户参与经营，在政府的支持下共同打造区域品牌，实现共同富裕的目标。

（四）三产融合发展

2016 年 1 月 4 日，国务院印发《关于推进农村一二三产业融合发展的指导意见》，明确提出"以新型城镇化为依托，推进农业供给侧结构性改革，着力构建农业与二三产业交叉融合的现代产业体系"，并就发展产业融合方式、培养产业融合主体、完善产业融合服务等方面作出了全面部署。农业的"三产融合"，是将传统的三大产业理念注入到农业这个"狭义"的产业内循环之中，将农业生

产、农产品加工业、农产品市场服务业深度融合，纳入全产业链的“工业化”“产业化”“市场化”“专业化”流程，不断拉长农业产业链，延伸农业价值链和效益链，通过产业间的相互补益和全面开发而放大系统性效益能量，从而提高经营者的收入和效益。

内蒙古农牧业产业化龙头企业协会自2013年成立以来，对区内重点龙头企业进行了广泛调研，发现一、二、三产业的相互交集、相互渗透、相互融合成为新的产业发展趋势，许多以前单一的产业，逐步向三产融合转化。特别是一些大型龙头企业，通过整合上下游资源形成完整的产业链。在乳品、肉牛、肉羊、羊绒、马铃薯、杂粮等产业链中，有的企业从农畜产品加工起步逆向融合农业；有的从工业制造业、矿产能源、房地产等产业横向融入农业；也有以种养业为基础，向农产品加工业、农村服务业纵向延伸，建立农产品直销店、发展农业旅游等。乌兰察布赛诺草原羊业公司就是由养羊合作社发展起来的，通辽扎鲁后旗玛拉沁养牛合作社正在建设自己的加工基地，还有的依托农村集贸市场或城镇餐饮业等起步融入农业等。事实上，单一产业已经很难适应市场变化，很难成长为大型龙头企业。

由专业合作社或种养小企业融合二三产业成为现代农牧业的企业不多，大约只占龙头企业的5%～10%，此类模式因为缺乏资本、信息、技术等资源，融合二三产业较为困难。由涉农型科技服务业如种业、种畜繁育场扩展投资加工业、营销服务业，如赤峰市凌志科技、好鲁库德美羊业、巴彦淖尔富川饲料科技、金田正茂等，占比大约10%。由农产品交易市场、餐饮服务业、商业零售业等第三产业转向投资现代养殖业的比较多，如扎兰屯蒙东牲畜交易市场、牙克石乾森集团、通辽余粮谷润、呼和浩特市正隆谷物、大牧场集团、包头小尾羊、锡林郭勒盟草都、京北蔬菜交易市场、小肥羊肉业等，这类企业占比30%～35%。大牧场、小肥羊、小尾羊等由餐饮业投资肉类食品加工业，建立养殖基地，把养殖业、加工业、餐饮业、零售业组合成产业链条；蒙羊牧业从肉羊加工起步，一边更新设备扩大产能，打造企业品牌，一边建立养殖基地，形成自己的产业链。这类模式的优势是能够保证原料品质，通过加工生产提高产品附加值，有利于创立品牌，自有门店直接面对终端客户，可以根据顾客需求迅速调整产品结构。由农产品加工企业延长产业链条建设种养基地如阿拉善盟悦禾公司、满达公司、漠宝公司等企业，占比10%～15%。由制造业、能源矿产、房地产等产业转移投资到农牧业产业，如乌海市汉森酒业、包头华鹿农业科技、包头市田丰薯业、呼和浩特昌德和公司、嘉容达公司等。据不完全统计，工业资本转向农牧业经营的企业占比在40%～45%，所占比重最大。准格尔旗准露食品公司开发蒲公英、苦菜、黄秋葵等野生植物资源，研制成保健饮料、保健食品，带动了农业转型。公司投资 4 000 万元建设野生保健食品加工厂，上网销售专利产品，形成三产融合的新型业态，惠及内蒙古、山西、陕西等地区的农民。据媒体报道，目前，全区已有农家乐接待户超过 3 500 家，锡林郭勒草原就有草原牧人之家 420 户，从业人员 3 800 多人，2014 年接待 269 万人次，农牧民户均收入 12 万元。各地依据资源禀赋，因地制宜开发城市近郊游、景区依托型、古镇村落型、田园风光型、传统民俗型等多种乡村旅游业务，把第一产业的种养业和第三产业的采摘、零售、餐饮、酒店等服务业融合起来。

内蒙古地区的三产融合发展需要综合各方面的资源优势，形成农工商结合、产供销一体化的产业链，融入发展的快车道。

（五）加强科技服务体系建设

传统粗放的生产经营方式使牧民难以产生对现代科学技术的内在需求，畜牧业经济的科技内涵不多。对科技的需求是现代畜牧业发展的内在要求。现代畜牧业走集约化发展道路，需要不断增加科技投入以提高经济效益。现代畜牧业是用科学技术和管理经验武装起来的畜牧业，加强科技服务体系建设是实现畜牧业现代化的一个重要内容。目前草原牧区的科技服务体系还存在经费不足、基础设施落后、人员素质低、装备差、科研系统与草原管理和建设部门脱节等问题，资金与技术支持相配套的体系尚未建立起来，广大牧民急需的技术服务需求还得不到满足。这使得科技成果难以迅速转化为生产力，影响着科技服务体系在现代畜牧业发展中的作用发挥。

近年来，国家加强了畜牧业科技研发方面的投入，引进和推广草业高产高效技术、牲畜改良技术、畜禽疫病防治和检疫技术、鼠虫病害防治技术、动物饲养技术、畜产品储运、保鲜、加工技术以及先进的管理技术等，提高了草原生态治理和畜牧业发展的科技含量。明确了各级草畜业科技服务体系的职能，增加科技服务体系建设投入，充分发挥各级畜牧兽医站、草原站的作用，提高人员素质，使之切实承担起为牧民和草牧业发展服务的职责。

在畜牧业科技方面，也有科研专项资金，采用委托课题和支持咨询机构等形式，建立专家咨询队伍，充分利用和调动地方科技力量；加强与高校和科研院所的联系，促进牧、科、教结合，培养各类科技人才。建立新型的科技运行机制，改革科技人员管理制度，采取优惠政策，创造有利于促进科技成果转化和优秀人才脱颖而出的环境。

（六）强化品牌建设和开拓市场

品牌化是现代畜牧业的核心竞争力。传统牧区多为边远、高海拔地区，原生态的环境、高原“绿色、有机、无污染”的优势，使得其产出的畜产品也天然地具有了生态、绿色、无污染的品牌形象。一些牧区充分挖掘自然资源优势，依托生态畜牧业合作社、企业，建设生态有机牧场，打造有机品牌。青海省扶持建设了 20 个有机牧场，在 102 个试点社开展能力提升建设，藏区认证有机畜牧业基地达到 400 万公顷，培育了 8 个农畜产品品牌，有力地推动了草地畜牧业转型升级。内蒙古于 2013 年启动了肉羊全产业链追溯体系建设项目，成立了工作推进领导小组，下设品牌培育、产业化推进、耳标佩戴 3 个专项推进小组，制订工作方案，明确各部门、试点旗(县)和苏木政府、试点企业的职责。目前呼伦贝尔盟和锡林浩特市两盟市已经建立“一个平台、五个追溯环节”的追溯体系网络架构，基本实现了综合服务平台与肉羊养殖、屠宰加工、精深加工、物流配送、销售 5 个环节信息的互联互通。两盟市以“天然、绿色、有机、全程可追溯”为主题，统一打造区域性高端品牌，创建草原羊肉品牌文化，提高草原羊肉的品牌知名度，逐步打开高端市场，实现优质优价。充分利用报纸、广播、电视、网络、微信、高铁民航广告、旅游参观等平台和各类推介会、展销会，大力宣传草原羊肉天然品质和独特优势，扩大品牌影响力；积极推进北京、上海、广州等重点地区直销店、体验店和电商平台建设，为进驻高端市场打好基础。制定出台《草原羊肉地理标志产品管理办法》，追溯产品大力推广使用“草原羊肉”地理标志证明商标，增强消费者认知度和信任度。对具有一定规模、技术装备水平高、规范化发展的企业，由盟(市)肉类协会授权，允许其产品使用“呼伦贝尔羊肉”和“锡林郭勒羊肉”地理标志证明商标专用标识，并签订使用地理标志证明商标许可合同。对未经许可擅自使用地理标志专用标识的进行依法查处。2016 年，“锡林郭勒羊肉”申报国家驰名商标；委托国家乳制品及肉类产品质量监督检验中心制定高于国家标准的“锡林郭勒羊肉”地方标准，确保锡林郭勒羊肉品质。肉羊全产业链追溯体系建设为草原羊肉提升了品牌知名度和价值，拓展了市场。①

（七）加强动物疫病防控和畜产品质量安全监管

目前，全国已经建立起自上而下的兽医机构，国家、省区、盟市、旗县 4 级兽医行政管理、执法监督和技术支撑机构健全。内蒙古有 400 多名兽医行政管理人员，4 958 名官方兽医，4 421 名兽医机构人员，1.6 万名基层防疫员。机构和队伍的完善确保了传统牧区现代畜牧业发展的成果，减少了畜牧业经济损失，还通过加强管理和服务提升了畜牧业发展质量和水平。一是可以及时组织开

① 鲍裕国、赵贵良、赵联成、王建龙：《内蒙古自治区牧区肉羊追溯体系的建设现状调查与分析》，《畜牧与饲料科学》2016 年第 12 期。

展重大动物疫病集中免疫、动物疫情监测和流行病学调查等各项工作，继续做好畜间布病防控工作。二是加强了动物卫生监督执法工作，强化产地检疫、屠宰检疫和流通环节监管，严防因牲畜无序流动造成疫情的发生和扩散，严防发生动物产品质量安全事件。三是加大了各级农畜产品质量监管体系建设，明确了各级政府属地管理责任和生产经营者主体责任，完善监管网络，提升检测监管工作能力和水平，提高抽检频次，加大对重点区域、重点领域、重点环节专项整治力度。

在质量安全控制方面，有相当多的企业开展全程质量可追溯。如内蒙古通辽五丰对外经济贸易公司是港澳供活牛大户，该公司所生产的育肥牛 85%以上都用于供港，最高年份达到了万头左右。该公司的供港活牛企业已经纳入大型肉牛养殖加工网络可追溯系统，初步实现全程生产可追溯。消费者通过产品包装上的二维码就能进行查询。地方畜牧业主管部门强化供港澳活牛备案场管理，帮助企业完善质量管理体系，指导企业严格按照《供港澳活牛检验检疫管理办法》及香港《食物内除害剂残余规例》相关要求进行日常管理；还为企业提供技术支持，提高企业自检自控水平；从饲养制度、兽医制度、免疫制度、押运员职责、牛耳号标示管理等方面，对活牛育肥场相关责任人开展培训；定期对企业实验室人员提供检测技术指导；持续做好供港澳活牛有毒有害物质残留监测工作等。①

① 《内蒙古科尔沁草原肉牛通过信息化管理实现质量可追溯》，2016 年 11 月 22 日 11:51:40，来源：中国国门时报，http://www.cnfood.cn/n/2016/1122/97196.html.

第三章

加强牧区水利建设

20世纪末，我国牧区连续多年发生严重干旱，草原迅速退化，大量牲畜死亡，牧民收入减少，牧区经济社会发展面临严峻形势。为此，国家开展了牧区水利建设试点，着力解决牧区饲草料基地的灌溉问题①，从建设内容来看，主要是对现有水利设施配套挖潜和节水改造②。2011年，我国加快牧区发展步伐，牧区水利工程兴建得到前所未有的重视，促进了传统牧区畜牧业发展方式转变，为确保农牧民稳定增收做出了贡献。本章中的牧区水利建设主要指的是目前以建设牧区饲草料基地为主要目的的水源工程建设和田间设施建设。

一、水利是牧区经济的命脉

我国大部分传统牧区处于年降雨量不足400毫米的干旱半干旱地区，水利

---

① 1995—2003年，国家累计安排30.6亿元实施牧区开发示范、南方草山草坡开发、天然草原植被恢复牧草和子基地建设等工程项目。自2003年开始，对以上项目进行整合实施退牧还草工程。2003—2009年，国家累计安排116亿元在8个省(区)179个县(旗、团、场)安排围栏建设6.7亿亩(禁牧3.3亿亩、休牧3.3亿亩、划区轮牧0.1亿亩)，补播改良退化草原1.5亿亩。2000—2010年，国家累计安排41亿多元在京、津、冀、蒙实施京津风沙源治理工程，安排5 679万亩草原治理、禁牧8 526万亩、建设牲畜舍饲棚圈988万多平方米、购置饲草料加工机械10万台(套)。2009年，在西藏实施试点的基础上，全面启动游牧民定居工程，2009—2010年，中央共安排38亿元对15.2万户游牧民定居进行补助。2001—2009年，中央累计安排4.3亿元实施235个牧区水利建设试点项目。在2000—2004年实施农村人畜饮水解困工程解决6 700万人饮水问题的基础上，2006年国家开始实施农村饮水安全工程.2006—2009年，中央一共安排390亿元解决1.65亿人的饮水安全问题，其中内蒙、新疆、西藏、青海、四川、甘肃、云南7省(区)有3 943万人。1989—2009年，中央一共安排5.4亿元实施草原防火基础设施建设。

② 各地的具体做法有各自的特点，总体来看，主要包括水源骨干工程建设(水库、灌渠、泵站等)、田间工程配套建设两大类。

是牧区经济社会可持续发展的命脉。据水利部牧区水利研究所实测资料，我国大部分牧区的天然降水远不能满足草原自然耗水需求，长期处于干旱状态。[①]牧区草原生态系统脆弱，而传统畜牧业靠天吃饭，在正常年景下，畜牧业常常面临“夏肥秋瘦冬饿死”的局面；冬春季节，植被稀疏的地表极易发生风蚀沙化，牲畜在牧草返青前往往面临极度缺乏饲草料的问题，一旦遇到连年大旱，草场产草量和载畜量急剧下降，给畜牧业经济带来毁灭性打击。牧区水利工程的修建，将起到合理调节利用水资源、防洪抗旱，改善饲草料地的作用，对遏制草场退化，修复和改善生态，发展现代畜牧业，具有重要意义。[②] 据内蒙古自治区水利厅统计，草原节水灌溉示范草场与天然草场相比平均单产可提高 15 倍，与一般灌溉草地相比节水 60%，户均拥有 30～50 亩灌溉饲草料基地的牧户，致富是有基础保证的。根据内蒙古的牧区水利建设规划中的测算，灌溉面积户均 25 亩，畜均 0.2 亩，灌溉饲草料基地每年可提供 150 亿千克优质干草和饲料，就可为集约化舍饲半舍饲提供稳定的饲草料来源。

由于历史欠账多，我国牧区水利开发十分滞后。中华人民共和国成立半个多世纪以来，国家和地方对牧区可利用草原的水利投入平均每亩不足 2 元。[③]中华人民共和国成立初期，我国没有水利职能部门，打井施工都是民间自发开展、群众互帮互助，当时的水利工作主要是围绕牧区中心工作如打井、打狼、打草、抗旱、抗灾等而开展。[④] 例如内蒙古的苏尼特右旗，当时牧区人畜饮水困难，冬季多依靠冰雪，牧民用水要从十几千米的距离外用牛车拉，赛汉镇居民的水源地由铁路供水，再用牛、马车拉水送到户。当时牧区水利工程的主要形式是水井。在“以粮为纲”的年代，牧区水利开发的水源多被农业灌溉所“挤占”，牧区水利建设重点是解决牧区人畜饮水和无水、缺水草场的供水问题，建设内容主要是草场打井、铺设管道、修建水池等，未把重点放在人工灌溉饲草料基地的开发。内蒙古多年来致力于牧区水利开发，但全区饲草料基地灌溉面积仅占可利用草原面积的 0.43%；新疆拥有牧草灌溉面积 703 万亩，仅占全区总灌溉面积的 1/10；青海牧区灌溉草场仅占可利用草场的 2.2%，草原灌溉不能满足

---

① 中国水利学会：《牧区水利 50 多年的投资：每亩不足两元》，http://www.ches.com.cn/ches/kpyd/mqsl/201703/t20170303_879006.htm.

② 《中国新疆大规模修建水利工程造福牧区定居民众》，2011 年 04 月 11 日 13:23，来源：国际在线，http://news.cntv.cn/20110411/104535.shtml.

③ 中国水利学会：《牧区水利 50 多年的投资：每亩不足两元》，http://www.ches.com.cn/ches/kpyd/mqsl/201703/t20170303_879006.htm.

④ 格日勒图：《苏尼特右旗牧区水利发展 50 年回顾》，《内蒙古水利》2011 年第 1 期(总第 131 期)第 43 页。

牲畜越冬补饲问题。[1] 对于旱缺水的牧区来说，少量的人工灌溉饲草料基地对缓解尖锐的畜草矛盾只能是"杯水车薪"。

随着畜牧业发展方式的转变，牧区水利建设的目标转向解决大面积人工饲草料地的灌溉问题。内蒙古鄂尔多斯盆地地下水资源丰富，20 世纪 80 年代发展以水为中心的配套家庭草库伦建设，有效解决了饲草料不足，畜牧业生产由靠天养畜发展成为舍饲半舍饲的家庭畜牧业。目前鄂尔多斯市开发的灌溉饲草料基地超过 100 万亩，一些旗县牧户的普及率达到 60%，拥有灌溉草库伦的牧户的人均收入普遍高出当地水平近 2 000 元左右。[2] 2002 年，我国饲草料基地建设规模就已达到 1 542 万亩。在一些水资源较为丰富的区域，在投入能力较强和饲草种植技术发展较快的地方，饲草料基地建设已经是牧区畜牧业的重要组成部分。这些地方的实践表明，在天然草原生态压力加大的情况下，通过建设牧区水利，突破饲草料基地建设的瓶颈，可以同时实现遏制生态恶化和发展畜牧业、增加牧民收入的多重目标。

2011 年，牧区水利工程兴建得到国家前所未有的重视。以新疆为例。2010 年，新疆有 9 个牧区水利工程项目开工，2011 年又有 18 个项目开工(包括 17 座水库和 1 项引水工程)，在新疆水利建设史上是第一次。这 27 个水利工程分布在新疆 7 个地州、25 个县市，项目总投资近 20 亿元人民币，其中近 1/3 的工程投资由国内企业建设。哈密市乌拉台水库项目改善了当地的用水状况，工程建成后可解决 800 多户牧民的定居和 2 800 公顷饲草料的灌溉问题。

由于气候条件、地理位置、地形地貌、地下水资源分布等的差异，牧区的水资源分布具有明显的结构性特征。一是空间分布不均，不同地区的水资源分布差异较大。牧区的水资源总体稀缺，但在局部地区，水资源相对富集，不少牧区人均水资源占有量还高于全国平均水平。例如内蒙古的呼伦贝尔市和兴安盟的可开发水资源约 127 亿立方米。这两个地区的土地面积不足全区的 26%，人口和耕地均为全区的 20%左右，而水资源总量占全区的 67%，其中地表水资源量占全区地表水资源总量的 83%。因此，只要进行科学合理的开发利用，局部地区的承载能力还可能提高。二是时间分布不均，不同年份和不同季节的降水差异很大。近 52 年来，三江源地区年、冬季及生长季降水量都呈缓慢的波动

---

① 中国水利学会：《牧区水利 50 多年的投资：每亩不足两元》，http://www.ches.com.cn/ches/kpyd/mqsl/201703/t20170303_879006.htm.

② 中国灌溉排水发展中心：《牧区水利：跨向生态畜牧业的重要跳板》，中国节水灌溉网，http://www.jsgg.com.cn/Index/Display.asp?NewsID=2901.

上升趋势，降水量变化具有明显的阶段性。1985 年后降水量开始逐渐减少，到 1998 年降到最少，进入 21 世纪以后降水量明显增多。[①] 1980—2014 年，内蒙古荒漠草原区降雨降水的年度分布不均。1997 年降雨量仅 195. 2 毫米，2003 年 566. 7 毫米，2005 年 214. 4 毫米，平均降水量为 243. 4 毫米。1980—2014 年间，典型草原平均降水量为 243. 4 毫米，草甸草原平均降雨量 368. 3 毫米。[②] 从季节性来看，内蒙古全区 6—9 月径流量占全年的 60％～80％。在降水较多的季节，还经常发生洪水。牧区降水时间集中，因此还需要加强控制性调蓄工程建设以增加水资源和减少灾害。

二、牧区水利建设成效初步显现

进入 21 世纪以来，经过多年探索，牧区水利建设试点项目取得了比较丰富的经验，投入和运行机制已经比较成熟，在保护生态、促进产业发展和增加农牧民收入方面的效应已经初步体现。

(一) 投资快速增加

自 2001 年起，国家发展与改革委员会和水利部共同组织，在内蒙古、新疆、西藏、四川、青海、甘肃等牧区有水源条件的地区，实施了牧区水利试点项目。其基本思路是，利用局部地区水资源相对充足、开发潜力较大的特点，大幅度提高局部的饲草产出能力，缓解天然草场压力，概括说就是“建设小绿洲、保护大生态”。总体看，牧区水利建设试点项目取得明显成效。2001—2009 年，牧区水利建设试点项目实际完成总投资 58 790. 20 万元，其中国家投资 39 308. 66 万元，占 66. 86％；地方配套及自筹资金 19 481. 54 万元，占 33. 14％。地方配套及自筹资金，约有 70％左右是以投工投劳的形式投入的。试点项目共完成投资项目 389 个。从实施的区域来看，主要集中在内蒙古、新疆、青海。2001—2009 年，这三个省(区)实施项目数量分别为 178 个、64 个和 36 个。这三个省(区)的实际完成项目投资分别为 23 906. 538 万元、12 118. 63 万元、6 900 万元，分别占项目投资总额的 40. 66％、20. 61％和 11. 74％。

---

① 郭佩佩：《近 52 年来三江源地区气候生产力的变化特征及其对气候变化的响应》，西北师范大学硕士学位论文，2014 年。

② 叶海瑞：《内蒙古牧区气候变化和牧民对气候变化影响的适应性措施研究》，内蒙古农业大学硕士学位论文，2014 年。

由于明确了政策，在牧区水利建设试点项目的带动下，其他渠道的资金也快速进入该领域。2001—2009 年，仅新疆和黑龙江两地的示范项目外投资就从 2001 年的 15 048.04 万元增加到 179 133.9 万元，短短 8 年间增加了 11 倍，投资额合计达到 598 416.62 万元，实施的项目达到 3 887 个。其中，新疆的示范项目外投资为 522 166.62 万元，实施项目 3 447 个；黑龙江的示范项目外投资为 76 300 万元，实施项目 440 个。

对水利灌溉设施进行续建配套和节水改造，可以大幅度提高饲草产出水平。有些地方的耕地耗水量较大，在饲草料价格上涨以后，通过调整种植结构将耕地改造成为饲草料基地。在一些地表水较多的河谷、河滩等地带，通过兴建一些简易工程，改良草场，可以缓解供水季节不均衡的问题，改善饲草料生长条件。以上几种方式都具有投入少、见效快的特点。在有水源但没有饲草料基地的地方，通过新建水利设施、改良土壤、提升地力等方式，可以较快增加饲草产出，替代比其面积大得多的天然草场的产草量。

（二）水利工程建设取得明显成效

在地方层面，除了配合中央层面的试点外，地方也投入资金开展试点。有的地方专门设立资金，有的是结合其他生态建设项目推进牧区灌溉饲草料基地建设。与中央试点项目相结合，内蒙古一共投资 2.38 亿元，组织实施了 197 项牧区水利试点项目。同时，内蒙古还充分利用京津风沙源治理项目、农业综合开发草原建设项目、扶贫项目等各种项目渠道，开展灌溉饲草地建设。经过多年的发展，内蒙古牧区共建成水库 131 座、塘坝 284 座，打配机电井 11 万眼，筒井 10 万眼，水窖、旱井 2.3 万处。发展饲草料地节水灌溉面积 29.8 万亩，其中喷灌 16.5 万亩，管道灌溉 12 万亩，渠道防渗 1.3 万亩，使 1.3 万牧户、4.8 万牧民受益。建成灌溉饲草地 1.5 万处，灌溉面积达到 566 万亩。年提供优质饲草料 3.3 亿千克，补饲牲畜 65 万头只，保护草原面积 950 万亩。《内蒙古自治区牧区饲草地节水灌溉发展规划》提出，到 2020 年牧区饲草地节水灌溉总规模达到 1 000 万亩；制定的《牧区饲草地节水灌溉工程建设实施方案》，提出大幅度提高公共财政投入，扶持牧区水利等基础设施建设。2003 年，新疆专门制定了《新疆草原生态保护水资源保障规划》，项目区所在的各地州编制完成《新疆草原生态保护水资源保障规划实施方案》(2003—2010 年)。2001—2010 年，在全疆 12 个地州、39 个县(市)共安排 84 个示范项目，示范项目建设内容包括常规节水渠道防渗灌溉、自压喷灌、自走式喷灌机、低压输水管道灌溉、膜下滴灌等，国家补助试点项目总投资为 15 886.2 万元，其中国家投资 10 340 万元。试点项目建设灌溉草料地 32.86 万亩，其中喷灌 5.54 万亩，渠道防渗工程面积20.5

万亩，低压管灌面积为 1.22 万亩。截至 2009 年底，牧区水利建设试点项目在新疆牧区已建成水库 205 座，总库容 40.96 亿立方米；塘坝 398 处，容积 736 万立方米；供水管道 2 463 千米；打机电井 19 072 眼；牧区范围内建成干、支、斗、农各级渠道 10.4 万千米，已防渗 4.685 0 千米，防渗率为 45%，配套各级渠系建筑物 256 029 座。随着牧区水利建设的推进，不少地方的用水困难得到了解决。

(三) 节水灌溉工程和技术发展较快

在牧区推广节水灌溉技术，不仅必要，而且可行。牧区水利建设试点项目通过因地制宜采取节水灌溉方式，节水效果非常明显。试点项目实施前后，亩均灌溉用水量由 360 m^3/亩减少到 235 m^3/亩，减幅为 34.7%。其中：饲草亩均灌溉用水量由 333 m^3/亩减少到 227 m^3/亩，减幅为 31.8%；饲料亩均灌溉用水量由 367 m^3/亩减少到 240 m^3/亩，减幅为 34.6%；青贮饲料亩均灌溉用水量由 293 m^3/亩减少到 231 m^3/亩，减幅为 21.2%。内蒙古通过在牧区推广节水灌溉技术，饲草料基地的生产能力明显提高，年提供 85 亿千克优质饲草料，13 万户牧民直接受益，补饲牲畜 1 670 万个羊单位，为实现休牧、禁牧创造了有利条件。新疆试点项目建设引进推广各种高效节水技术，如对密植牧草实施各类喷灌技术，对玉米实施滴灌技术，在丘陵区积极推广自走式喷灌机，效果非常明显。

锡林浩特市截至 2013 年初，已建成水库 32 座，其中，大(Ⅱ)型水库 2 座，中型水库 7 座，小型水库 25 座，自来水工程 520 处，建成各类机电井 9 952 眼。发展节水灌溉面积 95 万亩，其中，牧区节水灌溉饲草料地 3 万公顷。①

(四) 灌溉饲草料基地建设取得明显进展

通过 389 个试点项目的建设，一共新增灌溉饲草料地 95.42 万亩，其中，内蒙古、新疆、新疆兵团、四川、青海、宁夏、黑龙江、甘肃、西藏分别为 34.25 万亩、23.38 万亩、7.83 万亩、7.92 万亩、10.00 万亩、0.57 万亩、3.98 万亩、7.38 万亩和 0.11 万亩。尤其值得注意的是，在新增饲草料灌溉基地中，节水灌溉面积达到 82.11 万亩，所占比重达到 86.05%。其中，喷灌、输水管道灌溉、微灌、渠道防渗灌溉面积分别为 42.45 万亩、23.06 万亩、10.80 万亩、5.54 万亩，分别占节水灌溉面积的 51.70%、28.08%、13.15%和 6.75%。

---

① 兰日兵，何淑英，李玉东：《对锡林郭勒盟牧区水利建设的思考》，《内蒙古水利》2014 年第 1 期(总第 149 期)。

表 3.1　牧区水利建设试点项目新增灌溉饲草料基地

（单位：万亩）

	新增灌溉饲草料地	新增节水灌溉面积	其中：喷灌	输水管道灌溉	微灌	渠道防渗灌溉	滴灌	其他
内蒙古	34.25	31.97	16.55	13.94	0	1.42	0	0.06
新　疆	23.38	23.38	10.87	1.71	10.8	0	0	0
兵　团	7.83	7.72	6.59	0.19	0	0.74	0.2	0
四　川	7.92	7.46	1.75	4.74	0	0.97	0	0
青　海	10.00	3.19	0.42	1.16	0	1.61	0	0
宁　夏	0.57	0.57	0	0.37	0	0.2	0	0
黑龙江	3.98	3.98	3.98	0	0	0	0	0
甘　肃	7.38	3.73	2.29	0.84	0	0.6	0	0
西　藏	0.11	0.11	0	0.11	0	0	0	0
全　国	95.42	82.11	42.45	23.06	10.8	5.54	0.2	0.06

灌溉饲草料基地建设，主要通过新建灌溉饲草料地、种植结构调整、人工改良灌溉草场、续建配套与节水改造四种方式进行。新建节水灌溉饲草料地是在有水资源开发利用条件的地区，通过新建水利工程，配合农艺等其他措施，因地制宜发展各种类型的节水高效灌溉饲草料地。常见的有家庭灌溉草库伦、联户灌溉饲草料地和灌溉饲草料基地等三种模式，目前各地建设成本差别较大，每亩800～4 000元不等。对现有耕地调整种植结构，发展灌溉饲草料地与生态移民，通过水利配套设施建设，将部分现有耕地改造成节水高效灌溉饲草料地，种草养畜。在一些严重沙化区、干旱荒漠区、高寒荒漠区以及高山陡坡区等草原生态严重恶化的地区，采用异地开发、生态移民的模式。人工改良草场灌溉是在一些高寒山区、无霜期短但有地表水资源利用条件的河谷地带以及有雨洪资源利用条件的内陆河滩草地，兴建一些简易的水利工程，辅以施肥、切根、补播等农艺措施，发展人工补灌改良草场，是特定地区、特定条件下提高饲草料供应能力的一种经济可行的方法。对现有工程进行续建配套和节水改造可以充分挖掘现有工程的潜力，而且投资省、见效快，在水资源严重紧缺的地区，效益尤为显著。一般改造一亩灌溉饲草料地，需投入 300 元左右，年可增产饲草料 400 千克。2001—2009 年，新建 54.23 万亩、人工改良 22.71 万亩、续建配套与节水改造 9.31 万亩和 2.79 万亩，分别占总面积的 60.91%、25.51%、10.46% 和 3.13%。从目前的建设模式来看，新建灌溉饲草料地面积是最大的，占新增灌溉饲草料基地的绝大部分。

表 3.2　2001—2009 年牧区水利建设试点项目建设灌溉饲草料地

（单位：亩）

省区	新建灌溉	人工改良灌溉草场	续建配套与节水改造	种植结构调整
内蒙古	236 321	4 260	86 535	20 930
新　疆	42 310	191 486	0	0
兵　团	68 386	3 898	1 990	2 886
四　川	72 050	2 600	0	0
青　海	30 179	15 520	0	0
宁　夏	3 722	0	2 000	0
黑龙江	37 471	0	0	0
甘　肃	50 747	9 302	2 560	4 049
西　藏	1 072	0	0	0
全　国	542 258	227 066	93 085	27 865

由于各地水资源分布、草原畜牧业经营和建设工程本身等各有特点，饲草料灌溉基地建设呈现出多层次开发同时并进的格局。2001—2009 年，全国牧区试点项目共建成家庭灌溉饲草料地 18.91 万亩、联户开发灌溉饲草料地 22.44万亩、大中型灌溉饲草料地 17.93 万亩、人工改良灌溉饲草料地 29.75 万亩，分别占总面积的 21.24%、25.20%、20.14%和 33.42%。

表 3.3　2001—2009 年牧区水利建设试点项目灌溉饲草料地类型

（单位：亩）

省区	家庭灌溉饲草料地	联户开发	大中型灌溉饲草料地	人工改良场灌溉
内蒙古	135 909	169 535	42 102	500
新　疆	0	0	42 310	191 486
兵　团	4 811	4 200	59 687	8 462
四　川	28 600	19 850	22 700	3 500
青　海	0	0	0	45 699
宁　夏	2 000	3 722	0	0
黑龙江	0	0	0	37 471
甘　肃	17 797	27 070	12 489	9 302
西　藏	0	0	0	1 072
全　国	189 117	224 377	179 288	297 492

（五）促进了天然草场的保护和生态恢复

饲草产量和供应水平的提高，为禁牧、休牧、划区轮牧措施的落实提供了物质保障。2001—2009 年，全国牧区发展灌溉饲草料地 89.03 万亩，其中节水灌溉饲草料地 82.12 万亩，结合舍饲圈养，恢复和保护天然草场面积 2 811.45 万亩，其中，禁牧面积 1 039.42 万亩，轮牧面积 514.77 万亩，休牧面积 1 257.26 万亩，分别占 37.0%、18.3%和 44.7%。

表 3.4 2 001—2009 年试点项目恢复保护草原面积 （单位：万亩）

省区	恢复保护草原面积	其中		
		禁牧面积	轮牧面积	休牧面积
内蒙古	1 967.65	743.91	185.37	1 038.37
新疆	653.09	189.22	281.46	182.41
兵团	80.34	21.73	32.12	26.49
四川	21.05	10.66	5.44	4.95
青海	25.45	25.45	0.00	0.00
宁夏	58.70	46.40	9.20	3.10
黑龙江	1.00	1.00	0.00	0.00
甘肃	4.17	1.05	1.19	1.94
西藏	0.00	0.00	0.00	0.00
全国	2 811.45	1 039.42	514.77	1 257.26

从内蒙古牧区水利建设试点的情况来看，1 亩灌溉饲草地相当于 30～100 亩天然草地的产草量。在内蒙古牧区项目区，项目实施后，牧草平均高度由实施前的 26 厘米提高到 77 厘米，增长 51 厘米；牧草盖度由实施前的 50.3%提高到 93.7%，增长 43.4%。2009 年内蒙古休牧、禁牧面积达到 7.4 亿亩，草原生态环境恶化趋势得到了有效遏制，可利用草原植被盖度达到 38%，年均提高 1 个百分点，草原生态环境恢复效果明显。从新疆的情况来看，如果骨干工程和田间工程配套建设到位，平均每亩饲草料基地饲草产出水平接近天然草场的近 50 倍。牧区水利建设试点项目建成约 107 万亩灌溉饲草料地，年产饲草料折合干草 6.42 亿千克，相当于当地 2 200 万亩草地产草量。在新疆项目区，大部分天然草场植被在项目年基本恢复到 20 世纪 70 年代的水平，草的高度平均从 20 厘米提高到 60 厘米以上，草场覆盖率平均从 36.6%提高到 64%以上。

（六）畜牧业防灾抗灾和综合生产能力得到提高

根据试点项目调查资料，按半年补饲计算，项目实施提供补饲的牲畜头数由项目实施前的 75.06 万头，提高到实施后的 218.0 万头，增加 142.9 万头。牲畜舍饲头数由项目实施前的 56.2 万头，提高到实施后的 140.2 万头，增加

84.0 万头。牲畜死亡率由项目实施前的 5.59%,降低到实施后的 2.68%,减少 2.91%;牲畜出栏率由项目实施前的 42.34%,提高到项目实施后的 56.06%,增加 13.72%。牲畜的产出率和商品率提高,为畜牧业发展转型提供了有力支撑。从内蒙古的情况来看,与一般地区对比,牧区水利示范区饲草产量提高了 30 倍,抗灾减灾能力提高了 8 倍,综合生产能力和效益提高了1.5倍。

(七) 牧民收入水平快速增加

从牧区水利建设试点项目实施前后的情况比较来看,饲草料亩均产草量(折合干草)由 320 千克/亩提高到 759 千克/亩,提高 1.37 倍。其中,饲草亩均产草量(折合干草)从 460 千克/亩提高到 950 千克/亩,提高 1.06 倍;饲料亩均产草量(折合干草)由 420 千克/亩提高到 950 千克/亩,提高 1.26 倍;青贮饲料亩均产草量(折合干草)由 365 千克/亩提高到 1 450 千克/亩,提高 2.97 倍。据对内蒙古扶持建设"五配套"家庭牧场示范户的调查,其家庭年收入普遍高出当地一般牧户近 1 万元。全区 13 万户农牧民直接从牧区水利中受益,2009 年全区农牧民人均纯收入达到 4 938 元,位居西部省区前列。为解决牧民安居乐业和牲畜冷季舍饲问题①,20 世纪 80 年代以来,新疆就探索实施以水定地、以地定草、以草定畜、以畜定人的异地开发建设模式,推进牧民定居工程建设,集中建设好设施齐全的居所和必要的生产设施,引导分散居住的牧民从山上到山下居住,形成了村落式集中定居、插花定居、搬迁定居等多种模式。截至 2009 年底,全疆实现牧民定居 10.65 万户,占牧民总户数的 38.6%。牧民定居后,牲畜越冬死亡率大幅下降,牧民生活水平稳步提升,人均收入由 1996 年的 1 050元提高到 2008 年的 2 480 元。

三、牧区水利建设面临的主要问题

从各地已经实施的项目来看,灌溉饲草料基地建设,对于保护草原生态、转变传统畜牧业方式和增加牧民收入具有积极的促进作用。新时期牧区水利工作的基本思路也正是将水利措施和林业、畜牧业措施相结合,依靠大自然的自我修复能力来保护和改善草原生态,牧区水利建设的重点是因地制宜地发展节水高效灌溉饲草料地。从试点项目的实施情况来分析就会发现,目前的饲草料

① 牲畜冷季舍饲,就是在水土光热条件匹配的平原区域建设高标准饲草饲料基地,进行人工灌溉种植饲草,满足牲畜冷季舍饲饲草需求,使牧民定得下、稳得住、能致富。

基地建设和牧区水利建设仍然存在以下几个方面的问题。

(一) 总体建设规模较小,不能适应牧区生产生活方式转变的要求

目前,我国一共有牧业人口 1 645 万人。在传统生产方式下,他们基本上依靠天然草原放牧。随着禁牧、休牧和划区轮牧面积的增加,需要转移到以舍饲圈养为主要生产方式的牧户大量增加。畜牧业是牧区的主要产业,也是牧区目前仍在大力发展的产业。要满足传统草原畜牧业经营方式转变和畜牧业发展水平提高的需要,饲草供应必须大量增加。而从目前的情况来看,牧区饲草供应处于供不应求的局面,对灌溉饲草料基地建设提出了新的要求。

以新疆为例。要基本解决新疆的饲草供应问题,牧户户均的饲草料基地要达到 30～50 亩,但目前全疆牧区人工草料地保留面积 300 万亩左右,户均仅 10 亩左右。根据国务院发展研究中心"完善小型农田水利建设和管理机制研究"课题的研究,从华中师范大学进行的样本户调查可以发现,调查的 5 个村(嘎查)中,青海天峻织合玛扎查村处于缺水状态,西藏当雄当曲乡当曲村处于严重缺水状态,牧民连饮水都困难。而且,这几个村交通相对方便,在那些偏远的牧区,能够进行灌溉的村庄非常少。74 个样本牧户中,来自内蒙古锡林浩特市、青海司德、青海天峻、西藏当雄的牧户各为 15 户,来自西藏日喀则的为 14 户。这些样本户中,42 户没有灌溉条件,其中内蒙古锡林浩特市 11 户、青海同德 14 户、青海天峻 15 户、西藏当雄 2 户;15 户需要灌溉但处于困难状态,其中内蒙古锡林浩特市 2 户、西藏当雄 13 户;灌溉不困难 17 户,其中来自内蒙古锡林浩特市 2 户、青海同德 1 户、西藏日喀则 14 户。

目前,国家水利专项很多都是全国一个投资标准,边疆少数民族地区财政困难,在国家投资标准低的情况下,地方自筹存在困难,造成部分工程标准低、覆盖面小,难以抵御大的旱灾等问题。

(二) 项目规模较小,聚集效应难以发挥

草原生态恶化的直接原因是草原超载,草畜平衡的格局被打破。而草畜不平衡的实质在于人地关系失衡。因此,遏制草原生态恶化的趋势和改善牧民生计,根本上的办法是要转移人口。因此,各牧区将牧民定居作为一项重点工程来实施。

实行牧民定居,既要解决人畜饮水,更要有可靠和充足的灌溉水源,这是突破饲草料供应的瓶颈制约。牧民定居,水利先行,在饲草料地建设中必须以水利建设为中心,确保灌溉水源。而从各地实施转移人口和实施牧民集中定居的实践来看,只有达到一定的建设规模以后,规模效应和集聚效应才能产生,单位

面积饲草料基地的建设成本和相关服务体系才能建设和正常运转，更多的就业机会也才能产生。集中连片建设灌溉饲草料基地、集中建设牧民居住条件、集中开展基础设施建设，是成功转变草原畜牧业经营方式和实行牧民定居的重要条件。但在目前总投入不大的情况下，各地为平衡试点区域和项目之间的关系，往往采取都给一点、但给得又不够的资金分配方式，牧区水利建设试点的项目规模明显偏小，平均每个项目投资水平、亩均投资水平仅分别为 151.13 万元、659.27 元；新增灌溉饲草料地平均面积、新建灌溉饲草料基地平均面积仅分别为 2 394 亩和 1 394 亩。新疆平均每个项目的建设规模是比较大的，项目平均投资水平、亩均投资水平、新增灌溉饲草料地平均面积、新建灌溉饲草料基地平均面积分别为 189.35 万元、548.56 元、3 333 亩、661 亩。但是，新疆的牧区水利建设项目是与牧民定居工程结合实施的，新疆的同志反映，目前的建设规模明显偏小，在吸引居民定点居住方面所能发挥的作用非常有限。定居牧民户数有限，基础设施建设成本高昂，生产和生活服务行业发展不起来，牧民的生产生活并不方便，一些牧民又重返游牧方式。

（三）项目配套不够，水利设施的作用难以发挥

草原畜牧业经营方式的转变，是与牧民整个生产生活方式转变紧密相连的，这就需要配套建设水、电、路、房、通讯等各种基础设施，并调整教育、文化、卫生等事业的发展格局，同时发展生产生活服务。经过多年实践，新疆总结出了"三通"（通水、通路、通电）、"四有"（有住房、有棚圈、有草料地、有草料棚/青贮窖）、"五配套"（学校、卫生室、商店、文化室、技术服务站相配套）的牧民定居标准。从实施的项目来看，配套设施和条件的建设还明显不够，尤其是教育条件的配套，很多集中定居点达不到要求，对牧民的吸引力明显不够。

牧区水利建设项目也存在同样的问题。水利建设涉及水源、输水、供水、用水等各个环节，要建设完整的水利设施条件，需要的投入是比较多的。在建设规模不够、点多面广的情况下，很多项目难以首尾兼顾。由于投入不足，目前的建设项目只能依托已有水库和引水工程。这一方面加大了已有工程的供水压力，项目区与下游的用水矛盾凸显出来；另一方面，灌溉饲草料基地的规模发展从根本上受到制约。

（四）节水灌溉技术推广不足，水资源利用效率明显偏低

长期不合理、过度的使用水资源，势必造成区域水质恶化、水位下降、水资源减少、水生态环境恶化等不良后果。因此，必须采用先进节水措施，将现有灌溉饲草料地全部改为时针式喷灌或更节水的滴灌。

与传统的漫灌方式相比，节水灌溉的水资源利用效率要高得多。与农区相比，牧区的水资源更为紧缺，发展节水灌溉的必要性和迫切性更为突出。实行节水灌溉不仅需要有良好的设施条件、良好的用水机制，也需要推广普及灌溉技术。但由于投入不够，不少项目的节水灌溉设施建设不到位；由于节水机制不完善，用水户缺乏节水的积极性；由于技术推广体系不完善，大量用水户没有掌握节水灌溉技术。与国际上一些发达的畜牧业国家相比，我国节水灌溉技术和装备总体水平差，灌溉用水效率和效益低，目前，内蒙古现有饲草地灌溉面积中有近40%仍然是大水漫灌，水资源浪费非常严重。在60%配套节水措施的饲草地灌溉面积中，高效节水措施少，工程标准低，先进的节水灌溉技术推广力度不够，近六成是采取低压管灌和渠道防渗节水措施，这固然减少了输水过程的水量损失，但用水过程中的损失还是比较大的。

此外，一些过去兴修的水利工程老化，维修养护经费短缺，出现机泵损坏、掉泵、涌沙、管道老化漏水、水质发生变化，更有甚者不能正常运行。还有的水利工程因牧区地广人稀，使用率不高，工程效益不能发挥。

（五）水资源利用没有科学规划，造成超采地下水和盲目开发无水草场

我国牧区资源条件各异，牧区水利没有定型设计，必须因地制宜加强科技力量和资金投入，研究解决生产实际中存在的各种问题，在科学评价水资源开采量的条件下，合理确定建设规模。毛乌素沙地经过20年建设以水利为中心的家庭草库伦，不但改善了生态环境，而且在1999—2001年三年大旱中农牧民收入稳定增加，为我国浅层地下水富集区建设牧区水利恢复生态树立了样板。但水资源匮乏区则存在农牧民生活水平急剧下降的问题，其原因在于地下水开采成本高且水资源储量有限。[①] 为此，国家出台相关政策，对水资源极度匮乏地区加大了异地搬迁生态移民力度，重新选择水资源条件好的地区建设灌溉饲草料基地，安置极度荒漠地区的生态移民。如阿拉善盟有27万平方千米，从事牧业生产的人口不到3万人，该盟建设以水为中心的人工绿洲，扩大移民规模。准备迁出沿额济纳河流域胡杨林区内的有500多户牧民。

另一方面，在浅层地下水富集区存在农牧民盲目发展水浇地的情况，鄂尔多斯市个别牧户的水浇地达到近千亩。过去几十米见水的地区现在打井上百米才能见水，农牧民都已经意识到超采地下水的问题。此外，长期以来还把年降水量低于200毫米的无水草场的开发面积大小作为衡量牧区水利工作成绩

---

① 《牧区水利：跨向生态畜牧业的重要跳板》，来源：水利部网站，http://www.mwr.gov.cn/xw/slyw/201702/t20170212_826072.html.

的标准。2003 年水利部编制全国牧区水利规划时，在充分吸纳专家和各方面的意见后，坚持以“水、草、畜”平衡为总体目标，突出水资源的合理开发和优化配置。在不具备水资源开发利用条件的地区，划定地下水禁采区和限采区，重点选择结构调整、生态移民等其他方式来解决草原生态保护和牧民生活问题，不再开发灌溉饲草料基地。在水资源条件较好的地区也采取因地制宜适度开采的原则，严禁盲目抽取深层地下水扩大灌溉面积和增加牲畜总量。所有灌溉饲草料基地都要采取节水措施，最大限度地提高水资源承载能力和水的利用效率。

四、推进牧区水利建设的基本思路、原则和重点措施

推进牧区水利建设，要按照全面建设小康社会和建设社会主义新牧区的要求，贯彻落实“以人为本、全面、协调、可持续”的科学发展观，紧紧围绕实现草原生态保护和实现牧区经济发展的双重目标，沿着“建设小绿洲、保护大生态”的基本要求，重点着力因地制宜选择建设和管理模式、加强工程配套建设、推广节水灌溉、健全管理服务机制，到 2020 年，基本建成适应转变草原畜牧业经营方式和增加牧民收入的牧区要求的牧区水利工程，破解牧区水资源瓶颈制约，实现牧区水资源可持续利用。

建设牧区水利，要坚持以下几个基本原则。(1)政府为主，明确责任。牧区水利建设的基本立足点是治理草原生态，不仅利于牧区自身的发展，也利于我国实现全面、协调、可持续发展，具有非常强的公益性。要将牧区水利建设作为一项重要的民生工程，建立以公共财政支出为主的制度。只有如此，牧区水利建设的资金来源才能稳定可靠。与此同时，要充分调动集体经济组织、牧户、企业等投入的积极性。要加大金融支持力度，化解牧区资金来源不足的矛盾。(2)科学规划，持续发展。水利建设的专业性非常强，如果没有坚实的科学基础，工程设施取得的效果非常有限，甚至给当地经济社会发展带来损害。牧区在制定建设规划的过程中，要组织足够的力量，充分考虑水文、水资源总量和结构、地质、土壤、气候、经济社会发展、人口变动等相关因素，严格进行科学论证。坚持“以水定草、以草定畜”，合理确定建设规模、工程布局及建设重点。“大、中、小、微”并举，“蓄、引、提、节”结合，根据各地特色选择建设模式和方法。建设牧区水利，不仅要考虑当前化解草原压力的需要，更要考虑当地经济社会持续发展需要，不能竭泽而渔。优先利用地表水，科学开发地下水，严格落实节水措施。(3)统筹兼顾，协调推进。牧区水利建设是草原生态治理的一部分，要做

好与退耕还草、禁牧休牧、圈养舍饲、游牧民定居等相关措施的衔接工作。相关部门要加强协调，综合运用法律、行政、工程、经济、技术、管理等各种手段，稳步协调有序推进。坚持建管并重，确保设施的效益得到充分发挥。(4)量力而行，牧民自愿。牧区水利建设是一项长期任务，不要期望在短时间内打消灭战。要根据国家投入水平、地方财力、群众承受能力和当地经济发展实际需要，合理确定建设内容、目标和发展速度。如何针对不同牧户的特点采取合理的方式，是非常复杂和细致的过程。牧民是建设的参与者和受益者，要充分征求当地牧民的意见，形成自下而上的决策机制。在具体操作过程中，当地政府和牧民进行反复沟通，达成共识后才能确定方案。

(一) 明晰产权

只有明确灌溉设施的产权，投资主体才具有投入积极性，用水者才能像爱惜自己的财产一样善待设施。由于试点项目规模一般比当地分散建设的小型工程要大，主要由国家统一建设，工程所有权一般归国家、集体所有。试点项目中，有 385 个项目工程明晰了产权，其中归国有的 197 个，占总数的 51.2%，归集体所有的 108 个，占总数的 28.1%，归用水合作组织所有的 19 个，占总数的 4.9%，归公司所有的 5 个，占总数的 1.3%，属其他形式所有的 56 个，占总数的 14.5%。

从牧区水利建设试点的情况来看，根据“谁建设，谁所有”的原则确定工程所有权主体是比较适宜的。要根据这一原则，切实保护产权主体的合法权益，激发建设和管理的积极性。对以户为单位建设的小水井及灌溉设施，产权要明确赋予牧户。对于国家补助建设、购置的设施和水源井工程等，由村(嘎查)集体、合作组织投入组织建设的，要明确将产权赋予村集体或合作组织。要根据产权归属，办理产权登记、颁发产权证书、明确管护责任。在各种水利设施中，末级渠系的状况不仅与供水有关，与用水者利益联系也非常紧密。从各地的实践来看，农田水利末级渠系工程完工后，将使用权长期赋予用水单元，对于工程设施的管护非常有利。用水单元可以是单个牧户，可以是联户，也可以是用水者协会。

(二) 合理选择建设主体

建设主体的确定，要根据地质水文条件、受益范围、投资能力等情况进行。主要的建设主体为以下几类。

一是家庭或者联户。牧民在自己承包的草场上建设水源工程、配置节水灌溉设施、发展优质饲草地。建设规模一般 10～100 亩，适宜管道输水灌溉、喷灌工程。对这种方式，一般应实行“户建、户有、户管、户用”。这种形式的投资、受益和管理主体都在家庭一级，主要适合实施了草原承包制的家庭。内蒙古在以地下水为水源的地区，形成了“五个一”工程这一适合牧区推广实施的成功模式。“五个一”工程，即在地下水资源条件较好的地区，每户牧民打机电井 1 眼，发展 40 亩以上经济园 1 处，建 15 m^3 水塔 1 座，80 m^2 以上舍饲暖棚 1 座，30～50 m^3 青贮窖 1 处。

二是集体经济组织或者合作经济组织。在村集体经济发展基础较好、投资能力较强、具备水源条件的区域，可以由村集体集中投资和组织投劳，在国家的支持下相对集中建设灌溉饲草料地。合作组织建设既能克服单个牧户投入能力不足的问题，也能避免集体经济组织治理结构方面的缺陷，如果能够规范发展，可以成为理想的建设和管护主体。集体经济组织或者合作经济组织水源工程以小型蓄水工程、中型引水工程和规模较大的地下水开发工程为主，饲草料基地建设规模一般在 2 000 亩以下，适宜管道输水灌溉、喷灌工程。这类共建的水利工程产权归集体或者合作组织所有，由集体或者合作组织统一管理或承包、租赁，分户受益。工程运行维护费用一般从受益牧户用水费中提取。

三是政府。在地表水丰富的地区，可结合牧民定居工程，由政府承担主要投入责任，实施规模化开发，统一进行集中连片开发建设。通常来说，饲草料基地建设规模在 2 000 亩以上。水利工程所有权归国家，可以按照“保本微利”的原则，采取灵活的供水方式。在具备这种条件的地方，要尽可能高标准建设，积极推广自动化程度较高的大中型机组式喷灌设备，推广饲草料种植、收割等环节的机械化。

四是企业。企业的投入能力较强，能够在较短时间内开发出规模较大的饲草料基地。但企业进入牧区开发建设，要避免其与牧民争水争地的问题，形成与牧户利益均沾、风险共担的合作关系。鼓励“企业＋合作组织＋牧户”“企业＋牧户”等组织形式的发展，加快饲草料基地建设。

(三) 抓好工程配套建设和推广节水灌溉技术

水利工程建设的系统性要求很强，不仅要解决水源问题，还要解决输送问题，以及用水过程中的问题。目前，农村水利建设面临的一个突出问题就是末级渠系改造和建设不到位，在很大程度上制约了已有工程效益的发挥。从牧区水利建设试点的情况看，工程配套建设不到位的问题也比较明显。在推进牧区水利设施建设的过程中，要实行整体推进。

1. *水源工程建设*。在大规模建设饲草料基地的区域，一般需要有足够的灌溉供水能力作为支撑。在实施牧民定居工程和大力发展舍饲圈养的情况下，建设骨干水源工程显得非常迫切。根据可持续发展的要求，充分考虑地表水和地下水的总量、结构性特征和互补关系，科学合理建设，既要确保有水可取，又要防止用水过度进而形成新的漏斗区。要根据地形、地质、灌溉渠系等条件以及水资源供需分析结果，合理选择水库、塘坝、机电井、水窖(集雨工程)、小型引水设施等水源工程的位置和建设规模，专门建设一批控制性蓄水工程。在四川、甘肃、青海、西藏、新疆等地表水资源相对丰富的地方，要将地表水利用工程作为重点。在内蒙古等地，则要重点适度建设地下水利用工程。同时，结合水库枢纽工程、病险水库除险加固工程、水土保持及生态工程等项目的实施，整合相关投入，加快推进骨干水源工程建设。

2. **灌溉渠系工程**。根据地形、水源、水文气象等条件及当地经济社会发展情况，配套建设干渠、支渠、斗渠、农渠、毛渠等灌溉渠系设施。由于牧区水资源少而蒸发量大，有条件的地方，适度超前建设输水管道，减少水分蒸发和渗漏。对已经建成的渠系，要继续充分发挥其作用。对末级渠系，要配套必要的量水设施。根据地形、土壤、水资源分布状况、投入能力、饲草生物学特性等确定灌溉模式，因地制宜，合理布置田间灌排渠(沟)系。

3. **大力发展节水灌溉工程**。在牧区推广节水灌溉技术，不仅必要，而且可行。应根据水资源状况、水源条件、气象、地形、土壤、饲草特点和投入能力，采取工程措施和非工程措施相结合的方式，建设节水工程。要因地制宜采取主要渠道补砌、半固定式喷灌、低压管道输水管灌、微滴灌、卷盘式喷灌和时针式喷灌、滚移式喷灌、自压喷灌、滴灌多种灌溉形式，推进节水增效。制定节水灌溉方面的规章制度，推广节水灌溉操作规范，推动节水灌溉的制度化和标准化。

(四) 加强项目建设管理

从微观的角度来看，管理水平的高低对投资效果具有决定性的影响。为推进牧区水利建设试点，水利部门已经制定了《牧区水利建设试点项目建设管理办法》。从试点项目的情况来看，建设管理总体是比较规范的。389 个试点项目按要求审查与批复立项，完成实施“三个制度”的项目 305 个，占总数的 78.4%，完成竣工验收的项目 377 个，占总数的 96.9%，其中合格数为 376 个，占总数的 96.7%。

加强牧区水利建设项目管理，今后仍然需要解决以下几个方面的问题。

一是切实建立严格规范的过程管理制度。规范组织勘察设计，严格开展可行性论证，科学确定建设总规模、项目、进度，建立项目储备库，确保前期工作深度和质量。严格执行基本建设管理规定，结合牧区特点制定管理与监督制度，切实加强立项审批、计划安排、合同管理、项目验收等环节的管理，确保建设质量。对项目的执行过程、效益、作用和影响进行全面、系统、客观的跟踪调查、分析评价。

二是切实加强施工管理。在材料设备采购、工程招投标、技术质量监督、工程检查验收等环节,加强施工检查监督。有条件的地方,可以应用项目法人制、招投标制、监理制、质量监督制、安全生产责任制等项目管理方式。

三是切实加强资金使用管理。建立财政资金专人管理、专账核算、专款专用制度。可以借鉴农业综合开发的管理经验,实施采购和报账机制。对于随意变更项目建设内容、规模和地点,擅自改变项目采购方式的,不予支付项目财政资金。可以预留部分资金,对确实需要改变计划的建设项目,则由这部分资金弥补。

四是切实建立独立的评估机制。项目实施机构与评估机构要切实分开,实施第三方评估。充分听取当地牧户以及相关利益主体对水利建设项目的反映,在获取充分信息的基础上进行客观评估。注重发挥专家队伍作用,加大社会中介机构参与力度。

(五) 建立健全用水机制

目前,各地在用水管理上存在很大差异。产权属于牧户的,一般实行分散自管。产权国有和村集体所有,则方式多样,管理主体包括水利管理站、牧委会、团场、村(嘎查)、企业等。牧区水利建设试点项目在2001—2009年建成并投入运行的383个试点项目中,由县水务(利)局直接管理的147个,占总数的38.4%;由基层服务组织(乡抗旱服务队、灌溉公司等)统一管理的4个,占总数的1.0%;由所在村集体管理的112个,占总数的29.2%;由项目区用水合作组织管理的43个,占总数的11.2%;承包管理的19个,占总数的5.0%;属其他管理模式的58个,占总数的15.1%。在收费标准方面,有的按用电成本分摊到户,有的按照用水计量收费,有的按照亩数收费,或者其他方式。在用水量控制方面,有的地方已经开始探索实行定额管理、总量控制,一般还没有采取这一方式。各地收费标准不一,一般在20～50元/亩,有的还只是象征性收费。在用水者缴费方面,有的地方采取预缴方式,预缴比例有高有低,有的在用水后收取。所收费用管理和设施维护费用来源,各地的做法也很不一样。总体来看,用水管理机制还很不完善。不同地方的实际情况千差万别,采取单一的管理机制并不可行。总结各地的经验,可以重点从以下几个方面探索完善用水机制。

一是推动水价改革,体现水资源的稀缺性。在市场经济条件下,只有让市场充分发挥作用并体现在价格上,水的稀缺性才能体现出来,用水者才能具有节约用水的动力,水资源利用效率才能得到提高。目前,不论是农区还是在牧区，由于水价不合理，水利工程建设成本得不到弥补，维修养护经费没有来源。近十几年来，内蒙古的水价没有调整，平均水价仅占成本的40%左右，水利设施的更新改造难以为继。内蒙古河套灌区，现执行水价仅为4分/立方米，而其成本价已达9.54分/立方米，灌区管理单位每年亏损达6 000万元。从内蒙古四个旗县三年实行农业水价综合改革试点建设情况来看，推动水价改革具有节水、节地、省工、省钱、增收、增效等多重效果，经过一段时间的努力，也得到了用水户的认可。河套灌区经过几年的改制运行，灌区改制渠域的每年节水幅度占正常年份用水量的5%～8%，每年节水3亿多立方米。要坚持水费略高于成本的原则，合理确定灌溉用水的价格，为确保末级渠系建设、管护主体和维修养护经费提供基础。探索计量收费机制，推广终端水价制，改变用多用少一个样的局面。实行公示制度，让牧民放心，防止随意提高收费标准，搭车增加农民负担。

二是实行农业水费补贴机制。健全的用水机制，收费和补贴是节本增效的两个方面，在通过价格体现水资源价值的同时，要充分考虑饲草种植的公共性特征以及用水者的经济承受能力。在牧民水费支付能力较低的情况下，要对牧民灌溉用水进行补贴。补贴水平可以与用水收费水平基本相当，也可略少于收费水平，让牧民承担必要的责任。逐步实行用水定额管理，超出定额的，收费水平可以适度提高；低于定额的，补贴应当留给牧民，其节水越多，补贴收入就越高。对节水效果突出的，还可以适当给予奖励。

三是培育用水户合作组织。对共有设施来说，要实现共同节约、共同管护，比较好的方式是将用水者组织起来，形成共同约束、共同受益的机制。各地的探索表明，在使用主体较多的情况下，建立用水户合作组织的效果是非常明显的，对促进灌溉用水的科学有效管理、节约水资源、加强渠道及其建筑物的维修和管护、水费征收、减轻用水户经济负担、维持用水秩序、密切管理机构与用水户的关系都具有明显效果。成立合作组织以后，由于用水户之间相互激励，对推动“一事一议”，加强用水户投工投劳的积极性具有重要作用。在集中连片建设饲草料基地和灌溉设施的情况下，要将培育用水户合作组织作为一项重要措施，将其培育成末级渠系工程建管、用水和管水主体，提高牧民的自主管理能力。对牧区受益户较多的小型工程，可按受益范围组建用水合作组织。合作组织成员民主选举产生用水户代表，代表大会选举产生执委会成员，并制定章程以及供水管理、工程维护、税费收缴、财务管理等规章制度和办法，明确有关各方权力、责任和义务。运行经费从水费提留或通过“一事一议”解决。用水小组成员协商解决出工、出资及水费计收等事务。

五、相关保障措施

牧区水利建设是遏制草原生态恶化、帮助牧民增收致富的关键，是建设现代农业、建设社会主义新牧区的重要内容。一些地区的牧区水利建设规划之所以很难付诸实施，主要的问题是得到的支持不足。随着生态问题严峻性和迫切性的日益突出，必须加大对水利建设的支持力度，为推进牧区水利建设规划提供必要的条件。应解决的主要问题如下。

（一）建立健全投融资体制

1. **明确中央为主的政府投入责任。**缺乏稳定的投入是牧区水利建设面临的基本问题。从发达国家的情况来看，由于农业本身就具有很强的公益性，农业基础设施建设主要依靠政府投入。牧区水利建设不仅关系牧区民生问题、经济社会发展问题，而且关系民族团结、社会稳定、边疆安宁和生态安全等国家根本利益、长远利益，属于典型的公共事业，理所应当由政府为主进行投入。从牧区水利建设试点项目的情况来看，平均每亩所需投入资金在550～800元之间。在条件较差的地区，投入水平更高一些。随着材料费用、人工费用的上涨，亩均所需投入还将明显增加。

在我国农区，以农民为主进行水利建设的时代已经成为过去。近十几年来，我国牧区屡屡遇到旱灾、雪灾、风灾等多种灾害，绝大多数牧民的收入来源非常有限，收入水平低下[①]，投入能力受到极大限制。因此，主要靠牧民投入进行水利建设并不现实。将饲草料地节水灌溉建设作为战略工程，明确政府的主要投入责任，是牧区水利建设顺利推进的前提。

近年来，随着转移支付制度的完善，牧区基层政府的基本财力保障水平有了明显提高，但总体而言仍处于非常困难的状态，支出结构刚性极强，绝大多数县(旗、市)很难拿出足够的资金增加这方面的投入。将政府投入责任归于县级，显然也不切合实际。比较可行的办法只能是基本上依靠中央和省级政府进行投入。在牧区省份财力也并不宽裕的情况下，中央应当承担主要投入责任。可行的办法是中央大幅度增加牧区水利建设专项资金，至少承担政府投入70％以上的投入责任。其余的部分则主要由省级政府配套。为提高地方的积极性并加强约束，可以要求地方的投入主要用于选好水源、选好工程形式、适度

---

① 2008年，牧民人均纯收入为农民人均纯收入的80％左右。

确定供水规模、合理布局工程等前期工作和水利工程管护等运行过程中的投入，所需资金纳入地方同级财政预算。免除中西部地区县级及以下配套投入要求，避免资金不到位、假配套等问题的发生。为提高前期工作质量和地方的积极性，前期工作经费投入应由地方配套投入，保证勘测设计等工作的质量。

2. **整合不同资金**。过去，牧区水利建设资金分散在水利、农业、发展改革委、财政（主要为农业综合开发）、国土资源（主要为土地整理项目）、扶贫等部门，不同部门有着各自的专项计划和项目。部门之间、项目管理实施单位之间沟通不够、重复投入、资金使用效率低下和流失的现象由来已久。而且，不同来源的资金都根据自己的计划执行，缺乏统一行动，容易产生分散建设和过度开发的问题。随着投入的增加，这一问题将逐步得到体现，要积极探索以项目为导向的投入机制，积极搭建平台整合不同渠道的资金。在这一过程中，县级政府可以起到重要作用。要根据"统一规划、统筹协调、各投其资、各负其责、共同建设、各记其功"的原则，力争在县级整合各渠道资金集中进行投入。

3. **引导牧民积极参与**。牧区水利建设是建设社会主义新牧区的重要内容，牧民自身也是受益者。要采取"一事一议"等形式，积极引导牧民参与建设。对牧民参与的水利设施建设，政府要给予足够的奖励补助。考虑到牧民的投入能力更弱，奖励补助具体标准应当比小型农田水利设施建设更高。

4. **调动社会力量投资**。调研表明，部分牧区有不少依托牧区资源发展、资金实力较强、效益也比较好的企业，只要机制合理，从这些企业筹集部分资金是可能的。要根据以工补农的原则，引导企业积极履行社会责任，加强与当地牧民的联系，投入部分资金支持当地水利建设。可以采取工程以企业名称冠名、建立企业履行社会责任评价机制等方式方法，激励企业的投入积极性。

5. **加强金融支持**。财政资金毕竟是有限的，加大贷款支持力度是强化资金支持的重要方面。牧区水利建设的资金回收期较长，也具有一定的风险，商业银行的贷款积极性并不是很高，因此，加强金融支持的基本途径是在鼓励商业性贷款的基础上，重点在加大政策性金融力度方面做文章。可以考虑在扩大农业发展银行政策性贷款的前提下，将牧区水利建设作为优先支持对象。对商业性金融机构提供的贷款，可以给予较高的利息补贴。

（二）科学规划

规划不足是牧区水利建设严重滞后的重要原因。目前，各地对规划编制重视不够，规划过程中对重大问题、发展趋势研究不多，综合规划编制滞后现象较为突出，综合规划体系尚未形成，水利规划体系亟待完善，水利建设缺乏系统、长远而权威的规划保障机制，严重影响水利发展和水资源管理。水资源开发、利用、保护、节约的监测体系不健全，法律、法规赋予的涉水事务管理制度不完善，尤其是项目前期工作报批制度和程序繁杂，前期周期长，不利于项目开工建设。项目储备不足，尤其是在扩大内需机遇到来，面对大好发展机遇却显得手忙脚乱，影响工程建设任务按期实现。

要将牧区水利建设规划作为专项规划进行实施。在中央、牧区省份、牧区地级市(盟)、牧区县(旗、市)都要制定专门的牧区水利建设专项规划。在国家层面，要编制好牧区水利发展规划、牧区灌溉饲草料基地建设规划，并针对不同地区的实际情况，提出分类指导的意见。在制定规划的过程中，要做好与经济社会发展总体规划、主体功能区规划、草原生态保护、农(牧)业发展规划、相关水利建设规划、新农村(牧区)建设规划等的衔接工作。建立规划的评估和调整机制，根据牧区经济社会发展需要，规划确实需要调整的，要通过规范的程序进行调整。

(三) 健全水利技术服务体系

牧民长期从事放牧业，对饲草种植、灌溉、养殖等方面的技术还比较陌生，对技术服务有着强烈的需求。目前，牧区技术推广机构体系薄弱、人员素质较低、运行机制不活、与技术需求衔接不紧密等问题并存，水利技术服务体系薄弱，远不能满足草原畜牧业转型的需要。要根据建设服务型政府和推进城乡基本公共服务均等化的要求，强化政府在提供生产性服务方面的责任，切实加强饲草料灌溉技术服务体系建设。在灌溉饲草料基地达到一定规模的区域，要配置专门技术人员为牧户提供公益性服务。

(四) 加强组织协调

牧区水利建设是牧区重要的民生工程，要作为牧区的一项重要任务。就分工而言，水利部门是最为主要的职能部门。要加强牧区水利部门的力量，建设精干高效的管理力量。发展改革、财政、审计、农业、扶贫等部门，要做好配合工作，形成协调高效的管理机制。

要严格按照规划的要求，制定具体的实施方案。可以借鉴农村饮水安全工程建设的经验，实行目标责任制。层层签订农村饮水安全工作责任书，明确目标责任，采取时间、目标倒逼机制和一线工作法，采取有力措施，一级抓一级，层层抓落实，确保各个工作环节有人负责。在牧区县级，要将牧区水利建设作为政府部门工作绩效考核的一项考核内容。对进展顺利的，可以给予单位和个人奖励；对不能按照规划要求完成建设任务的，要追究其责任。

(五) 统一认识

我国牧民数量占全国人口数量的比重较低,牧区地理位置偏远,经济发展水平落后,牧区的改革发展问题不容易受到整个社会的重视,这是包括牧区水利建设在内的牧区发展事业得不到应有支持的客观原因。牧区水利建设要想得到切实有力的支持,一个重要的前提条件是让各地各部门以及社会充分认识牧区改革发展的重要性,形成共同支持牧区改革发展的局面。

一是加强调研。长期以来,我国形成了以 GDP 增长为核心的发展观,为加快经济发展,各地各部门对促进经济增长非常重视,但对边远地区发展、对生态环境治理等长期性问题的重视还远远不够。解决牧区改革发展面临的困难和问题,需要各地各部门的大力支持。牧区占我国国土面积的 40%,对维护国家安全、边疆稳定、生态安全、社会和谐都具有关键性的作用,是中华民族实现伟大复兴的重要腹地。今后,各地各部门应加强对牧区改革发展的调查研究,了解牧区的真实状况、面临的主要问题、制约因素,采取切实有效的措施促进牧区改革发展。

二是加强宣传。要引导电视、网络、报刊等媒体加大对关于生态治理、牧区改革发展、水利等问题的宣传力度,这对于促进科学发展的贯彻落实、形成全面、协调、可持续发展的格局具有重要促进作用,也会为牧区水利建设形成良好的外部条件。

第四章
发展草业

本章主要对我国传统牧区草业发展现状和存在的问题等进行分析；根据草业发展的资源与供给潜力、未来我国草食畜产品需求、进口替代的可能性等，分析我国牧草产业对牧区草食畜牧业发展的支撑情况，探讨了发展牧区草业的总体思路和实现途径。

一、传统牧区草业发展现状

人工种草具有生长快、防风固沙、保持水土、缓解温室效应、保护生物多样性等多重生态环保作用。随着现代畜牧业发展进程的加快和发展方式的转变，对草食畜产品的质量管理更加严格，人工种草面临重要的发展机遇。

（一）人工草地建设规模逐步扩大

2001 年，全国年末人工种草面积 14 435.6 万亩，到 2010 年末，全国年末人工种草面积为 17 722 万亩，增长了 22.8%。2011 年，国家出台草原生态保护补助奖励机制政策，每年安排资金用于牧草良种补贴。2012 年，国家实施“振兴奶业苜蓿发展行动”，中央财政每年安排 3 亿元支持高产优质苜蓿示范片区建设，片区建设以 3 000 亩为一个单元，一次性补贴 180 万元(每亩 600 元)，重点用于推行苜蓿良种化、应用标准化生产技术、改善生产条件和加强苜蓿质量管理等方面。2012—2015 年，中央财政每年安排 5.25 亿元建设 50 万亩高产优质苜蓿示范片区。其中：3 亿元用于高产优质苜蓿示范片区建设；2 亿元用于生产、收获和加工机械补贴；0.25 亿元用于良种补贴。在工程项目的带动下，到 2014 年，我国年末人工种草面积 19 233 万亩，比 2001 年增长了 33.2%，2014 年当年的增长率为 2.9%。分区域来看，牧区和非牧区人工种草的发展速度存在差异，2001 年，我国牧区人工种草面积为 9 933 万亩，非牧区为 4 502.6 万亩；到 2010 年，我国牧区人工种草面积为 11 226 万亩，非牧区为 6 496 万亩，牧区和非牧区的人工种草增长率分别为 13.0%和 44.3%，非牧区的增长速度比牧区增长速度高出 31.2 个百分点；到 2014 年，我国牧区人工种草面积为 13 538万亩，非牧区为 5 695 万亩；牧区和非牧区的人工种草增长率分别为 36.3%和 26.5%，牧区的增长速度比非牧区高出近 10 个百分点。从中不难看出，受国家牧区政策影响，2011 年以来，我国传统牧区人工种草建设力度增加，2011—2014 年，牧区人工种草面积年均增长率为 5.3%，非牧区为－5.1%，全国总体为 1.8%，因此仅仅三年时间，牧区人工种草面积就获得了大幅度增长。

表 4.1　2001—2014 年全国年末人工种草面积和增长情况

（单位：万亩、%）

区域	2001 年	2010 年	2014 年	2010 年比 2001 年增长	2014 年比 2001 年增长	2014 年比上年增长	2011～2014 年年均增长率
牧　区	9 933	11 226	13 538	13.0	36.3	6.5	5.3
非牧区	4 503	6 496	5 695	44.3	26.5	−4.9	−5.1

以内蒙古为例。2011 年，国家草原生态补奖政策安排 4.522 亿元用于内蒙古自治区的牧草良种补贴。2012 年国家开始实施的“振兴奶业苜蓿发展行动”中，内蒙古自治区每年承担建设 10 万亩高产优质苜蓿任务，2012 年当年即投入 1.6 亿元。在项目带动下，内蒙古自治区人工草地建设规模逐步扩大。2012 年和 2013 年，分配给内蒙古自治区的高产优质苜蓿建设任务分别是 10 万亩，其中呼和浩特市最多，分别是 2.5 万亩和 3.4 万亩；赤峰市分别是 1.4 万亩和 0.9 万亩；鄂尔多斯市分别是 1 万亩和 0.9 万亩。[①] 宁城县、敖汉旗、科左中旗、临河市、托克托县、和林格尔县、达拉特旗、呼和浩特郊区、包头郊区等为主要种植地区。与此同时，内蒙古自治区的草种基地建设逐步推进。草种基地建设主要以赛乌苏草籽场、乌拉特前旗草籽场和得日斯台草籽场为主，草种繁育基地建设以蒙古冰草、苜蓿、沙打旺等草种基地为主，总面积 10 万公顷多。

（二）牧草企业（基地）快速发展

一是奶企自建饲草基地进一步增加。奶源基地是乳品加工的第一车间。

---

① 数据来源：内蒙古自治区农牧业厅。

蒙牛、伊利等企业,在加快自有牧场建设的同时,重视自有饲草基地建设,把对牧草的管理推上了奶源工作的重点。蒙牛澳亚国际牧场是目前全国规模最大的单体现代牧场,占地面积 8 848 亩,集“种草-养牛-挤奶”于一体,汇集了国内外专家团队以规范牧场的建设和管理。伊利集团掌握了锡林郭勒、呼伦贝尔、新疆天山三大黄金奶源基地,形成全国奶源布局。

二是专业企业发展牧草基地建设明显增加。阿鲁科尔沁旗是内蒙古自治区草业发展最快的地区。从 2011 年开始,阿鲁科尔沁旗以每年不低于 20 万亩的速度集中连片推进人工草牧场建设。目前,全旗已有美国辛普劳公司、中国首农集团、亚盛田园牧歌草业公司、蒙草抗旱公司等 20 家独资企业种植优质牧草 42.6 万亩,103 户独资种植 7.8 万亩,11 个牧户联合体种植 7.74 万亩,7 个合作社种植 6.8 万亩,有 699 户牧民成为业主,1 220 户牧民将牧场转包给企业,成为产业工人或投资其他产业。该旗生产的优质紫花苜蓿各项指标、产品质量达到国际水平,成为蒙牛、伊利、三元、光明、辉山等国内乳业企业重要的牧草供应基地。

(三) 多种牧草生产经营模式不断涌现

在牧草生产实践中,逐步探索形成了“专业化的牧草生产加工企业”“公司+基地+农户”“草畜一体化”“公司+专业合作组织+农户”和“农户种养结合”等多种生产经营模式。整体上看,“专业牧草生产企业”和“草畜一体化”模式最有竞争力,前者的模式技术水平较高,牧草种植收益高于“农户种养结合”模式。此外,蒙草公司探索“蒙草牧草银行”的模式,并创办以牧草交易为主的大宗商品交易平台,进行网上牧草销售。

二、我国草业发展的区域布局

从牧草总产量情况来看,我国 8 大牧区中,内蒙古、新疆、四川、甘肃和云南的产量排在前五位,其他依次是青海、宁夏和西藏。其中,多年生牧草的产量比重依次为甘肃、云南、新疆,内蒙古和四川并列第四,其余分别为青海、宁夏和西藏;一年生牧草总产量的产量比重依次为内蒙古、四川和新疆,其余分别为云南、甘肃、青海、宁夏和西藏。内蒙古无论多年生牧草还是一年生牧草的产量均居于各大牧区之首,且主要以一年生牧草为主,而甘肃、云南、四川的多年生牧草产量较多,一年生牧草相对少。青海和西藏地处高海拔地区,牧草总产量比较低,宁夏土地面积狭小,牧草产量也排在后面。

表 4.2　2015 年全国各大牧区牧草生产情况

（单位：吨）

地区	牧草总产量	比重%	多年生牧草总产量	比重%	一年生牧草总产量	比重%
全国	179 997 103	100	92 346 986	100	87 650 117	100
非牧区	61 378 260	34.1	33 752 022	36.5	27 626 238	31.5
牧　区	118 618 843	65.9	58 594 964	63.5	60 023 879	68.5
8 大牧区	**牧草总产量**	**占牧区的比重%**	**多年生牧草总产量**	**占牧区的比重%**	**一年生牧草总产量**	**占牧区的比重%**
内蒙古	42 084 766	35.5	7 543 188	12.9	34 541 578	57.5
新　疆	18 815 614	15.9	9 989 931	17.0	8 825 683	14.7
四　川	16 737 162	14.1	7 574 518	12.9	9 162 644	15.3
甘　肃	16 663 848	14.0	14 477 575	24.7	2 186 273	3.6
云　南	13 178 042	11.1	10 640 255	18.2	2 537 787	4.2
青　海	6 513 916	5.5	4 942 619	8.4	1 571 297	2.6
宁　夏	4 430 427	3.7	3 260 073	5.6	1 170 354	1.9
西　藏	195 068	0.2	166 805	0.3	28 263	0.0

数据来源：根据《中国畜牧业统计资料汇编》整理。

从人工种草情况来看，2014 年我国人工种草面积达到 19 233 万亩，其中牧区为 13 538 万亩，非牧区为 5 695 万亩，各占 70.4%和 29.6%。从各大牧区的

表 4.3　全国历年的年末人工种草面积

（单位：万亩）

年份	2001	2005	2010	2011	2012	2013	2014
全国	14 436	19 029	17 722	18 244	18 211	18 697	19 233
牧　区	9 933	11 936	11 226	11 580	12 036	12 708	13 538
非牧区	4 503	7 094	6 496	6 664	6 175	5 989	5 695
内蒙古	5 576	6 366	4 383	4 456	4 746	4 902	5 387
甘　肃	1 627	1 822	2 212	2 269	2 327	2 388	2 407
新　疆（含兵团）	1 032	345	985	1 140	973	1 229	1 387
四　川	816	1 469	1 519	1 524	1 667	1 647	1 740
云　南	333	750	706	723	777	908	1 021
宁　夏	241	742	839	879	832	790	790
青　海	224	437	462	469	517	670	712
西　藏	85	4	120	120	197	174	94

注：本表对部分年份原始数据进行了四舍五入，因此各牧区数据之和可能与牧区总数略有差异。

情况来看，内蒙古自治区人工种草面积最大，占牧区的39.8%，其他依次为甘肃17.8%、四川12.9%、新疆维吾尔自治区(含兵团)10.2%、云南7.5%、宁夏5.8%、青海5.3%、西藏0.7%。

从年末改良草场面积指标来看，2014年我国改良草场总面积达到12 895万亩，其中牧区为9 762万亩，占75.7%，非牧区为3 133万亩，占24.3%。从各大牧区的情况来看，甘肃省年末改良草场的面积最大，占牧区改良草场面积的21.2%，其他依次为：四川省20.5%、新疆维吾尔自治区(含兵团)17.7%、青海省16.5%、内蒙古自治区14.0%、云南省6.3%和宁夏回族自治区3.8%，西藏自治区为0。从历年情况来看，内蒙古和甘肃的年末改良草场面积近年来有所减少。草场围栏改良生产实践证明，草原兴建各种形式的草库伦是保护草原、合理利用草原的一种有效形式。围建草库伦后，草原得到休养生息，牧草生机得到保护，增产效果显著。一般情况，两三年后产草量可提高1～5倍，同时，草原植被成分得到了改善，原来的碱斑会逐渐缩小，退化草原逐年复壮，对建立草原畜牧业饲草基地起到了积极的作用。

表4.4　全国历年的年末改良种草面积

(单位：万亩)

年份	2001	2005	2010	2011	2012	2013	2014
全国	9 419	11 322	12 830	9 740	10 358	11 582	12 895
非牧区	1 392	1 888	3 152	3 311	2 822	2 775	3 133
牧　区	8 027	9 434	9 678	6 429	7 536	8 807	9 762
四　川	0	0	1 058	1 058	1 277	1 518	2 001
甘　肃	3 305	4 343	2 792	1 681	1 718	1 837	2 066
新　疆(含兵团)	1 336	1 530	1 459	1 215	1 657	1 687	1 730
青　海	0	0	733	794	994	1 663	1 613
内蒙古	3 353	3 467	1 329	1 234	1 186	1 216	1 363
云　南	33	95	255	280	427	529	618
宁　夏	0	0	408	117	212	307	371
西　藏	0	0	1 644	50	65	50	0

注：本表对部分年份原始数据进行了四舍五入，因此各牧区数据之和可能与牧区总数略有差异。

内蒙古自治区是我国人工种草大省。内蒙古东部是我国玉米和大豆的重要生产基地，东部牧区的草甸草原牧草种类丰富，覆盖度达60%～80%，是我国牛羊肉、奶牛和架子牛的主要输出地，总体上，该区域饲草饲料资源丰富、饲养成本低，草食畜发展潜力大，畜牧业龙头企业多。如呼伦贝尔市“十二五”期间绿色食品、有机食品生产企业数在全区均列第一。通辽市2012年畜产品加工企业达到 66 家，其中，肉牛屠宰加工企业 10 家，年屠宰加工能力 60 万头。科尔沁牛业是全国第二的肉牛屠宰加工企业，具有世界先进的肉牛屠宰加工生产线，年加工能力达 20 万头。2012 年，赤峰市的内蒙古蒙都羊业食品有限公司、内蒙古好鲁库德美羊业有限公司、内蒙古草原金峰畜牧集团有限公司、赤峰阿鲁科尔沁北方肉业有限责任公司等四家肉牛肉羊企业被中国畜牧业协会评为全国畜牧业百强企业。阿旗塔山食品有限责任公司“赤塔”牌牛肉通过绿色食品认证，北方肉业有限责任公司完成了有机转化产品认证，2011 年“阿鲁科尔沁羊肉”、2012 年“阿鲁科尔沁牛肉”地理标志认证商标已经获得国家工商总局的审批，克旗鹤翔清真食品有限公司的牛羊肉打入上海世博会。这些企业规模大、有实力，养殖规模化程度较高，发展饲草饲料规模化种植的产业基础好，良种繁育和推广体系也比较健全，存在的问题是气候寒冷，养殖业的圈舍设施建设投入大，部分品种饲养技术水平落后，能繁母畜饲养量不足；远离京津冀等主销区，流通成本高。内蒙古中部是我国典型草原区，气候属于半干旱和较干旱，年降水量 200～350 毫米，牧草种类较多，草高 30～50 厘米，覆盖度 50%，亩产鲜草 100～200 千克，牧草含蛋白质较多，是良好的放牧场和割草场。该区域地处我国优质奶源带，伊利、蒙牛、光明、三元等国内一流的奶业大企业均在此布局发展草食畜牧业。2014 年地处该区域的锡林郭勒盟有肉食品生产加工企业 125 家，规模以上企业 77 家，冷藏能力 7.2 万吨，速冻能力 6 800 吨/日，日加工能力 20 万羊单位，其中肉类产业重点龙头 36 户，国家级龙头企业 3 户，自治区级 14 户，盟级 19 户；小肥羊、乌珠穆沁羊业、锡林郭勒肉食品、草原东方、沁绿等 12 家企业加工的羊肉产品获有机食品标志和国家绿色食品标志。因距离京津冀和其他市场较近，市场前景好。内蒙古西部地区多属于荒漠半荒漠草原，农区盐碱地面积较大，耕地生产力低下，中低产田比重高。鄂尔多斯市干旱少雨，十年九旱，自然条件恶劣，生态脆弱。巴彦淖尔市水资源相对丰富，是全国三大灌区之一，具备一定的人工种草条件。乌兰察布市牧区干旱缺水，地表径流少，地下水缺乏；旱灾、雪灾、冻灾、鼠害、虫害、植物病害以及沙尘暴灾害等自然灾害频发。包头市自然条件差，山北地区饲草严重缺乏，全市饲草资源主要集中在山南地区，并以农作物秸秆为主，苜蓿等优质牧草仅占饲草总量的 8%左右。在内蒙古西部水资源条件较好的地区，目前的做法主要是强化建设保灌的节水灌溉优质多年生牧草人工草地；将坡梁低产地退下，建立旱作人工草地，通过人工草地提高饲草供给能力。

西北牧区主要是荒漠半荒漠草原，草场面积大，既是主要的草食畜牧业基地，也是我国牛羊肉的传统消费区。该区域荒漠半荒漠草原年降水量 100～200 毫米，蒸发量大，气候极端干旱、缺水，生境脆弱，牧草多为含盐分的灌木、半灌木，草群矮且稀疏，产草量低，亩产鲜草50～100千克。干旱对该区域草业发展的制约突出，饲草资源利用效率低，常年饲草供应不平衡。畜牧业存在基础设施差、品种结构不合理、良种化程度不高、专业化规模化集中育肥发展滞后等问题。目前，在该区域的主要做法是推进退耕还草，增强优质牧草供应能力，加强品种改良，推广牧繁农育、农牧结合的养殖模式，创建高档牛羊肉生产基地。

西南牧区以亚热带高山草原为主，草山草坡资源丰富，冬闲田、石漠化土地面积广阔，草食畜产品发展潜力大。西南区有6.27亿亩可利用天然草地，还有574万亩人工草地保留面积，4 150万亩冬闲田和1.8亿亩石漠化土地，这些均可用作牧草种植。但该区域草山草坡改良难度大，牲畜群体规模小，饲养技术水平低，基础设施差，良种繁育滞后，杂交改良率低，养殖分散，规模化标准化程度低，屠宰加工企业规模不大，生产加工水平不高。今后应加快草山草坡改良，充分利用低山草坡、冬闲田、石漠化土地种植牧草，推广秸秆氨化(微贮)技术、草畜平衡调控技术，提高饲料转化率；加强肉羊、水牛、奶水牛、肉兔等地方特色品种资源的开发和品种改良，适度引进国外优良品种，选育地方优良品种；加大圈养设施改造力度，推广适度规模高床舍饲，饲喂优质牧草、舔砖、补饲混合精料，疾病综合防治等为主的山羊舍饲养殖技术，提高规模化专业化程度；发展适度规模的生态养殖。

青藏高原牧区包括西藏、青海藏区、四川藏区等区域。青藏高原地处北纬27～39度，平均海拔高度4 000米以上，80%以上的地区为高原寒带和寒温带，辐射强、日照充足，比同纬度的东部高出约50%；气温低，年均温－2～4度，日较差大，年较差小，适于牧草的营养体生长。与农作物和树木相比，在热量较低，降水相对较多的条件下，牧草生产在青藏高原有相对优势。牧草生产主要是植物茎、叶等营养体的生产，营养体产量越大，可供家畜采食的部分也就越多。在低温多雨条件下，植物因热量不足，发育缓慢而生长迅速，能够充分利用这种水热组合条件，生产较多的营养体有机物质，并易达到优质、稳产和高产的目的。[①] 在《西藏生态安全屏障保护与建设规划(2008—2030年)》中，人工种草与天然草地改良工程被纳入规划重点工程建设内容。2009年以来，国家投资3.758亿元在西藏7地市60个县实施人工种草建设任务166.29万亩，在日喀则和山南地区草原站实施牧草种子建设0.52万亩。利用草原生态保护补助奖励机制绩效考核资金1.098亿元，建设高标准连片人工种草9.15万亩。2011

① 胡自治：《草业与青藏高原的经济、环境和社会发展》，《青海畜牧兽医杂志》2001年第31卷第4期(总第154期)。

年 3 月，国务院通过了《青藏高原区域生态建设与环境保护规划(2011—2030 年)》，提出了力争使高原生态系统趋于良性循环的目标。

三、草业发展中存在的问题

当前，我国草业发展方兴未艾，伴随农业结构调整的不断深入，牧草及饲料作物入田的进程加速，“粮-经-饲”相结合的三元种植模式逐渐推行，适应不同地区特点的产业模式、经营模式和技术模式初步发展，以草促农、以草促粮的良好局面正在形成。虽然草业发展具备了一定的基础和潜力，但仍然存在多种因素制约和需要解决的问题。

(一) 认识不到位，种植业结构调整滞后

长期以来，我国只注重追求粮食生产的发展，而将草业作为种植业或畜牧业的附属，忽视了其相对独立的生态和社会经济功能①。人工草地的生物量是天然草地的 5～10 倍。种 1 亩人工草地，就可以维护退化的草场大概 10 亩左右，有利于恢复退化草地。但我国长期以来忽视草业开发，没有立草为业。具体表现为：在土地利用上，以种植粮食作物为主，很少考虑饲草需求，为了保证粮食产量，在生态脆弱、适宜种草的地方也大力生产粮食；在政策支持上，对于种草的投入和政策扶持力度不足，种草未能享受与种粮相同的待遇，农牧民种草积极性得不到调动。对草业的认识不够，导致了对牧草产业发展的扶持不足，引导和服务滞后，制约了资本、土地及劳动力等生产要素向草业流动，使得农牧业无法形成有机整体，彼此分割严重，反过来制约了种植业结构调整和优化，阻碍了产业发展。目前，我国牧草种植总体规模小、布局散、产量低、品质差，饲草生产基本上是自给自足，专用饲草种植尚未形成气候，商品率较低，使得饲草料缺口大、草畜不配套的问题日益凸显。我国有 40.3 亿亩草原，但目前草原植被退化，我国每年干草生产不足 1 亿吨，不到市场需求的十分之一，每年还要从国外进口②。与发达国家相比，我国草业发展差距较大。很多发达国家的草业产值占农业总产值的 50%以上，有的甚至高达 80%，而我国只有 10%

---

① 洪绂曾：《我国草业发展现状及战略构想》，《中国畜牧业信息网》，http://www.caaa.cn/show/newsarticle.php?ID=248702.

② 《内蒙古政协主席任亚平：立草为业，建生态保护长效机制》，中国政协网，http://cppcc.china.com.cn/2014-02/18/content_31515291.htm.

左右[①]。

(二)饲草料生产结构不合理,优质牧草严重不足

我国饲草资源较为丰富,但在饲料消费中占主导地位的是饲料粮。据统计,我国每年用于饲料的粮食约占粮食总消耗的30%以上[②]。饲料粮的比例大而饲草消费量不足,制约了非粮饲料资源开发利用,使得饲草产业的发展潜力难以发挥。优质饲草对牛羊等草食家畜具有不可替代的作用和地位。随着国内养殖业的快速发展,优质牧草的缺口不断扩大,优质草种饲草进口依存度不断提高。特别是苜蓿,国产苜蓿无论在数量上还是在质量上,均已无法满足畜牧业生产的需要。

近年来,我国苜蓿干草和草种的进口量成数倍增长。据统计,2008—2010年,进口苜蓿干草分别为2万吨、9万吨、22万吨,2010年进口苜蓿草是2008的11倍;进口草种2.1万吨,大约相当于国产草种的20%[③]。我国生产的大部分豆科牧草的草产品质量水平较低,缺乏国际竞争能力。饲用玉米、蛋白草、油花草、氨基酸草、香槟草、黑麦草等适宜各类畜禽、鱼类食用的饲草品种目前在国内几近空白,每年要花费巨额外汇到国外购买草种[④]。河南农业大学草业科学实验室2011年对全国28个紫花苜蓿草捆的抽样结果显示,平均粗蛋白质含量不足15%。据有关方面预测,我国80%的紫花苜蓿草产品粗蛋白含量为14%~16%,粗蛋白质含量在18%以上的草产品占比较小[⑤]。

(三)生产经营方式落后,供种质量差

畜牧业的规模化发展要求草业的生产经营方式也要规模化、集约化、专业化。当前我国草业仍然沿用传统的生产经营方式,地域散、规模小、经营粗放、良种化程度低,导致牧草生产力水平不高、品质不稳,影响了牧草种植效益。目前我国牧草生产仍属于广种薄收,还没有形成专门的牧草生产种子带,草种生产不规范、产量低,单产仅500~600千克/公顷。另外,我国牧草品种单一,由于牧草种子生产基地繁育面积小,牧草种子繁育体系不健全,生产的草籽品种混杂,质量不高。目前,牧草种子一级品不足20%,良种使用率仅50%,牧草平均粗蛋白含量仅14%~16%,70%以上的苜蓿草产品质量仍为三级品。一些

---

① 《中国草业的巨大成长空间》,西北苗木网,www.xbmiaomu.com,2011年10月14日。
② 《中国草业的巨大成长空间》,西北苗木网,www.xbmiaomu.com,2011年10月14日。
③ 《优质牧草缺乏,种和饲草产品缺口巨大》,农民日报,2011年9月26日。
④ 《中国草业的巨大成长空间》,西北苗木网,www.xbmiaomu.com,2011年10月14日。
⑤ 数据来源:国家牧草产业技术体系提供资料。

企业反映，用国产种子种植出来的苜蓿，耐受性强，但根茎粗大叶子少，营养价值低，只能喂饲低产奶牛，优质饲草仍然依赖于进口。

（四）尚未形成产供销一体化的市场体系

目前国内草业公司大部分拥有自己的奶牛养殖基地，生产的苜蓿自产自销，很少有外运外销的情况。一方面，国内的牧草品质不稳定，企业很难与客户建立长期的合作关系；而以户为单位的分散种植者不能及时掌握信息，未能有效利用信息、供销流通服务体系，多渠道、多形式的牧草产品加工流通体系尚未形成，导致部分规模养殖场（户）因发展需求不得不从外地高价调草。另一方面，牧草经营环节属于多主体参与，收购当中存在无序竞争，由于分散经营者的议价能力低，一些经营者即使收获了优质苜蓿草外运外销，也会遇到压级压价现象，优质优价的草产品市场价格形成机制还没有建立起来。总的看，我国牧草种植与产品加工销售联系不紧密，草产品销售市场尚未理顺，产、供、销一体化扩展不足，还没有形成产供销一体化的成熟市场体系。由于草产业市场发育滞后，产业链条短，导致养殖龙头、加工龙头不仅少，而且引领示范能力弱，企业和农牧民之间未能形成有效的利益联接机制，产业化程度不高。

（五）设施装备落后

我国草业的基础设施建设薄弱，装备水平落后。内蒙古、四川、西藏、甘肃、新疆等省区有效灌溉面积只有其土地面积的 3%（全国 56.7%），天然草原灌溉面积比例更低；全国草原围栏面积只有 9%①。家畜棚圈、人工饲草料地、防疫体系建设等方面还比较落后，在道路、通讯、电力等基础设施方面，草原地区也较其他地区有很大差距。

牧草生产机械是草业发展的重要载体和手段。与草业发达国家相比，我国草业机械化起步晚、发展慢，牧草机械化总体水平不高，低端产品多，缺少与现代草业经营方式相匹配、先进适用的草业机械。大部分厂家只能生产割草机、粉碎机等简单机械，胶辊、打结器等关键部件制造技术不过关，刈割压扁机、打捆机等高档机械完全依赖进口，机械售后服务差，配件难买到且价格昂贵②。由于牧区的牧草收割、运输机械设备没有配套发展，很多地区大面积种植的牧草无法收获，造成牧草资源的极大浪费。

---

① 刘加文：《中国草业现状及当前的主要任务》，《草业科学》2008 年第 2 期第 1～5 页。

② 《牧草机械渐成市场新宠》，《草业科学》2008 年第 10 期第 77 页。

牧草产量和质量取决于初花期植株生长情况。如苜蓿在现蕾-初花期粗蛋白含量在18%以上，在中花期则下降到16%，相当于苜蓿一开花营养价值就会下降，因此必须尽快完成收获。一般在牧区，6月初到9月初苜蓿收割、干燥和储藏时节也正值雨季，这就对机械化收获和生产管理提出比较高的要求。目前的问题是收获加工环节机械作业水平低，烘干设备少，加上缺乏管理经验，一些牧草企业仅收获过程中田间损失就超过20%。

还有一些地区草产品的加工设备落后，生产的草捆类产品重量轻、体积大，使得草产品的运输费用甚至超过草本身的销售价格，在市场上没有竞争力①。若将苜蓿烘干加工成干草，往往二次加压草捆密度低，目前我国干草加工设备技术落后，二次加压苜蓿草捆密度为280～300 kg/m^3，美国的密度400～450 kg/m^3。此外，缺乏草种清选加工专业设备，导致劣质种子和杂质较多，种子发芽率偏低②。总之，草业机械化发展滞后已成为影响牧草商品化、产业化的重要因素。

（六）科技支撑体系不健全

确保草业全面、协调、可持续发展，加快建立健全草业发展的科技支撑体系十分必要。目前，我国草业发展的科技支撑体系尚不健全，科技服务手段比较滞后，不能适应畜牧业发展方式转变的需要。

1. **草业科研基础设施投入不足、科技人员缺乏。**目前我国科研院所和高校还是普遍存在野外实验、观察基地缺乏的问题，很多地方无实验室和饲草检验检测设备。科研条件差影响了草业的基础研究和创新研究。饲草专业技术人员匮乏，也使得科研成果应用推广渠道不畅。目前，传统牧区专门从事牧草病虫害研究的人员较少，由于缺乏专业人才，病虫害发生后只能临时抽调其他人员兼治，防治和查测水平不高，虫情报告不及时、不准确，应急防控能力薄弱。

2. **草业科技储备不足。**我国草业科技研究实力弱，草业发展的关键支撑技术和草产品深加工利用技术等有待深入研究：草种培育技术落后，国产草种质量差、发芽率低、杂草种子多、含检疫对象比例高；牧草机械研发技术研究起步晚、水平低③；大多数企业还没有形成一套适宜的高产栽培生产关键技术与干草调制加工集成配套技术；牧草种植中的水肥利用技术、杂草控制技术不成熟，等等。

---

① 董杰：《内蒙古自治区草产业问题研究》，《中国乡镇企业会计》，2011年第10期，第11页。

②《饲草产业发展中的几个问题》，《中国畜牧兽医报》2012年第9期第10页。

③ 徐龙、张丽春：《我国牧草机械发展落后原因分析》，《农业机械》2003年第5期。

3. **草业社会化服务体系尚不健全**。一是生物防疫测报体系不健全，测报工作经费、交通车辆、测报工具等严重不足，不能及时对鼠虫病害状况进行监测，防控技术措施相对落后。很多牧草种植企业对病虫害重视不够，直接影响了经济效益。二是缺乏草业中介组织，企业、种草户、农民和养殖场之间的利益关系难以理顺，中介服务组织的技术服务能力有待加强。三是培训内容与生产不配套。目前，从业主体缺乏草产品生产的关键技术，特别是优质牧草的种植、收获、贮藏技术等缺乏，培训数量少，科技成果示范和推广工作有待加强。由于没有掌握最新的技能，很多种植户在牧草栽培种植、田间管理、收获加工等生产环节中遇到问题。如牧草晾晒、打捆过程中对含水量、堆放方式等问题关注不够，进而导致损失。

（七）相关扶持政策不完善

1. **补贴力度弱**。当前国家实施的牧草补贴项目虽然规模大，但是相对于草原面积而言，仍然是补助资金少、补贴标准低。受市场波动、饲草料价格上涨等因素的影响，畜牧业生产成本提高，而畜产品价格提高的速度慢于饲料价格增长的速度，使得养殖效益下降，传导到牧草产业上则体现为农牧民种草效益低。内蒙古巴彦淖尔市河套灌区熟地土地流转成本每亩多在 800 元以上，种植苜蓿草的比较效益低，农户种植意愿不高。地方政府财力有限，不可能大量配套补贴牧草产业和奶业，造成奶牛数量减少。

2. **补贴不符合本地种植企业的实际情况**。调研中发现，牧草种植补贴、农机具补贴、补贴发放方式等方面都存在一定的问题。内蒙古为配合农业部和财政部“振兴奶业苜蓿发展行动”，在苜蓿优势产区和奶牛主产区建设高产优质苜蓿示范片区，设置了详细的补贴标准和验收条件，严格立项、严格验收、严格绩效、严格档案，要求示范带动周边农民提高苜蓿种植水平，带动农民增收致富，并建立一套完整的工作档案等等。但也有企业反映补贴手续繁杂，对私营种植公司设置门槛；农机具补贴也存在只补贴寿命短、质量不高的国产机械，而不补贴进口设备和进口设备零部件，因此很多种植企业只能放弃补贴。

3. **牧草种植保险、金融扶持政策基本是空白**。目前在牧草种植方面的金融保险支持政策少，企业在土地流转、购买农机具等方面的支出基本依靠自筹或者通过以往的金融渠道。一旦出现自然灾害或其他经营方面的问题，企业只能依靠自身实力来弥补。

四、我国草业发展的资源与供求情况

(一) 资源情况

1. 土地资源。我国幅员辽阔,在玉米种植和种草上的土地资源空间很大。有学者研究发现,我国农区有宜农荒地 3 535 万公顷,有约 133.3 万公顷的青饲料生产基地,粮草轮作基地 400 万公顷,南方水田区每年有冬闲田约 400 万公顷,南方丘陵耕地、北方灌区、北方旱作耕地也存在不同类型的闲置地约 500 万公顷①。总体来看,我国草业发展的土地资源比较充裕:

(1) 中低产田。充分利用牧草对农地的改善作用,因地制宜发展中低产田种植青贮玉米和优质苜蓿来引导草食畜牧业发展,既能解决饲草需要,也能培肥地力。据统计,我国 18.3 亿亩耕地中,有中低产田 12.9 亿亩,其中,可改造的中低产田有 8.8 亿亩。这些低产田的粮食单产水平在 100～500 斤/亩之间,种粮效益不高。若从约 5 亿多亩低产田中拿出 1 000 万亩发展青贮玉米,将 800 万亩集中连片的低产田种植优质苜蓿,200 万亩种植禾本科牧草,考虑低产田生产条件,低产田青贮玉米单产下调到 1 000 千克/亩,优质苜蓿单产下调到 500 千克/亩,禾本科牧草单产下调到 500 千克/亩,则可生产青贮玉米 4 000 万吨、苜蓿 400 万吨、禾本科牧草 100 万吨;在满足增产牛奶 1 470 万吨所需牧草之余(大致需要青贮玉米 1 020 万吨、苜蓿 220 万吨、禾本科牧草 90 万吨),还可满足增产牛肉 140 万吨(大致需要青贮玉米 2 600 万吨、苜蓿 185 万吨、禾本科牧草 85 万吨)和部分羊肉生产的需要。②

我国有大量不与粮食争地的苜蓿土地资源。以黄淮海地区为例:该地区有近 800 万亩的黄河滩地、3 400 万亩盐碱地,低产田超过 1 亿亩,是发展苜蓿的最适宜土地。如果把粮食生产和节粮型畜牧业生产之间的关系处理好了,可以缓解饲料粮不足的问题。

---

① 王苗苗等:《施行草地农业在食物安全上的"涟漪效应"》,《草业科学》2010 年第 10 期第 166—169 页。

② 本部分引自 2014 年农业部发展与计划司委托项目《我国"粮草兼顾型"农业结构调整研究》课题报告。课题主持人:陈洁。农业部发展与计划司提供粮草兼顾型农业结构转型饲草料需求测算材料。测算依据:根据我国草食畜牧业生产实际,根据当前实行的饲养营养标准,分别提出不同畜种从出生到出栏的饲草料需要,并向相关领域专家征询意见得出。注:按照人工草地每 1.5 亩饲养一个羊单位,每个羊单位产肉 15 公斤计算。

(2) 退耕还林还草工程。在我国农牧交错带有 2 662.9 万亩的已垦草原，结合第二轮退耕还林还草工程实施，在这些区域发展牧草还有潜力。如能在500 万亩以上退耕的坡耕地上种植牧草，按亩产干草 500 千克计算(适度调减单产)，能生产牧草 250 万吨，饲养约 800 万个羊单位，约合牛羊肉 12 万吨。若全部开发用于种植牧草，则可生产牧草 1 331.45 万吨，能饲养 5 867 万多个羊单位，约合牛羊肉 88 万吨。①

(3) 冬闲田。目前，我国南方冬闲田面积为 11 600 万亩，可以进行季节性利用。到 2020 年，我国长江中下游区域和南方地区冬闲田面积若开发出 8 800 万亩，按亩产 600 千克干草计算，则能生产牧草 5 280 万吨，饲养 1 500 多万个羊单位，约合牛羊肉 22.76 万吨。若全部开发用于种植牧草，则可生产牧草 6 960万吨，能饲养大约 2 000 万个羊单位，约合牛羊肉 30 万吨。②

(4)南方草山草坡。我国南方大部分地区气候温暖，水热资源丰富，年降水量一般在 1 000 毫米以上，牧草生长期长，产草量高，在改良草山草坡、建植人工草地和发展草食畜牧业方面有着明显优势和巨大潜力。当前南方草地资源整体开发利用不足，天然牧草利用水平仅为 20%～50%；补播优质草种，进行人工改良后，牧草产量能提高 4～5 倍以上。过去，南方天然草地平均每 8 亩可饲养 1 个羊单位；经过改良建成稳产人工草地后，平均 1.5 亩可饲养 1 个羊单位，高产优质人工草地 1 亩即可饲养 1 个羊单位。

根据第一次全国草地资源调查结果，我国南方连片草原面积较大的安徽、江西、湖北、湖南、广西、四川、贵州、云南等 8 省区，共有天然草地 10.1 亿亩。调度省级监测信息显示，这 8 省区目前共有 1 万亩以上的连片天然草地 3 345 块，总面积 9 531 万亩。其中约有 60%水热条件和基础设施较好的连片天然草地可以建成人工草地，共 5 718.6 万亩。按照天然草地平均每 8 亩饲养 1 个羊单位、人工草地每 1.5 亩饲养 1 个羊单位计算，共可饲养 4 289 万个羊单位；按每个羊单位产肉 15 千克计算，可增加肉类供给 64.3 万吨，能有效增加牛羊肉生产供给。如以 1 万亩草地为生产单元，可饲养 4 500 个羊单位，能获得很好的规模效益，草地资源的利用效率将更高。

同时，我国南方还有大量小面积连片散状分布的草地、疏林草地和林间草

---

① 本部分引自 2014 年农业部发展与计划司委托项目《我国“粮草兼顾型”农业结构调整研究》课题报告。课题主持人：陈洁。农业部发展与计划司提供粮草兼顾型农业结构转型饲草料需求测算材料。测算依据：根据我国草食畜牧业生产实际，根据当前实行的饲养营养标准，分别提出不同畜种从出生到出栏的饲草料需要，并向相关领域专家征询意见得出。注：按照人工草地每 1.5 亩饲养一个羊单位，每个羊单位产肉 15 公斤计算。

② 同上。

地9亿多亩。江西、广西、云南、贵州等地已大力发展林下草食畜牧业，取得了良好的生产、生态效益。通过补播改良和建设人工草地，充分利用南方草地资源发展草地畜牧业，可发掘出巨大的牛羊肉生产潜力。

2. *秸秆资源*。据统计，我国每年秸秆和各类糟渣产量超过8亿吨。[①] 目前，我国农户利用秸秆多为直接利用，其中的粗蛋白质可消化性差，只能作为大家畜的“维持用能量饲料”。如果对这些农副产品加以青贮、氨化、微生物发酵等技术处理，则都可作为饲料。

稻草是我国第一大作物秸秆，其产量占全国农作物秸秆总产量的30%左右。2015年全国水稻播种面积30 216.0千公顷，产量20 822.5万吨，按照谷草1∶1计算，全国稻草产量为20 822.5万吨。目前把稻草用作饲料的比例比较小，据统计仅为16.2%，其他用作肥料还田或生活燃料，资源浪费较多。这主要受稻草适口性差和营养价值偏低等制约。稻草产量在全国排前列的省份主要有湖南、黑龙江、江西等省。

玉米秸秆是我国重要的饲料原料，与其他秸秆相比营养成分丰富，适口性强，可用于饲喂肉牛等草食动物。2015年，全国玉米播种面积为38 119千公顷，产量为22 463.2万吨，按照谷草比1∶2、收集系数0.9计算，全国玉米秸秆产量为40 433.76万吨。玉米主产区主要集中在北方省份和西南地区，主要有黑龙江、吉林、山东等。在东北、华北和中原等粮食主产区大力推进秸秆养畜，逐步提升秸秆利用率，将秸秆就地饲用转化，可以提高牛羊肉产量，增加农民收入。

小麦秸秆用于饲料的比例较低，主要由于小麦秸秆质地较粗糙、纤维素含量高、蛋白质含量低、适口性差、消化利用率较低，但经过处理后可提高其营养价值和饲料转化率。2015年，全国小麦播种面积为24 141.0千公顷，总产量13 018.5万吨，按照谷草比1∶1计算，麦秸产量为13 018.5万吨。全国麦秸产量高的省份主要集中在河南、山东、河北等中部省份。

以内蒙古兴安盟为例。该盟现有耕地1 641万亩，农作物主要以玉米、大豆、油菜、小麦、水稻为主，年产秸秆20亿千克左右。该盟冷季草场的载畜量是每个羊单位15亩草场，如能开发秸秆资源，则可以使4 551万亩草场得到轮歇复壮一年，防止草原继续退化，有效改善草原生态环境。但是，农作物秸秆纤维多、质地坚硬、消化率低和适口性差，绝大多数被当做燃料和肥料，甚至白白扔在地里，造成大量的秸秆和有机质浪费。如开发利用秸秆资源，就应引进秸秆

---

① 曹兵海、苏华维：《南方肉牛产业现状与发展战略之我见》，《中国畜牧业》2012年第20期。

青贮、氨化、微贮等加工技术。

3. *农产品加工副产品*。农产品加工后的副产品，如豆粕、糟渣等也是重要的饲料原料。在饲料中用的最多的是豆粕。豆粕是制作牲畜与家禽饲料的主要原料。我国大约85%的豆粕被用于饲养。我国大豆的主产区主要在黑龙江和内蒙古等地。按照出豆粕率78%计算，国产豆粕的产量为1 485.7万吨。而目前我国榨油主要用进口大豆，因此豆粕产量远高于此。甘蔗梢叶和甘蔗渣也可作为饲料。甘蔗梢叶、甘蔗渣和全株甘蔗用于养牛在全世界相当普遍。2015年全国甘蔗播种面积1 600千公顷，总产量11 696.8万吨，可产甘蔗梢叶和蔗渣分别为3 509万吨。甘蔗主要产自广西、云南、广东等南方地区。

此外，薯类是我国农户畜牧业生产的重要青饲料来源，有产量高和能够充分利用地力资源的特征。油料作物榨油后的饼籽是畜牧业生产粗蛋白和纤维素的重要来源，油料饼既用作蛋白饲料也用作纤维饲料，是配合饲料不可或缺的成分。甜菜榨汁后的干物质是我国北方奶牛生产的重要青绿饲料来源。

(二) 单产提升的潜力

单产是体现畜牧业发展水平的重要指标之一。目前，我国肉牛、肉羊的单产水平远低于世界平均水平，奶牛的单产水平略高于世界平均水平但只有发达国家的1/4～1/3。未来，我国可以通过加强优良品种繁育和推广，引导养殖户改善饲料和饲草的营养搭配，提高农户的牲畜投喂技术，完善牲畜养殖环节的防疫、饲草料供给等社会化服务体系，力求提高我国肉牛、肉羊和奶牛单产水平。

表4.5　2009年主要国家畜产品单产

(单位：千克)

国家	牛肉	牛奶	绵羊肉	山羊肉
美国	355.00	9 331.50	30.70	～
英国	331.20	7 101.10	19.60	～
法国	296.00	6 152.70	18.70	8.20
德国	330.80	6 643.20	21.90	18.00
荷兰	194.20	7 342.20	21.10	12.80
澳大利亚	246.80	5 600.70	20.50	25.00
新西兰	164.30	3 342.70	17.80	11.00
日本	421.10	7 497.10	27.20	16.90
中国	140.90	2 900.50	15.50	13.70
世界	210.60	2 308.80	15.80	12.30

另一方面，目前，我国玉米、豆粕和牧草单产水平也还有提升空间，可以通过加强对栽培和耕作措施的研究和推广，提高作物栽培水平，如适时早播，争取季节，相应延长作物生育期；推行作物秸秆还田和测土配方施肥，补充土壤养分；注重土地用养结合，因地制宜实行合理轮作、间作、套作，发挥不同作物间的共生互补效应，维护长期地力，实现土地可持续利用；优良品种培育方面，传统的育种方法已难以适应当前的需求，可借助生物技术通过改变作物的内部遗传基因或遗传机制提高单产；由于我国育种产业的商业化水平不高，可通过国家加大对农业公共事业发展的支持和投入，提高育种商业化水平；通过推广良种，加强农田水利基础设施建设，提高农民种植技术水平，同时严格保护良田等措施，我国提高玉米、豆粕和牧草单产水平还有很大潜力。

由此看出，我国农业结构向粮草兼顾农业调整潜力和空间巨大，大有文章可作，关键是要强化政策引导，抓好区域布局，做到因地制宜、草畜配套。

（三）中长期需求

随着我国人口数量增长、城镇化进程加快和城乡居民生活水平的持续提高，未来牛羊肉和牛奶等草食畜产品需求还会保持快速增长。2000 年以来，国内牛羊肉价格持续上涨，特别是 2010 年后，牛羊肉价格涨幅加大，牛肉价格从 2010 年的 33.9 元/千克上涨到 2013 年的 63.01 元/千克，增幅 86%；羊肉价格从 34.9 元/千克上涨到 66.14 元/千克，增幅达 90%；主产省生鲜乳收购价从 2008 年的 2.67 元/千克上涨到 2013 年的 4.16 元/千克，增幅达 56%。新疆等部分少数民族地区市场供应偏紧，引发社会广泛关注。

从世界范围看，各国的重要农产品基本供给能力均主要依靠国内生产来保障，尽可能立足本国来解决食物安全问题是各国政府都要考虑的问题。一般的，要实现营养均衡，每人每天摄入的能量应在 2 900 千卡左右，其中的 750 千卡能量来自养殖业（即摄入 40 克动物蛋白），2 160 千卡来自种植业[①]，以 3∶1 的料肉比估计，摄入动物性食品的 750 千卡热量相当于消费 2 250 千卡由种植产品提供的热量，即相当于每年消费 375 千克粮食。目前世界粮食生产水平还远远不能满足“吃好”的要求。随着我国肉类需求的不断增长，饲料粮需求随之上升，作为饲料粮主要原料的玉米的需求缺口逐渐扩大。未来我国利用国际市场进口玉米尚有一定的空间，但全球贸易规模有限，我国如果玉米进口增速过快，会抬升国际市场玉米价格，因此，满足我国的玉米需求应当主要依靠国内供

---

① C. S. Srinivasan, XavierIrz, BhavaniShankar: An assessment of the potential consumption impacts of WHO dietary norms in OECD countries. Food Policy 31, 53 - 77.

给。同样，豆粕和牧草也应适度进口与立足国内供给相结合。

根据国家发展与改革委员会 2013 年发布的《全国牛羊肉生产发展规划(2013—2020 年)》和国务院办公厅 2014 年发布的《中国食物与营养发展纲要(2014—2020 年)》数据，预计到 2020 年我国主要草食畜产品的消费需求量为：牛肉 796 万吨，羊肉 502 万吨，牛奶 5 220 万吨。[①] 根据我国草食畜牧业生产实际和当前实行的饲养营养标准，参照相关领域专家提供的技术参数，分别计算不同畜种从出生到出栏的饲草料需要，则到 2020 年要满足主要草食畜产品消费，共需要玉米 13 573 万吨、豆粕 4 029 万吨、玉米秸秆 8 486 万吨、玉米青贮 9 602万吨、预混料 1 604 万吨、羊草 269 万吨、苜蓿 661 万吨。按照禾本科牧草 600 千克/亩、苜蓿 600 千克/亩、青贮玉米 5 000 千克/亩、玉米 800 千克/亩的单产计算，在加大结构转型力度的情况下，约需新增饲草种植用地 4 777 万亩，其中：玉米 2 506 万亩、青贮玉米 1 120 万亩、禾本科牧草 331 万亩、苜蓿 820 万亩。

五、传统牧区草业发展的总体思路与实现途径

（一）总体思路

要按照国家关于可持续发展的总体要求，以转变农业发展方式为主线，以确保国家粮食安全为前提，统筹考虑口粮、饲料粮和饲草需求，与退耕还草相结合，与发展牛羊产业相结合，与青贮作物相结合，重点在北方农牧交错带、南方草山草坡区和农区低产农田，合理调整种植业、养殖业产业结构与布局，将发展青贮作物和牧草产业作为畜牧业持续发展的重要基础，促进产业链各环节相协调，推进草食牲畜养殖规模化、标准化和集约化，着力提高土地产出率、资源利用率、劳动生产率，实现生产、生态、生活“三生共赢”。

---

① 政府和部分科研机构对 2020 年我国草食畜产品消费需求进行了预测。OECD - FAO 预测结果为：牛羊肉 1 206 万吨、奶类 5 697 万吨；中国工程院 2013 年发布的预测结果为：牛羊肉 1 275 万吨、奶类 6 213 万吨；中国农科院农经所王济民等预测结果为：牛羊肉 1 838 万吨、奶类 6 764 万吨；农业部食物营养所程广燕等预测结果为：牛羊肉 1 312 万吨、奶类 6 229 万吨。2013 年国家发展改革委发布《全国牛羊肉生产发展规划(2013—2020 年)》，预测 2020 年牛肉消费为 796 万吨，羊肉 502 万吨。近期国务院办公厅发布《中国食物与营养发展纲要(2014—2020 年)提出，2020 年我国人均占有牛奶量应达到 36 千克。综合考虑我国近期牛羊肉和牛奶消费增长情况和数据发布渠道的权威性，拟采用国家发展改革委和国务院办公厅发布数据，预计到 2020 年我国主要草食畜产品的消费需求量为：牛肉 796 万吨，羊肉 502 万吨，牛奶 5 220 万吨。

种植业调整：要合理配置资源，优化区域布局、品种结构及种植制度，进一步优化种植结构，改善栽培方式，由粮经二元结构向粮、经、饲三元结构转变。根据国家生态建设、禁牧舍饲和畜牧业发展的需要，坚持立草为业、为养而种的理念，把草业发展纳入种植业政策考虑的范围内；依托国家沙源治理、退耕还草、草原生态补奖等政策与工程措施，加快人工草地建设和高产优质苜蓿种植示范点建设。建设内容包括人工种草、饲料作物种植、饲用灌木种植、草地围栏、草地改良；抓好青贮饲用玉米等一年生青绿饲料的种、收、贮、转等。

畜牧业调整：稳定生猪生产，大力发展草食畜牧业，围绕肉羊、肉牛和奶业，重点在提高单产、疫病防控、质量安全上下功夫。在牛羊肉生产方面，未来我国要在稳定现有主产区生产水平的基础上，充分利用农牧交错带、南方草山草坡等地区的水、土、草等资源，加快发展肉牛肉羊产业，并进口一部分牛羊肉以解决高档肉制品需求。在乳制品生产方面，要大力提高我国奶牛单产水平，提高我国生鲜乳供给能力。液态奶在目前的保鲜和运输技术水平下，只能依靠大力提高国内奶牛单产水平去提高供给能力。国内消费者对进口乳制品青睐有加，预计干乳制品和奶粉的进口量仍将保持增长势头，但随着进口份额增加，进口空间也将逐渐缩小。

（二）实现途径

1. **坚持走农牧结合的草地农业发展道路。**在农区半农半牧区，调整粮-经-饲三元种植结构，大力发展牧草产业，特别是要加快发展豆科饲草，提高饲草质量；鼓励企业、合作社和养殖大户利用低产田、草地等，建设苜蓿、饲用玉米等优质饲料作物种植基地；在中低产地上，实行退耕种草养畜，建设高标准草料基地，提升饲草料生产水平，实现草粮畜综合发展。在牧区要划分草牧场禁牧区、草牧场围栏封育区和补播改良区，对严重退化草地实施禁牧休牧，对退化草地实行围栏封育，在草场植被稀疏但土质较好并且有水利条件的地区可以采取草场补播改良措施，提高草场生产性能，保护草场表土层不被风蚀、流失和侵蚀。在农作物秸秆资源丰富的地区，要提高秸秆转化利用效率，促进农作物秸秆就地转化，促进养殖业上规模上档次。在南方草山地区要结合石漠化治理、草原生态补奖政策等加大人工种草力度。

2. **完善良种繁育体系。**牧草良种是草业发展的基础。发展草业，良种先行。目前，我国牧草良种种源不足，适应性强的优良品种缺乏，已成为制约我国草业发展的重要因素。促进草业发展，必须解决牧草良种问题。应加快实施草业良种工程建设，加大对草种繁育基地基础设施建设的投入力度，改善基地条件，新建和扩建一批国家级草种繁育基地，稳定繁种基地。在选定基地上做出示范并在适宜地区全面展开，形成规模化生产。坚持以大企业为主体，大基地为依托，产学研相结合，育繁推一体化，形成专业化、标准化、规模化现代草种产业体系。强化牧草种质资源保护利用、新品种选育、良种繁育和质量监督。推进牧草种子区域化布局，加快繁育和推广一批适宜不同区域牧草种植的新品种。制定详细的良种繁育计划，向草种生产企业发放种子生产许可证，做到凭证生产，严格种子生产流程。加强对科研院所培育优良草种的支持力度，改善科研条件，完善科研考核机制，提高科研成果转化水平。加大对草业从业人员的培训力度，大力开展草种繁育知识和技术的培训教育，提升从业人员的技术水平。

继续实施畜牧业良种工程，进一步增强良种供应能力，完善良种繁育体系。强化遗传资源保护利用，组织实施肉牛、肉羊、奶牛遗传改良计划，重点支持牛羊原种场、扩繁场、种公畜站和精液配送站建设，加强对种质资源保护场和基因库的基础设施建设，做好良种登记和奶牛生产性能测定等基础性工作。适当引进国外优良品种，培育一批兼具中外优良基因的新品种，增强自主育种水平。继续实施良种补贴政策，建设种畜生产性能测定中心和遗传评估中心。加强对科研院所培育良种的支持力度；新建、扩建一批国家级繁育基地，稳定繁种基地。

3. **提高设施装备水平**。进一步提高牧草灌溉、播种、收获、加工调制等各环节的机械设备的研发、引进和改造，提高牧草生产机械化水平。研发和推广适合丘陵山区、高山区、平原区的牧草收获机械，促进牧草生产向着专业化、规模化、标准化方向发展。加大对牧草机械化科研机构及院校的科学技术研究的支持力度，重点支持研发割、搂、捆、运一体化设备。加强牧草机械制造企业国际化合作，引进国外先进技术，探索联合发展道路，努力开发使用方便、操作简单、功能完备和性能可靠的新机具与新装备，提高牧草收获及饲草料精深加工设备水平。继续扩大节水灌溉高产苜蓿示范基地建设规模，提高牧草品质。进一步投资牧草生产基地基础设施建设，修建道路和节水灌溉系统，在有条件的地域，开展天然草场灌溉，提高草场饲草饲料供给能力。加快牧草防灾基地建设，项目资金重点用于机电井配套和大型青贮窖建设。支持建设秸秆青贮氨化池、购置秸秆处理机械和加工设备，增强秸秆处理饲用能力。

继续实施标准化规模养殖场（养殖小区）建设项目，力争扩大项目实施范围，重点支持肉牛、肉羊、奶牛规模养殖场基础设施标准化建设和改造，抓好养殖场圈舍、水电路、粪污处理设施等生产设施设备建设。

4. **加强技术研发、推广与服务**。加快构建完善的牧草生产技术服务体系。研究适合不同类型种植区的管理利用模式和技术,加强以优化草地水资源利用、提高水分利用效率为核心的牧草增产技术研究。进一步建立和完善牧草产业支撑体系,重视牧草科技创新,促进牧草科技进步,提升牧草产业可持续发展能力,重点在优质草产品标准化生产关键技术、草地稳产与持续利用关键技术、重要牧草种子规模化生产关键技术等方面开展深入研究,试验和推广实用技术,使其转化成实际生产力,提高牧草产业技术水平。加强畜牧业社会化服务体系建设,提高技术服务人员的待遇,加大技能培训力度,提升服务人员的工作热情,壮大技术服务人员队伍。培养高素质的牧草机械从业人员,加快牧草生产机械化服务体制创新的步伐。编制便于农户操作的"轻简化"技术手册,成立相关的技术服务机构,对牧草种植的整地、种植、田间管理等各个环节进行技术指导,实现科学化牧草种植生产。

继续加强肉牛、肉羊、奶牛养殖技术研发,推广普及先进实用技术。推广奶牛全混合日粮分群饲养技术、卧床技术、青贮饲料高效调制技术,积极开发奶公犊育肥技术和杂交改良生产高产肉牛的综合配套技术,推广肉羊分阶段饲养、母羊产前产后补饲、全混合日粮饲喂等技术。坚持常规育种和现代生物育种技术相结合,推广人工授精、同期发情和胚胎移植技术。

5. *加强草原鼠虫病害监测、疫病防控和有毒有害牧草防治*。强化牧草鼠虫病害防治工作,可以提升灾害防控能力。应着力研究牧草病虫害发生规律,提升防控理论水平,提出综合防控技术。建设和完善牧草鼠虫害防控应急机制和预警体系,完善测报通讯、交通和仪器设备,建立基础数据库,提早做好防治药械的储备和各项防治准备工作,建立预警机制,确保及时、准确、有效地控制鼠虫病害的发生、蔓延和危害。强化牧草灾害防控研究机构和队伍建设,培训一批专业技术人员,推广草地虫害防控技术和方法。强化牧草防灾基地建设。

坚持生产发展和防疫保护并重的方针,加强奶牛、肉牛、肉羊疫病防控,实施牛羊重大动物疫病和重点人畜共患病防治计划,筛选流行菌(毒)株并建立资源库。开展免疫抑制与免疫失败控制技术、多病原混合感染与协同致病控制技术研究,建立疫苗免疫质量评价体系,加大疫病监测和流行病学调查力度,完善免疫、扑杀、无害化处理机制。大力实施布病防治计划,实施牛羊外来动物疫病风险防范策略,加强牛羊外来动物疫病监测。

6. *推广规模化、标准化饲草种植和养畜*。出台相应措施,鼓励农民由传统的零散种植向集中连片种草、规模养畜综合发展,提高牧草就地转化利用水平。大力发展人工草地建设,提高优良牧草生产集约化、组织化、规模化程度,推动草产业发展,提高牧草供给能力。推进草牧场承包经营权确权登记颁证工作，加快建立土地草牧场流转公开市场，推动土地草牧场规范流转。积极鼓励草食畜养殖户扩大牧草和饲用玉米种植面积，启动实施优质牧草和大草场计划，按照示范引导和集中连片开发的原则，充分利用不同地区的荒滩、荒地、盐碱地、移民搬迁空置地和四荒地等闲置资源，调整农业结构，推进“粮-经-草”三元结构种植模式发展。鼓励草食畜牧业企业和农民签订牧草生产协议，明确双方的任务和要求，企业垫付部分启动资金，全程负责生产技术指导，按协议收购草产品；农民按协议搞好生产管理，向企业提供合格足量的草产品。

充分利用国家扶持政策，继续实施标准化规模养殖场建设项目和牧区畜牧业转型示范工程，支持规模养殖场、家庭牧场和专业合作组织基础设施改造，按照养殖设施化、品种良种化、生产规范化、防疫制度化、粪污无害化的“五化”标准，发展标准化生产，提高集约化水平，提升适度规模养殖比重。引导标准化规模养殖场发挥示范作用，辐射带动周边养殖户转变养殖方式，提高整体生产水平。

7. *着力提高组织化程度。*支持农民自愿发起组建多种形式的草食畜产品和草业合作经济组织，以合作的形式，把同一区域内的农牧民联合起来，进行连片规模化生产；合作社统一规范种植养殖制度，提供统一供种、统一种植和养殖管理、统一收割打捆、统一收购等社会化服务；发挥合作经营在产销衔接、信息技术服务、组织销售、协调销售价格等方面的作用，增强农民市场话语权，提高种草和养畜的组织化程度。

创新多元化牧草种植经营模式，推行“企业＋农户”“企业＋基地”“企业＋合作社”“家庭联合经营”“牧草专业合作社”等多种经营模式，加强对牧草企业的引导与扶持，在养殖量大、种草形成规模的地方建设牧草加工企业。支持鼓励社会资本发展草业生产和草地畜牧业，加快培育符合现代畜牧业发展需要的新型经营主体，鼓励龙头企业建设标准化生产基地或养殖基地，采取“公司＋中介组织＋农户”的形式带动农户发展草地畜牧业，完善利益联结机制，实现产业发展、企业增效、农民增收。

附录：苜蓿与玉米的经济效益比较

一、以玉米为代表的粮食作物的经济效益

玉米是内蒙古自治区第一大粮食作物，内蒙古大部分地区玉米生产条件优越，土壤肥沃，光、热、水资源与生长期同步。2012 年全区玉米播种面积

2 833.68万公顷，占全国的8.1%，位居全国第六位；2012年玉米产量1 784.39万吨，占全国总产量的8.7%，居全国第四位。作为自治区种植最普遍和种植面积最大的粮食作物，玉米同时也是大型牲畜和家禽最重要的饲料来源。但是受种植条件、种植品种、气候条件和市场需求等多种因素影响，玉米种植户的最终经济收益存在很大差异。2016年，内蒙古农业大学经济管理学院调研组选取了内蒙古不同地区的玉米种植收益进行对比分析。如下表：

表4.6　内蒙古各盟市种植玉米的经济收益情况

地区	投入（元/亩）	收入（元/亩）		纯收入（元/亩）	备注
		平均产出（千克/亩）	价格（元/千克）		
呼和浩特市	280	600	1.6	680	以2013年托克托县五申镇西夭村为例
乌兰察布市	350～400	1 100		700～750	
呼伦贝尔市	320	500	1.9	630	
通辽市	647	750	1.8	703	
兴安盟	227	432	1.1	248	
赤峰市	576	1 600		1 024	机械全覆膜
	716	1 600		884	人工全覆膜
	606	1 500		894	膜下滴灌
	786	1 400		614	普通清种
锡林郭勒盟	326	360		34	旱地青玉米
	617	900		283	水浇地青玉米
鄂尔多斯市	1 186	1 800		614	玉米机械化种植收益
巴彦淖尔市	530	2 120		1 590	
阿拉善盟	500～600	1 500		900～1 000	

注：玉米种植的投入包括：修整土地、籽种、地膜、化肥、播种、灌溉等；由于包头市的数据缺失，因此将其从总体中剔除。包头市主要是工业为主导产业，农牧业比重较小，因此，剔除后对总体结果的影响不会很大。

从表中可以看出，内蒙古大部分地区玉米种植的经济收益处于6C1～899元/亩的区间，占到全部地区总数的63.7%；而600元/亩以下的只有一个地区，占总地区数的比例仅为9.1%；900元/亩以上的地区有三个，占总数的27.3%。具体情况见表4.7。

表 4.7　内蒙古各地区玉米种植的经济收益分布情况

收益区间	0～600(元/亩)	601～1 024(元/亩)	>1 024(元/亩)
地区个数	2	7	1
占全部的百分比	20%	70%	10%

二、种植苜蓿草的经济效益

调研组也将自治区各地种植苜蓿草的经济收益资料进行整理，并就相同地区、相同种植条件下的玉米种植经济收益和苜蓿种植经济收益进行了比较，具体情况见下表。

表 4.8　内蒙古各盟市种植苜蓿草的经济收益情况

(元/亩)

<table>
<tr><th rowspan="2">地区</th><th colspan="2">亩均投入</th><th colspan="2">亩均投入</th><th rowspan="2">平均每年亩均纯收入</th><th rowspan="2">与本地区种植玉米收益比较</th><th rowspan="2">备注</th></tr>
<tr><th>第 1 年投入</th><th>其余每年平均投入</th><th>第 1 年收入</th><th>其余每年平均收入</th></tr>
<tr><td>呼和浩特市</td><td>268</td><td>228</td><td>320</td><td>1 280</td><td>909</td><td>大于玉米收益</td><td>以 2013 年托克托县五申镇西夭村为例
7 年为一个周期</td></tr>
<tr><td rowspan="2">乌兰察布市</td><td>455</td><td>455</td><td>504</td><td>1 080</td><td>529</td><td>小于玉米收益</td><td>水地，6 年一个周期</td></tr>
<tr><td>265</td><td>145</td><td>0</td><td>240</td><td>35</td><td>——</td><td>旱地，6 年一个周期</td></tr>
<tr><td>呼伦贝尔市</td><td>——</td><td>——</td><td>——</td><td>——</td><td>——</td><td>——</td><td></td></tr>
<tr><td>通辽市</td><td>3 000</td><td>——</td><td colspan="2">1 000</td><td>500</td><td>小于玉米收益</td><td>6 年一个周期</td></tr>
<tr><td>兴安盟</td><td colspan="2">285</td><td colspan="2">1 120</td><td>835</td><td>大于玉米收益</td><td></td></tr>
</table>

续 表

地区	亩均投入		亩均投入		平均每年亩均纯收入	与本地区种植玉米收益比较	备注
	第1年投入	其余每年平均投入	第1年收入	其余每年平均收入			
赤峰市	240		500		260	小于玉米收益	旱作人工草地
	2 100	550	0	1 600	600	小于玉米收益	节水灌溉人工草地，7年一个周期
锡林郭勒盟	240		576		336	大于玉米收益	5年总投入与总收入； 5年一个周期 没有灌溉
鄂尔多斯市	1 228		2 160		932	大于玉米收益	根据2013年苜蓿价格计算
巴彦淖尔市	380	520	1 800		1 308	小于玉米收益	5年一个周期
阿拉善盟	272		1 080		808	小于玉米收益	8年一个周期

注：由于包头市、呼伦贝尔市有关数据缺失，上表中没有这两个地方的统计数据，因此表中共统计了内蒙古9个地区的苜蓿种植的经济收益情况。

从上表可以清晰地看到：苜蓿草年亩均收入在800元以上的地区有5个，占地区总数的55.6%，其中经济收入最高的是巴彦淖尔市，达到年平均苜蓿草收入1 308元/亩；年平均苜蓿草收入在800元/亩以下的有4个地区，占总体的44.4%，其中在乌兰察布市旱地种植苜蓿草的收益最低，仅为年平均35元/亩。

同一地区在相同条件下种植苜蓿草和种植玉米的经济收益的比较结果是：呼和浩特市、兴安盟、锡林郭勒盟和鄂尔多斯市四个地区种植苜蓿草的年亩均收益超过种植玉米的收益；乌兰察布市、通辽市、赤峰市、巴彦淖尔市和阿拉善盟五个地区种植苜蓿草的年亩均收入小于种植玉米的相应收入。

三、小结

第一，在上述苜蓿草的经济收益与玉米的经济收益的比较中，苜蓿干草的价格采用2013年的苜蓿价格。近些年玉米价格比较稳定，但是苜蓿干草的价格波动幅度比较大。另一方面，由于苜蓿生长和收获对雨水等气候变化非常敏感，如果在收获时赶上下雨，苜蓿品质会受到极大影响。因此，上述的估计只是一个大致估算，但在总体上也反映出各地种植玉米和苜蓿的实际情况。

第二，在种植工序上，玉米的工序要多于苜蓿。总体上种植紫花苜蓿与种植玉米相比，劳动力投入更少，大约在1∶3左右。因此，虽然通过种植多年生牧草与种植青玉米效益分析对比，有些地区种植多年生牧草的经济效益低于种植青玉米的经济效益，但种植多年生牧草是一年种植多年受益，并具有防风固土的生态恢复意义。

第三，种植紫花苜蓿与种植玉米相比，化肥使用量少，自身的固氮作用可形成肥料循环利用，并且具有改善土壤肥力的作用，为生产绿色畜产品提供条件。另一方面，紫花苜蓿是草食性家畜不可缺少的营养饲料，通过养殖利用，转化增值，生产效益更高。

四、苜蓿与玉米的水资源需求比较

农业发展过程中对水资源的需求非常显著。内蒙古自治区水资源相对缺乏，并且地区间分布不均。为了进一步评估草地农业在内蒙古地区发展的可行性，调研组对自治区主要粮食作物——玉米的水资源需求与苜蓿草的水资源需求进行对比，从水资源需求角度对内蒙古自治区发展草地农业的前景予以分析。

（一）种植玉米的水资源需求

玉米是一种需水较多的作物，春玉米的需水量为250～300毫米，夏玉米生长期较短，需水量200～250毫米。玉米各个发育阶段的需水量不同，播种、出苗到拔节的发育前期需水量较少，约占总需水量的21%；拔节、抽穗、灌浆到蜡熟的发育中期需水量较多，约占总需水量的75%；发育后期需水量偏少，约占总需水量的4%。为了保证玉米的生长好、产量高，在各发育阶段必须按照玉米的需水量来供水。

（二）种植苜蓿草的水资源需求

苜蓿是一种适应性很强的牧草，喜温暖而半干燥的气候，根系发达，可以从土壤深层吸收水分。由于苜蓿茎叶繁茂，再生性强可多次刈割，蒸腾系数大，因此，苜蓿生长也需要大量水分。一般而言，苜蓿每生产 1 千克干物质需水 800 千克。苜蓿最适宜的年降水量是 600～900 毫米，少于 300～400 毫米的地区苜蓿生长不良。在半干旱气候条件下，降水大概能满足每亩 250～500 千克产量的需要，在水分充足时每亩能产出 1 300～1 700 千克。在苜蓿生长过程中有两水非常关键。一是灌冻水。在有灌溉条件的地方，灌冻水是非常必要的，它有利于苜蓿安全越冬。二是返春水。在春旱时，需要浇灌一次返青水，有助于苜蓿的返青生长。然而，苜蓿最忌积水，连续水淹 1～2 天即可大量死亡，要求排水系统一定要好。

下表 4.9 是内蒙古各地区苜蓿种植对水资源的需求情况以及与相同地区玉米种植需水量的比较。

表 4.9　内蒙古各盟市种植玉米与苜蓿的需水情况

需水量	玉米每亩需水量	苜蓿每亩需水量	需水量比较	备注
呼和浩特市	灌溉两次 55 元	灌溉一次 28 元	玉米多	
乌兰察布市	——	——	——	
呼伦贝尔市	——	——	——	
通辽市	300～400 立方米 170～220 立方米	40～100 立方米	玉米多	节水技术前 节水技术后
兴安盟	50 元/亩	50 元/亩	基本无差异	苜蓿：打井平均每亩投资为 100 元/亩
赤峰市	膜下滴灌 80～85 立方米	漫灌方式 180 立方米	玉米多	
	节水灌道灌溉 270 立方米			
	普通渠道 400 立方米	喷灌方式 80 立方米		
锡林郭勒盟	20 元	基本不灌溉	玉米多	
鄂尔多斯市	142 元	108 元	玉米多	
巴彦淖尔市	年均用水 667 吨，水费 68.7 元	年均用水 482 吨，水费 49.65 元	玉米多	
阿拉善盟	亩用水量 500～700 立方米	水电费 11.25 元/亩	无法比较	

通过上表中的数据可以发现，在内蒙古 11 个盟市中，除了包头市、乌兰察布市和呼伦贝尔市由于数据缺乏，以及阿拉善盟的数据口径无法比较之外，其余的 8 个盟市中总体上种植玉米的需水量要大于种植苜蓿的需水量。因此，从需水量的角度考察可以得出种植苜蓿草相对更适合内蒙古自治区水资源现状。

第五章
完善草原承包制度

草原家庭承包经营制是草原生态建设和牧区经济发展的一项基本政策。它不仅是我国农业基本经营制度的重要组成部分，是党在牧区政策的基石，还是牧区最重要的基本经济制度，是建设现代草原畜牧业的制度基础。改革开放以来，随着农村土地承包的开展，牧区逐步开始推行草原承包。经过 30 多年的实践和探索，特别是进入 21 世纪以来，随着相关法律法规出台，退牧还草等重大生态建设工程启动，草原补奖政策全面实施，草原承包经营制度得到进一步落实。目前，全国累计承包草原 43.1 亿亩，占全国草原面积的 73.2%。① 实践表明，草原承包责任制不断推进和完善，有效调动了广大农牧民自发保护草原和发展畜牧业的积极性。但目前草原产权制度建设中还存在一些急待破解的理论问题，体制缺陷还需要通过完善产权制度来解决。本章试从草原承包制度角度探讨这一问题。

一、草原承包制度的演进、发展和问题

我国农村土地承包后，牧区也陆续开始落实草原家庭承包经营责任制。自 20 世纪 80 年代以来，我国牧区草原承包工作不断推进，对传统牧区畜牧业经济发展起到重要的促进作用。

(一) 我国草原承包经营制度的演进发展

1982 年，内蒙古、青海等牧区在实行牲畜作价归户的基础上，开始探索草原家庭承包制度。内蒙古率先推行“草畜双承包”，落实草牧场“双权一制”(草

---

①《数说我国畜牧业五年成就》，2017 年 10 月 23 日 23:38:21，来源：鄂尔多斯市农牧业局，http://ordos.nmqq.gov.cn/jjzh/ny/2017-10-24/2539.html.

原所有权、使用权和承包责任制)，实行草原有偿使用。1985 年 10 月，我国颁布施行了第一部《中华人民共和国草原法》，规定:“全民所有的草原、集体所有的草原和集体长期固定使用的全民所有的草原，可以由集体或者个人承包从事畜牧业生产。”这是我国实行草原承包责任制的最早法律基础。1987 年全国牧区工作会议召开后，各地陆续出台了推进草原承包的政策措施。1997 年，中共中央办公厅、国务院办公厅印发了《关于进一步稳定和完善农村土地承包关系的通知》。2003 年 3 月 1 日起施行的《农村土地承包法》及新修订的《草原法》对草原承包制度又提出了新的要求。2007 年农业部下发了《关于加快推进草原家庭承包制的通知》。草原家庭承包经营制度的确立和推行，赋予了广大农牧民长期稳定的草原承包经营权，增强了农牧民保护和建设草原的责任意识，促进了草原畜牧业及牧区经济社会的发展。

新疆的草原承包工作从 1989 年延续到 1996 年，各地以县级人民政府的名义将草原使用权确定给农牧民，并颁发了草原使用证;通过发包方和承包方签订草原承包合同书，对双方的权利和义务进行了补充完善。宁夏 1987 年开始固定草原使用权，1989 年全区 85%的草原已承包到户或联户，2001—2003 年主要是把草原承包与草原利用和建设有机结合起来，形成“管、建、用”和“责、权、利”相统一的新机制。1986 年，四川省开始推行草原家庭承包责任制;1995 年，四川省颁布《四川省草原承包办法》，在甘孜、阿坝、凉山三个州全面开展草原承包责任制落实工作;2000 年以后，结合草原保护与建设重大项目的实施，继续深化完善草原家庭承包经营工作。甘肃省 1983—1987 年开展了“以草原公有、承包经营”为主要内容的第一轮草原承包工作，至 1988 年全省牧业县的草原已基本承包到联户或自然村;从 1990 年开始实施以“草原公有、承包到户、有偿使用、长期不变”为主要内容的第二轮草原承包;在基本完成牧区草原家庭承包的基础上，2003 年又开始对有条件的半农半牧区草原进行了承包，至 2006 年底，全省共落实草原承包面积 1.727 1 亿亩，占全省草原可利用面积的 71.5%，其中承包到户、到联户和其他方式承包面积分别为 1.08 亿亩、5 913 万亩和 514 万亩，分别占承包面积的 63%、34%和 3%。

各地草原承包工作进展不一。2013 年青海省共落实草原承包面积 4.74 亿亩，其中承包到户草原 4.04 亿亩，承包到联户草原 0.7 亿亩，涉及 2 市 6 州 42 县(市、行委)、363 乡(镇)，承包总户数 75.7 万户，其中承包到户 17.4 万户、联户 59.17 万户。[①] 到 2016 年，结合补奖机制政策的落实，青海省共落实草原承

① 《草原生态保护补奖机制实施三年成效明显》，2013 年 12 月 6 日 09:56，来源：青海农牧业信息网，转引自：http://www.moa.gov.cn/fwllm/qgxxlb/qh/201312/t20131206_3700032.htm.

包面积 0.4 亿公顷，承包到户 0.33 亿公顷，联户承包 0.06 亿公顷；发放草原使用权证 3 461 本，承包经营权证 59.08 万本，占全省村牧委会 91.6%，签订承包经营合同 59.08 万户。[①] 2015 年，宁夏有 90%左右的可利用草原实施家庭承包。[②] 截至 2014 年底，内蒙古自治区落实草原权属面积 11 亿亩，其中落实集体草原所有权面积 10.46 亿亩，占全区落实草原权属总面积的 95%。[③] 2017 年西藏自治区草原累计承包到户面积达 10.24 亿亩，分别占全区草原总面积和可利用草原面积的 76.8%和 90.7%。[④] 南方省区的草原承包工作开展相对滞后。例如在 2005 年底，贵州草地承包面积占全省可利用草原面积的 4.6%，广西草地承包面积仅占全区可利用草原面积的 5%，两地草原承包落后于北方省区。[⑤]

未能承包利用草场的原因是多方面的，有些和草场开发利用价值小、基础设施建设滞后、难以利用有关，有些则与地方政府不重视有关。南方草原大多面积小而分散，农牧民习惯于集体使用，对承包到户反应不强烈。由于没有专门针对草原承包的政策性指导文件，也没有大的草原保护建设项目推动，很长一段时间内，南方地区的基层政府对草原承包工作普遍重视不够，推进力度不大。北方半农半牧区人均草原面积少，水源有限，牧道难以预留，草原畜牧业基础设施薄弱，不能满足生产需要，再加上林草矛盾突出，承包到户工作难度大，难以大幅度推进。大部分半农半牧区县只完成了纯牧业或牧业比重大的乡村的草原承包。

党的十八届三中全会决定要求，全面推进农村土地确权颁证工作。2015 年内蒙古被确定为全国土地确权登记颁证整省推进试点，2016 年选择 2 个盟市、31 个旗县整体推进，其他旗县选择部分乡镇推进；草原确权承包在全区全面推开。[⑥] 在新一轮草原确权工作中，内蒙古成立了自治区土地草原承包经营

① 《惠及全省牧户，修复草原本色——我省首轮草原补奖机制取得显著成效》，来源：青海日报，2016 年 09 月 21 日 09:53，http://www.qh.gov.cn/dmqh/system/2016/09/21/010232433.shtml.

② 《我区启动草原确权承包登记试点工作》，2015 年 7 月 27 日，来源：宁夏农牧厅信息中心，http://www.nxny.gov.cn/structure/zhxw/nyxx/nyxx_zw_328837_1.htm.

③ 田璐、陈宏宇：《内蒙古草原补奖政策惠及 530 万农牧民》，《中国财经报》2016-02-05，http://www.cfen.com.cn/dzb/dzb/page_2/201602/t20160205_1670377.html

④ 《西藏实施草原生态保护补助奖励机制，草原生态、畜牧业生产和牧民生活发生可喜变化》，来源：中国日报网 2017 年 1 月 4 日 13:05:09，中国日报西藏记者站，达穷、华旦尼玛，http://cnews.chinadaily.com.cn/2017-01/04/content_27858666.htm.

⑤ 《关于贵州、广西两省(区)草原承包情况的调研报告》，2006 年 11 月 7 日，调研组成员：李志强、刘志梅、陈洁、李克昌、吴启进。

⑥ 李文明：《内蒙古全面推进土地确权登记颁证和草原确权承包工作》，来源：正北方网-内蒙古日报 2016 年 3 月 1 日 09:03:50，转引自：http://news.163.com/16/0301/09/BH2HAB8F00014AEE.html.

权确权工作领导小组，各盟市、旗县都成立了工作领导小组，制定了《实施方案》，召开动员会，开展宣传培训。涉及到的83个旗县多数选择了苏木或嘎查先行试点，开展外业测量和牧户信息采集、录入等工作。截至2017年3月，全区平均完成总工作量50%以上的只占一半，草原确权承包工作落实进展不平衡。

草原承包责任制的落实使得农牧民拥有了草原承包经营的自主权利，农牧民保护草原的意识明显增强，投入建设草原和发展生产的积极性明显提高，解放和发展了牧区生产力。一是扭转了牲畜吃草场“大锅饭”的现象，改变了我国传统牧区长期存在的“草地无主、放牧无界、建设无责、破坏无妨”的局面，调动了广大农牧民保护建设和合理利用草原的积极性，基本实现了畜牧业的责、权、利统一，形成了适应牧区特点的草原畜牧业经营管理体制。二是促进了草原资源的可持续利用和畜牧业可持续发展。农牧民积极参与围栏等草原基础设施建设，加强围栏管护的力度明显加大，有效巩固了退牧还草等草原生态建设工程的成果。农牧民的主人翁意识增强，制止草原上乱采滥挖野生植物等破坏草原行为的积极性明显提高，发现破坏草原的行为也能及时向草原监理机构反映，有力推动了草原执法监督工作的开展。

草原确权颁证后，个别地区探索草牧场承包经营权抵押贷款试点，有效解决了农牧民贷款难问题，说明草场产权明晰后有利于农牧户发展生产和经营。

案例：锡林郭勒盟镶黄旗草牧场承包经营权抵押贷款试点

截至2017年6月30日，内蒙古锡林郭勒盟确权试点旗镶黄旗已发放《草原使用权证》1本、《草原所有权证》60本、《草原承包经营权证》5 425余本，占总户数的95%。该盟确权外业工作完成总任务量的84%，内业工作完成总任务量的79%。草原所有权完成25 178万亩，完成比例92.8%；草原使用权完成734万亩，完成比例27.5%；草原承包经营权落实16 743万亩，完成比例68.4%。2016年，镶黄旗在全区率先完成草原确权登记试点工作的基础上，推进全盟牧区草牧场承包经营权抵押贷款试点工作。具体情况如下。

一是制定办法，明确责任。镶黄旗制定了《镶黄旗牧区草牧场承包经营权抵押贷款试点工作实施办法》，明确细化各环节流程，层层压实责任。由中国人民银行镶黄旗支行统一协调“两权”抵押贷款试点工作政策、问题和任务措施，各金融机构制定抵押贷款实施细则。

二是推动草牧场评估交易市场建设。由生态环保部门牵头设立草场承包经营权价值评估机构，为牧区草场承包经营权抵押贷款业务提供评估服务，截至2017年6月底，相关机构共为34户牧户、4.94万亩草场提供了评估服务，评估价值为823万元。同时建立了旗、苏木镇、嘎查三级牧区草牧场流转服务平台，通过发布流转供求登记和信息，协调供求双方关系，维护草牧场所有者、承包者和经营者三方的合法权益。

三是创新草场权抵押贷款模式。针对草场权抵押贷款单纯以草场价值为抵押物变现慢、融资难等问题，及时启动了“草场租赁价格＋草场政策性收益＋畜群规模”捆绑抵押贷款的信贷模式。根据嘎查证明、牧户草牧场经营权证所载草场区位、草场面积、草场等级等内容，参考牲畜头数、基础设施建设、生产经营水平及偿债意识和能力对牧户进行评定等级，牧户可获得1万～5万元数额不等的贷款。2017年1—5月份该旗共发放草牧场承包经营权抵押贷款1 597笔，共计4 494万元，同比增长20%；截至2017年6月底，草牧场抵押贷款余额2.31亿元，同比增长19%。

草牧场承包经营权抵押贷款试点意义重大。一是缓解了农牧民贷款难问题。农牧民缺少房屋、固定资产等不动产抵押物，而金融机构规定牲畜又不能用作贷款抵押，导致农牧民在生产环节的资金需求难以满足。草场权抵押贷款开办后，这一难题得到明显缓解。二是减少了民间借贷行为。草场权抵押贷款开办前，民间借贷较为普遍，导致牧民融资成本高，且期限较短。“草场权抵押贷款”一般执行9.45%的利率，比其他牧户贷款利率低1.2个百分点。2017年以来，超过210户借民间借贷牧户通过抵押草牧场获得贷款，民间借贷行为减少。三是满足了牧民种植饲草、改良草场、建设棚圈、设置围栏等牧业生产资金需求。1—5月份，通过“两权”抵押贷款累计购买基础母羊3.97万头(只)，同比增长34%；新建和改造牲畜棚圈110处，同比增长44%，新建草牧场网围栏40.7万亩，促进了草原生态好转，取得了明显的经济效益、生态效益和社会效益。

来源：

1. 锡林郭勒盟行政公署：《锡盟草原确权承包工作进展情况》，2017年7月7日16:36:16，正北方网 http://www.northnews.cn/2017/0707/2560825.shtml.

2. 内蒙古自治区草原监督管理局：《草原承包经营权抵押贷款，充分赋予牧民财产性权利》，2015年。

（二）相关理论探讨

中国草原面积远远大于农地面积，是中国国土资源最主要的组成部分之一，草地的产权问题非常重要。科斯的产权理论认为，如果能够明确产权，交易双方会自动解决问题，自然就不必政府干预。随着产权理论影响的不断扩大，中国也开始引进这一理论解决中国的问题。对于如何对各项权能进行划分与组合，学术界提出了不同的思路。第一种思路是以所有权与使用权相分离为主线构建产权结构(杨经纶，1988)。第二种思路是运用所有权的权利束理论指导实践。该观点认为，使用权具有准所有权的性质，几乎包括了所有权的各项权能。产权是指从所有权中分离出来的一束权利。当他项权利从所有权中分离出来成为许多项独立的权利时，所有权也就从广义转化为狭义。第三种思路是运用物权理论重塑产权制度。持该观点的学者有的认为应按民法物权理论，建立以所有权为核心，以其他物权为基本内容的物权法体系。而他项权利则是所有权之外的全部物权。

有关产权经济制度与可持续发展的关系的研究揭示了产权制度对于可持续发展的重要价值。奥斯特罗姆(1993)探讨了制度激励与可持续发展之间的关系。斯特纳(1994)探讨了可持续发展过程中的经济政策。埃莉诺·奥斯特罗姆、拉里·施罗德、苏珊·温等人(2000)探讨了如何通过制度激励促进可持续发展。钱阔、陈绍忠(1996)初步研究了自然资源资产化管理问题。沈满洪(1997)对环境保护的经济手段进行了探讨。张曙光(2001)探讨了如何构造可持续发展的经济体制。王伯安(2001)探讨了治理环境污染的经济制度安排问题。陈屹松(2001)研究了我国自然资源可持续利用的产权制度激励创新问题。杨艳琳(2002)探讨了我国自然资源开发利用制度创新问题。罗勇(2001)对环境保护的经济手段进行了国际比较。涉及草原产权问题的文献数量不多，如约翰·W·朗沃斯、格里格·J·威廉姆森以中国的绵羊与羊毛生产、草原退化、少数民族和持续性发展为主线，论述了中国牧区存在的种种问题(1993)，较早地阐明造成草原退化的政策和体制因素，对牧区产权变化的历史做出了简明而精辟的描述，研究中反映了对内蒙古和甘肃的家庭生产责任制所做的一些调查(1993)；王建革以满铁资料为主，对游牧圈与游牧社会进行了研究(2000)；阎东兴对新修订的《草原法》当中涉及的草原权属问题进行了比较全面的介绍(2003)；张小平等对内蒙古草原使用权流转的现状与问题进行了初步研究(1998)；马倩对青海草原使用权流转中的问题进行了初步分析。在具体制度安排方面，托尼·班克斯认为，从中国西部的社会和生态状况看，继续集体使用权和共有使用权的产权制度安排是合适的，不与这种趋势保持一致的草原政策达不到预期效果。实践证明，中国还有许多可利用的草原使用权管理方式存在。当代的法律和制度框架应该给予这些草原使用权管理方式一些适当的、参与式的合法化存在机会，以巩固他们的发展(2003)。李文军等提出，集体产权制度是锡林郭勒草原管理的适当形式，而基层的参与式管理应当内含于该地的治理系统当中。

总体来看，产权制度不完善对草原生态退化有多大程度的影响，产权制度建设对草原生态治理的影响到底有多大，理论界还没有拿出清楚、有说服力的科学论证，特别是缺乏实证分析。在具体产权制度安排方面，一些学者提出了集体产权制度或共有产权制度是适应中国情况的观点。但对于不同地区、不同群体适用什么样的产权制度安排和产权组织形式也没有研究。长期以来，中国乡村产权研究的文献几乎把草原产权排除在外，而集中于农地产权。而中国的草原占到国土面积的40%。对牧区而言，最重要的产权问题是草原的使用权问题。从实践来看，必须在完善草原家庭承包经营的基础上，进一步推进草原产权制度建设。下面从草原承包制度的角度简要阐述之。

（三）草原承包工作存在的主要问题

草原家庭经营制度曾成功解决了畜牧业发展问题，但并没解决过度放牧引发的人、畜、草矛盾。存在的问题主要如下。

1. *权属不清*。"两权分离"的产权体制缺陷造成我国草业的权属不清。一是所有权虚化使得草原生态保护和建设主体的收益权得不到保障。依据宪法规定，草原属于国家所有，由法律规定属于集体的除外。目前我国尚没有任何一部法律界定过草原的集体所有属性。但我国有的省（区）规定草原属于集体所有，有的省（区）部分县的草原属于集体所有，一些地方基层干部和农牧民群众也都认为草原属于集体所有。对牧民而言，草场是集体的，牛羊是自己的，牛羊吃草越多，收入越高，其结果是草原生态被破坏，牧民的长期利益受损。这种制度缺陷只能通过完善产权制度来解决。二是僵化的成员权体制存在隐患。草地承包者获得使用权是基于成员权获得的，而集体成员是在不断变动的，这就增加了成员权的变数，这使得现有成员权不能将未来的收益以及通过投资产生的收益内部化，自然缺乏持续利用草原的积极性。三是经营权被虚置。牧户承包草原四至不清、界限不明，"有草无地"，经营权被虚置。在联户承包和夏秋草场承包当中，如果牧民本身不利用草原，则经营权难以体现，更谈不上有偿流转。四是收益权完全归牧户，而对责任的规定不清。基层干部和牧民认为，草原承包后，草原处置占用收益应由承包牧户享有，集体和国家利益被"虚化""空化"，实际情况亦是如此。草原承包到户后，许多农牧民认为，在承包期内承包的草原属于自己，想怎么用就怎么用，没有完全履行保护、建设草原的义务。这与承包合同的规定性要求不清楚有关，与对不履行合同的责任说明得不够清楚和后续惩戒措施跟不上也有关。五是属性不准。第二次全国土地调查发现，草原总面积比全国草原普查面积减少15亿亩。一些县(旗)第二次全国土地调查草原总面积比草原普查中所反映面积减少80%,其中可利用草原面积减少99%。实际调研发现,受补贴、补偿、项目等利益驱使,不少地方草地、林地重叠,既发草原证,又发林权证的“一地两证”现象很普遍。有的地方三分之一的草原存在“一地两证”现象,更有甚者重叠比例达到90%以上。

权属不清与立法滞后有着直接关系。目前,我国天然草原的地方立法工作相对滞后,基层和草地的直接使用者对天然草地的权属界限不清,在一定程度上造成林草矛盾,影响农牧民承包利用草原的积极性。

2. *承包期过短*。要促进草原资源的合理利用和畜牧业的持续发展,必须设计出合理的制度,调整现行草原产权结构。基本的要求是要使放牧者真正将草地看成是自己的草地;承包要有利于资源优化配置;要有利于减轻草场资源的人口压力;要有利于建立监督机制等。草原产权制度的建设直接影响着草原生态治理的效果。在草场一轮、二轮承包中,对承包期没有一个稳定的预期,随着承包剩余时间的减少,牧民逐渐失去保护草原的意识,对承包的草原采取掠夺式利用。

3. *草原流转机制不健全*。草原建设投入大。据黑龙江省初步测算,该省平均改良1亩草原需投入至少100元,农户承包草原一般都是上千亩,再加上围栏等设施建设,显然负担不起。现在牧区还是一家一户独立经营的家庭经营模式,家庭经济实力有限,面对市场经济,单一的牧户很难打入市场,而且难以承担大面积的草场的生态治理重任。牧民之间文化素质和经营能力的差异也使得牧户之间出现了分化:一部分牧民饲养规模逐渐扩大,要走规模经营之路;一部分牧民因为不善经营或者遭遇雪灾、牲畜疫病等灾害,造成饲养牲畜逐渐减少,甚至成为无畜户,草原流转势在必然。随着牧民对草原经济价值认识的逐步提高,草原承包经营权流转的发生也逐步增多。由于缺少有效的草原承包经营权流转管理机制,在实际流转过程中,未经发包方同意自行流转、不经法定程序进行流转等不规范的现象依然存在,给草原管理带来很多困难,也使部分弱势群体的利益受到损害。随着牧区经济的快速发展,招商引资和开发建设征占用草原的现象普遍发生,草场征占用面积呈上升趋势,农牧民因征占用草场补偿问题而上访的事例也时有发生。由于承包者缺乏退出机制,草地处置权受到严格限制,承包者容易被禁锢在原有的生活方式和生产区域之内,容易产生各种纠纷,也不利于草场资源的优化配置和减轻草原生态压力。对这些新情况、新问题也需要从法规、政策方面加以规范,以扭转管理工作被动的局面。

4. *机动草场的问题*。按照内蒙古草原承包时的政策,为了壮大集体经济组织的力量,在落实“双权一制”时,允许预留5%~10%的草原由嘎查集体使用。但在具体落实过程中,有些地区,特别是大牧区预留的机动草原面积过大,导致草原的无序利用甚至出现违规现象。

5. **草原承包费用标准偏低,收取不规范**。在黑龙江省草原承包起步阶段,承包费用标准偏低,并且缺乏必要的承包费调整机制。近年来,国家对草原的投入逐步加大,草产量得到明显提高,但国家项目投入带来的收益只被少数承包户享有,使得承包户与非承包户之间的矛盾日益突出。此外,在承包费收取方式上,部分地方一次性收取 30 年承包期的承包费用,资金使用不明确,不利于草原的长期保护建设。

6. **草原边界纠纷**。边界纠纷是影响草原承包工作落实的重要因素。草原界限纠纷主要表现在两个方面。一是不同行政区域之间的草原纠纷。例如甘肃省与青海、四川之间存在一定的草原界限不清,曾引发省际间的纠纷事件。二是省内各县之间、县内各乡村之间的草原纠纷。四川省甘孜州因边界不明确或有争议暂缓承包的草原面积有 2 091 万亩。永昌县与邻近军马场有 26 万亩草原存在界限不清。新疆兵团与地州、相邻县之间的跨行政区域放牧现象经常造成草场纠纷。在内蒙古,部分已经承包到户的草原,由于当时的测量手段落后,出现证书上的图表与现实测量的数据不符,且划分草原时大部分没有设立永久性标志,从而引发草原边界纠纷。三是非农牧户承包草原的现象。在承包制落实初期,一些地方政府为完成指标,不按政策和法规要求,随意对草原进行发包;个别基层干部以招商引资、开发、照顾等名义,随意批占草原;少数干部及外来人员在牧区寄养牲畜,与牧民争夺资源;草原流转不规范,监管力度不够,导致草原流转到非农牧户手中。

7. **草原管理体系不健全**。一是各个牧区草原行政主管部门的职能偏弱。例如云南省农业厅畜牧局草山饲料处同时管理着草原、畜牧业和饲料产业三块工作,人手少、事情多,行政管理力量亟待加强。西藏自治区农牧厅的畜牧草原水产处兼自治区饲料工作办公室,人员少,工作涉及面广,与云南存在相同的问题。二是管理不到位。具体表现有几个方面。①管理主体不规范。具体负责草原承包的机构不统一,草原行政部门、草原监理机构、草原技术推广机构、经管站等都参与指导草原承包工作,分工不明,责任不清。②发包方不规范。草原发包方有村级集体经济组织、县乡人民政府、县草原部门等,存在发包主体多样、任意发包、非牧户承包等问题。③承包合同不规范。草原承包合同不统一,合同内容权责不明,承包合同内容笼统、原则性,双方的责、权、利不明确,也缺乏违约责任;牧户承包情况图表、原始文字记录等承包档案资料不齐全,一些地方没有承包合同,致使合同履行与监管难以到位。④对承包经营权流转疏于管理。各地普遍存在不经法定程序流转草原现象,在草原流转合同签订、承包合同变更、解除和重新订立等环节疏于监督管理。一些农牧交错带的农牧户早已搬离农村，将承包草原流转给亲戚或者邻居，流转时普遍没有签订流转合同，也没有在发包方处进行备案。⑤确权登记发证总体滞后。具体表现在：国有草原确定给全民所有制单位、集体经济组织等使用时，使用权证颁证率低；依法属集体所有的草原，大多未进行草原所有权颁证登记，即使确权颁证登记的也很不规范，存在着证、账、地不相符等问题；已明确使用权的草原在进行承包时，承包经营权落实到户率低，承包草原面积不准、四至不清，混牧混用、明包实不包比较突出；承包管理工作静态化、变更登记不及时、记载内容不全、档案管理不规范、证书不统一等问题较为普遍。个别地方草原承包合同存在与现行法律法规不一致的地方。这与中央的要求和牧区经济社会发展的现实需求不相适应。明晰草原所有权和使用权，规范草原承包经营管理，加快推进草原确权登记颁证工作任务十分紧迫。

二、对草原家庭承包经营制度的思考

现有草原承包经营制度存在两大突出问题，需要在制度设计时予以弥补。

（一）草原家庭承包经营与农地家庭承包经营存在显著差别

草原家庭承包经营与农地家庭承包经营存在显著不同。这些不同不仅仅是因为草原有着不同于农地的特点，而且是因为畜牧业生产经营方式和种植业生产经营方式有着显著的区别。这些不同的特点和区别决定了草原家庭承包经营必须采取不同于农地家庭承包经营的方式来推进。

一是草原是与其上不断游走的牲畜共同作为农牧民的基本生产资料的。从草原的经济属性来看，草原作为第一性生产力，只能通过第二性生产力——牲畜的采食转化才能变成各种对人类经济生活有用的畜产品。但牲畜的生长发育规律不同于种植业，其特点就是需要一定的采食空间，因而需要不断游走，因此，草原的承包经营必须考虑到牧业经营的特点。在这种情况下，如何明晰产权、科学合理划分承包草场，如何在保护自己的利益的同时不侵犯他人的利益就成为一个至关重要的问题。此外，落实草原家庭承包，还必须考虑到畜牧业的需要和特点，比如要预留放牧通道和布局饮水点、药浴池等设施。

二是草原面积辽阔，明晰产权、划分界线、落实承包需要付出一定的成本。首先，草原的生物量低于农地，因此，同样是养育其上的人口，需要的草原面积更大。其次，牲畜的游走特点使得草原如不围栏，就无法避免“公地悲剧”的发生。与农地相比，草原围栏等基础设施建设的重要性更突出，这使得草原产权明晰的成本会显著高于农地。上述这些差异决定了草原家庭承包与农地家庭承包相比更加复杂，落实难度更大，草原家庭承包必须采取不同于农地家庭承包的方式来推进。

（二）草地承包到户制度的建立与实施是两回事

产权制度的明晰需要一个过程，也需要付出成本。草原承包经营权受法律保护，但在实践中，吃草场“大锅饭”的情况依然存在；承包过程中，侵害农牧民承包权益的事情仍时有发生，一些农牧民承包的草原未经法定程序审批，就被随意征占，用于搞开发、旅游等项目，农牧民不能得到合理的经济补偿；边界纠纷依然存在。这些问题都导致牧民的草原承包经营权不能得到完全保障。

1. *“确权不确地”是草原承包经营存在的普遍现象*。一是整村承包。一些地方以自然村作为联户承包单位，草原利用方式与承包前没有区别。内蒙古陈巴尔虎旗白音布日德嘎查将76万亩草原承包到户，但仍然由嘎查统一规划放牧区和打草区。牧民草原使用权证上标明承包草原面积，但却并不知道自家草原的具体位置。河北省围场县哈里哈村按照人均7亩将草原承包到联户，但草原仍然是原来谁承包现在谁承包、原来谁使用现在谁使用，新承包户并不使用草原，承包面积主要用于领取草原补奖资金。二是混放混牧。从调查看，传统大牧区60%左右的夏秋草场大多是面积数字到户，具体地块和界限不清楚，仍然是混放混牧。内蒙古阿拉善左旗家庭承包草原四至界限明确、“证、账、地”相符、具有较好确权登记基础条件的牧户数仅占牧民总户数的8%，草原面积仅占28%。

2. *基础设施建设薄弱*。落实和完善草原家庭承包制的目的，是为了明确草原承包经营者的权利和义务，充分调动农牧民保护建设和合理利用草原的积极性，实现草原生态的良性循环和草原资源的可持续利用。但由于投入不足，新疆和宁夏草原牧区普遍存在人工饲草地、牲畜棚圈、牧区水利设施等基础设施建设严重滞后的情况。一些已经落实草原承包的地方，由于配套建设严重不足，农牧民转变畜牧业生产方式困难，不得不继续采取传统粗放的经营方式，超载过牧等问题也很难得到根本解决。2007年在新疆精河县和特克斯县调研时，农牧民反映最迫切的问题就是牧民定居点配套设施建设，主要包括牧区水利设施建设、人工饲草地建设等。如果这些问题能够解决，农牧民完全可以从四季放牧转变为两季放牧，超载过牧的问题也能得到很好解决。

3. *草原监管力量薄弱*。随着草原经济价值的提升，草原承包中的一些不规范行为和矛盾也越来越多，需要有专门的队伍对承包草原进行有效监管，并解决因承包所引发的一系列矛盾和问题。目前来看,全国各地基本都成立了各级草原监理机构。但监理机构人员素质、业务能力、执法监督能力、办公经费和设备都有一定程度的不足,在草原承包确权、草原的变更登记和审核备案、草原承包的规范流转、协调解决草原承包争议纠纷等方面的工作开展起来都有一定的难度。

4. **草原承包与草原合理利用之间的关系没有理顺。**近年来草原禁牧休牧移民等政策在一些已经建立起家庭草场使用期限和范围的区域的实施,使得农牧民花费大量物力人力建围栏却又不能利用草场,预期的收益不能实现,这也影响到农牧民投资建设草原的积极性和对草原家庭承包的看法。总的看,草地承包合同应有的作用还有待发挥。

5. **现实利益对草原承包的影响。**一些地方政府为了争取林业项目资金,在已落实承包的草原上实施林业建设项目,并由林业部门发放林权证,造成"一地两证"现象的发生,林草矛盾加剧,影响了草原家庭承包工作的推进。据统计,宁夏全区退耕还林工程中的"荒山造林"占用草原 247.43 万亩;新疆精河县在草原上发放林权证的面积有 160 多万亩。林权制度改革后,我国南方大量草山被改划为林地,种上了树苗。我国《森林法》规定,禁止在幼林地里进行放牧等生产活动,在成林前要进行封山育林,造成林间草场无法利用。农牧民世代放牧、赖以生存的草山被划成林地且不能放牧,其他谋生方式和途径又没有及时跟上,直接影响到生计。云南省草原被改发林权证的有 4 446 万亩,占全省疏林草地、灌木草地的 44.9%;寻甸县原有可利用天然草原 260 万亩,林权制度改革后大部分被划为林地发林权证,目前剩下的未发林权证的天然草原不足 50 万亩。

(三) 经营者保护建设草原的责任不明确,制度设计不完整

一是现有草原承包经营制度中没有突出草原的生态属性。未被人类利用的草原只具有纯粹的生态价值,而被人类利用的草原则既具有生态价值,又具有经济价值和社会价值。草原承包经营责任制作为我国畜牧业的基本经济制度,在实行草原家庭承包经营制的初期,各地主要是从草原的经济价值来考虑,按照人口和牲畜数量来推行草原家庭承包制,草原承包经营者也是从增加收入的角度来经营承包的草原。在承包的整个过程中,都没有把草原的生态价值作为一个重要因素予以考虑,造成草原超载过牧、退化严重,生态功能日益衰减。随着经济社会发展和人们思想观念的变化,草原的生态属性逐步被人们所认识。特别是,目前,草原的过度利用问题已经成为一个世界性的难题,各国都在探索如何保护草原,恢复草原生态系统的功能。如何可持续地利用草原,避免

当代人以牺牲后代人的福利为代价去利用草原。从这一角度来看，传统的草原承包经营制度设计还缺乏这方面的必要条款，存在一定的不适应性。

二是承包经营权设置不完整和相关制度不健全直接影响农牧民保护草原生态。草原权属问题不仅是一个重要的法律制度问题，也是一个对草原生态保护和建设具有重大影响的问题。产权明晰了，牧户的预期稳定了，牧民才有投资建设草原的积极性，草原资源也才能得到有效的保护和合理的利用。调查中，农牧民都表示草原承包到户非常好，自家的草场自己心里有数。在宁夏，由于草原承包到户，虽然受山地草原面积小、不好利用、水源等因素的限制，一些地方需要联户经营，但是，联户之间由于明确了自己与别人的草原之间的边界而自发地调整牲畜数量以达到他们共同认可的草畜平衡状态。调研发现，草原承包后，农牧民对草原的保护意识和责任感有所增强，特别是承包到户、四至界线明确的牧户，只要有经济实力，都舍得在草原建设上进行投入。进行了草场保护和建设投入的牧户认为，自己对草场有产权，所以甘心在草场上投入。这些投入包括以下方面。一是建设围栏，使得自己的产权不被侵犯。牧民认为，保护好自己的草场有长远利益，是为子孙后代保护环境。二是草场改良，如补播种草等。畜牧业可持续发展离不开草场的改良。牧民意识到，为提高草场的载畜能力，客观上需要对草场进行投资。

明晰产权是草地管理的现实需要，但是如果承包权的设置不科学的话，也会引起相反的效果。在一些地方，由于承包权的设置存在问题，出现了牧民集中过度利用草原的现象，不仅没有推动畜牧业的发展，反而造成"沙进人退"，人们最终失去了赖以生活的草原。

三是草原围栏未到户，农牧民保护建设草原的积极性没有得到充分发挥。由于退牧还草工程围栏建设主要是为了实施草原禁牧和休牧，围栏补助标准较低，难以做到围栏到户。再加上许多地方未列入退牧还草工程实施范围内，围栏建设难以有效开展。在这种情况下，草原虽然承包到户，但实际界限并不清楚，农牧民保护建设和合理利用草原的积极性没有充分发挥，造成牛羊等家畜随意放牧、超载过牧等问题比较突出。

（四）推进草原家庭承包经营需要各级党委政府的支持和配套政策

目前，对于草原家庭承包经营工作实际上还是存在着各种不同的认识。草原家庭承包权是农牧民的基本财产权，不容侵犯。《物权法》颁布后，私权和公权一样，应该受到同等的尊重和保护。不应以发展经济为由，侵犯农牧民的土地权益。因此，法律的宣传普及工作应该走在前面，应加大普法宣传力度。目前这方面存在的问题有以下几个方面。

1. **认识模糊**。草原承包的主要目的是依法赋予广大农牧民长期稳定的草原承包经营权，增强广大农牧民保护和建设草原的责任意识，而地方政府的主要目的是群众接受、无人上访，不引发社会矛盾，部分农牧民的主要目的是拿到补奖资金。由于考虑问题的角度不同，导致本意背离。

2. **要求错位**。制度设计要求权属明确、管理规范、承包到户，做到草原承包地块、面积、合同、证书"四到户"，解决承包地块面积不准、四至不清的问题。地方政府要求"资金到户、不出乱子"，认为真正"四到户"成本太高，也没有必要，推动草原承包的动力更多来自政策层面要求、补奖资金发放，有点为承包而承包的感觉。牧民把草原作为主要的生产资料，希望"四到户"，但对于位置偏远、水源牧道不宜划分的夏秋草场，仍然认为集体利用的放牧经营方式较好。半农半牧区等人均草原面积较少的地区，草原的生产功能弱化，农牧民承包草原主要是为了保障补奖资金顺利发放。

3. **管理错位**。目前，国家在草原管护上投入了大量人力物力，但由于草原面积大，监管效果不理想。牧民希望从承包草原中得到最大收益，在没有其他更好产业的情况下，转产减畜困难重重。地方政府希望中央加大项目建设投入，解决牧民转产转业问题。

三、政策建议

完善草原家庭承包经营制度要以清晰的工作思路为指导，因地制宜，稳步推进，要在组织保障、技术服务、资金支持、部门协调和加强管理等方面下功夫。

(一) 明确各级党委政府在推进草原家庭承包经营工作方面的主体责任

落实草原家庭承包制，涉及经济社会的各个方面，是一项复杂的系统工程。做好草原家庭承包制的落实和完善工作，仅靠草原行政主管部门和草原监理机构的力量是难以完成的，必须得到政府的大力支持。实践表明，草原家庭承包经营工作的落实与当地党委政府的重视密切相关。以宁夏为例。宁夏开展草原承包工作时，先试点，再总结经验，再上升到政策层面，由政府制定政策来指导全区的草原承包工作。1987—2006 年，宁夏回族自治区人民政府先后下发了 4 个重要文件，2006 年正式实施了《宁夏回族自治区草原管理条例》，为宁夏草原承包工作的推进提供了强有力的法律支持，创造了良好的外部环境。而一些省区的草原承包工作由于没有得到重视，推进的过程中困难重重。因此，在草原承包确权工作中，首先要从国家层面加大法律政策的宣传力度，要求各级政府明确对草原承包工作的领导责任。各级草原行政主管部门和草原监理机构应积极宣传落实草原家庭承包制的重大意义，积极争取当地政府的支持，制定出台有关推进草原家庭承包制的政策措施，充分发挥政府的组织协调作用，调动各方面的积极性，共同推进草原家庭承包制的落实和完善工作。

我国《宪法》规定，农村基本经营制度是以土地家庭承包为基础、统分结合的双层经营体制。坚持农村牧区基本经营制度的核心是稳定和完善农村牧区的土地承包关系，依法维护农牧民承包土地的各项权利。草原是牧区畜牧业发展的物质基础和牧民赖以生存的基本生产资料。草原承包是牧区基本经营制度的基石。实行草场家庭承包经营，保障牧户有一份承包草场，就是保障他们有最重要的生产资料和最基本的生活保障。牧民获得充分的草场经营自主权后，才会有保护和建设草原的积极性。因此，草原家庭承包经营制度也是解放和发展牧区生产力的一项基本制度。牧民的草原承包经营权是牧民的基本财产权利，是受国家法律保护的，如果这一基本权利都得不到保障，受到侵害，就会影响国家、集体与牧民之间的关系，影响牧民的经济行为，从而使他们不愿意在草原上进行长期的生产性投入。稳定牧区基本经营制度，无论从保护牧民合法权益，还是从维护国家安全及社会稳定等方面来看都具有极其重大而深远的意义。从牲畜作价归户到草原承包，从承包到自然村或联户到家庭承包，草场承包期逐步延长，承包合同的内容逐步完善，这些都说明，草场家庭承包经营这一我国牧区基本经营制度正在逐步完善。几十年的草原家庭承包经营实践证明，落实草原家庭承包制，有利于进一步理顺人、畜、草三要素之间的关系，有利于建立草原“用、管、建”“责、权、利”相统一的生产经营体制，对促进牧区经济发展，增加农牧民收入，推进社会主义新牧区建设，具有十分重要的意义。落实草原家庭承包制，不仅是党在牧区的一项基本政策，同时也是牧区的一项基本经营制度，必须长期坚持、长期稳定并不断完善，要树立各级政府部门这方面的法治和政策观念。

（二）对草原家庭承包经营制度进行完整的制度设计

草原家庭承包经营制度设计是从草原的经济属性角度来考虑，对草原资源进行分配、服务于畜牧业经济。完整的草原承包权利应该包括四个方面。一是有明确的承包主体。二是承包期限足够长。目前的 50 年、70 年承包期和《物权法》的规定基本上做到了使农牧民有稳定的预期。三是承包经营者拥有完整的用益物权，即占有权、使用权、收益权。要实现承包经营户保护、合理利用草原的目的，还要在落实草场承包到户制度的同时，落实以草定畜制度。做好草畜平衡工作并不容易。调查发现,禁牧休牧当年减畜幅度很大,但是随着禁牧休牧见了效果,牧民又开始增加饲养量,放牧率也随之增加。草畜平衡标准的制定首先应该是科学、合理的,这是维护草畜平衡制度的权威性的基础。在农牧民素质和认识程度都不是很高的情况下,坚持"以草定畜",严格实行草畜平衡责任制,仍是一项重要而长期的工作。四是要完善草原配套法规,为草原承包提供法律支持。一是通过立法来确立草原权属。在国家《草原法》的基础上,地方政府和人大应当加快草地立法,进一步明确草地权属。二是建立科学、合理的草原征占用补偿办法,保护农牧民的利益。

(三)发挥草原建设工程项目对推进和完善草原承包的作用

落实草原承包制,是实施各类草原建设项目的基础。同时,草原建设项目的实施也有力地推进了草原承包制的落实和完善。在实施退牧还草等草原生态建设工程的过程中,农业部要求必须在落实草原承包制的地方安排项目,利用经济手段,有力推动了项目区草原承包制的落实和完善。与此同时,在开展草原围栏建设过程中,承包草原的界限得到了进一步的明确,有效减少了发生草原承包纠纷的隐患,特别是围栏到户的地方,农牧民保护草原、维护围栏设施的积极性明显提高,投资建设草原的主动性也明显增强。围栏到户后,农牧民的主人翁意识明显增强,合理利用草原、强化草原管理的积极性明显提高。在今后推进草原家庭承包制的过程中,特别是在目前还没有落实承包的地方,利用项目推动承包,仍将是一项有效的措施。

(四)在现有草原承包经营合同中更好地体现草原的生态价值

如何实现草原经济功能与生态功能的有机统一,促进草原生态环境的良性循环和草原资源的可持续利用,是今后在进一步推进和完善草原家庭承包制中必须认真考虑的问题。对承包的草原实行严格的草畜平衡制度,积极推行草原禁牧、休牧和划区轮牧,建立奖励机制,对草原经营好、草原生态恢复明显的承包经营者给予奖励等,都是促进草原经济价值与生态价值有机统一的重要措施。如何在草原家庭承包经营制度中更好地体现保护草原的精神?如何规范农牧民的行为?可以考虑在草原承包合同中附加条款或附带相关奖惩制度,具体包括三部分内容。

1. 实行草原有偿承包经营制度。草原承包经营人使用国有、集体草原应该缴纳有偿使用费。我国草原属于国有或集体所有,不是个人私有。从调查情况看,除了新疆牧区收取草原承包费以外,宁夏、内蒙等地从未或极少收取草原承包费。

2. 草原承包经营人有保护草原植被不被破坏、草原生态功能的完整性不被破坏的义务。对造成草原退化的草原承包经营人要视其草原退化程度，限期恢复，如不恢复的，则发包方有权收回草原给予更善于经营的人或是由国家进行治理恢复。宁夏2007年在原承包合同的基础上增加了补充合同，其主要是对国家投资建设的草原围栏承包到户，要求承包户尽保护围栏、管护好围栏的义务，这是一个制度创新，但没有核定载畜量，没有对承包人保护草原提出明确的要求。新疆草原承包户的承包合同中虽然有核定载畜量的内容，但是，当时的核定载畜量已经与现实情况存在很大差距。实际上，核定载畜量是虚的，没有相应的措施来保证牧民遵守核定载畜量。在今后的草原承包和确权工作中要体现这方面的要求。

3. 对草原经营好的、草原生态恢复明显的草原承包经营人给予奖励。目前，这种起激励作用的奖励机制在各大牧区都没有建立起来。

(五) 完善承包方案，加快推进草原家庭承包制的落实

推进草原家庭承包制，首先要在全面调查了解当地有关基本情况的基础上，认真研究制定承包方案，并认真组织落实。建议各地针对当地实际，深入、系统开展摸底调查工作，切实掌握当地草原资源现状和农牧民生产生活状况，充分听取基层干部和农牧民的意见，认真研究制定切实可行的草原承包方案，明确各级政府、各有关部门的任务，加快推进草原家庭承包制的落实和完善工作。对目前还没有落实草原承包的地方，可以先行开展试点，在试点取得经验的基础上稳步推开。已经承包但未承包到户的地方，要在原来承包的基础上，认真研究承包落实到户的方案和措施，加快推进承包到户。

(六) 强化监督管理，建立完善草原承包经营权流转管理机制

落实草原承包后，各级草原行政主管部门和草原监理机构应当进一步发挥职能作用，切实加强草原承包管理，特别是草原承包合同管理，督促发包方和承包方认真履行合同约定的义务，对违反合同规定不合理利用草原的行为要及时予以纠正。各地应当依据《草原法》《农村土地承包法》等法律法规的规定，结合当地实际，建立完善草原承包经营权流转机制，进一步规范流转行为。对非法流转的行为，各级草原行政主管部门和草原监理机构应当及时查处。

(七) 加大投入力度，进一步完善配套基础设施建设

中央财政和地方各级政府应当进一步加大草原保护建设基础设施投入力度，通过改善基础设施条件来巩固草原承包成果。一方面，应当加大牧民定居

点、牧区水利设施、人工饲草地、牲畜棚圈等基础设施建设力度，引导农牧民积极转变传统畜牧业生产方式，加快解决草原超载过牧问题，促进草原植被恢复和生产力提高。另一方面，应当加大对草原监理体系的投入力度，完善执法条件，增强执法手段，不断提高各级草原监理机构在草原承包管理方面的能力和水平。

（八）加强部门协调，妥善解决林草矛盾

森林和草原都是维护生态安全的绿色生态屏障。森林保护建设和草原保护建设应当是相辅相成、相互弥补的关系。但在一些地方林草矛盾却日益突出，“一地两证”问题和毁草种树现象时有发生，不仅影响到草原承包工作的顺利推进，还损害了农牧民的合法权益，有的地方甚至严重破坏了生态环境。建议各级政府加大部门协调力度，妥善处理林草矛盾。相关部门也应当从维护国家生态安全和农牧民合法权益的高度出发，摒弃狭隘的部门利益，切实按照因地制宜和宜林则林、宜草则草的原则开展生态建设。在已经落实承包并发放了草原使用证的草原上，不得再发放林权证；应坚决杜绝毁草种树、破坏生态环境的行为。

第六章
完善草原生态补偿机制

我国草原面积辽阔,是重要的生态屏障和农牧民生计的基础。在气候变化影响、工业化、城市化发展以及畜牧业经济增长的压力之下,全国约有90%的天然草原发生退化,对农牧民生计和牧区经济发展带来的影响不容忽视。在此情况下,加大对退化草原的保护和建设,保证牧区经济社会可持续发展、确保牧民收入不受影响和福利改进就成为政策制定部门必须考虑的问题。建立草原生态补偿机制正是在这一经济社会背景之下提出的。其目的就是要建立和明确我国草原保护和建设的筹资机制和投入方式,使得草原生态保护和建设工作有长效的资金保障机制,使得草原生态保护者和地区因保护生态而受损的利益得以弥补,使得草原生态功能的受益者和地区在共同享受草原生态经济系统的产出和服务的同时,也能相应承担起维护草原生态系统健康的共同责任。2006年初,《中共中央国务院关于推进社会主义新农村建设的若干意见》中提出了要"建立和完善生态补偿机制"。随后的2007年、2008年和2009年中央一号文件当中都提到要"探索建立草原生态补偿机制",这是实施国家可持续发展战略的重要步骤,是人与自然和谐发展的必然要求。

进入21世纪以来,国家在草原生态治理方面的投入逐年增加,退牧还草工程执行期延长、其他草原保护措施跟进。但是,草原生态保护和改善面临的形势仍然非常严峻,草原生态治理长效机制仍未建立,各牧区省份都在探索并呼吁尽快完善相关政策措施,有效化解广大农牧民的生计和发展困境。2010年10月12日,国务院常务会议决定于2011年起建立草原生态保护补助奖励机制促进牧民增收。从2011年起,在内蒙古、新疆(含新疆生产建设兵团)、西

本章部分内容曾出现于笔者执笔撰写的"对草原生态补偿机制设计的几点思考"中,该文于2010年10月被收入国家发展与改革委员会《生态补偿立法与流域生态补偿国际研讨会会议材料》(笔者当时受聘为国家发展与改革委员会《生态补偿条例》立法专家咨询委员会咨询专家)。

藏、青海、四川、甘肃、宁夏和云南8个主要草原牧区省(区),全面建立草原生态保护补助奖励机制。目前,全国8个牧区省份已经全部实施了草原生态奖励补助政策,该政策实施对于畜牧业发展方式转变起到积极的促进作用,带来了深刻的影响。

一、建立草原生态补偿机制的重要意义

我国草原地区位于江河水系源头或是位于重要的生态功能区域,有着涵养水源、防风固沙、调节气候和维持生物多样性的重要功能,草原还是我国畜产品(肉、皮毛绒、乳等)的重要生产基地,畜牧业收入是牧民收入的重要来源。草原地区矿产资源、中草药资源丰富,还有文化传承等方面的其他功能。我国1.2亿以上的少数民族人口集中生活在草原区,55个少数民族在草原上都有分布。266个牧业及半牧业县的草原面积约2.52亿公顷,约有人口5 000万人。自20世纪80年代以来,我国90%的天然草原已经退化(约有1.8亿亩严重退化),水土流失面积为16%,风蚀面积为27%,沙化面积为10%。由于草原退化,牧民饲草料不足,畜牧业收入减少,生产成本增加,生活不便。由于草原生态的外部性特点,草原退化同时导致风沙天气增多,水源涵养功能下降等,从而给周边国家和地区带来了环境、社会等方面的影响。因此,治理草原生态不仅是维护草原牧区经济社会可持续发展的要求,也是保障我国生态安全的重要工作,建立草原生态补偿机制是大势所趋。

建立和完善草原生态环境补偿机制,可以明确各级政府在草原生态治理方面的责任,从财政上确保草原生态保护建设的资金支持,弥补牧民因保护生态而带来的经济损失,建立起生态保护的长效机制,从而对于维护天然草原的生态功能,促进牧区经济、社会、生态协调发展具有重要的意义。

(一) 明确了各级财政在生态保护方面的支出责任

草原生态服务功能具有“外部性”特点,其受益范围和受益人群,既带有地方性,也带有全国性,因而在这一公共物品和服务的提供方面存在着“搭便车”现象。对于这一公共物品,由于长期以来没有明确由哪一级政府承担相应的支出责任,导致一直以来我国草原生态保护和建设工作的资金严重不足。近年来,国家加大了对草原保护和建设的投入,相关投入持续增加,但由于草原的退化是大规模、全方位的,目前的项目补助还无法覆盖整个需要治理的草原,在项目区也无法满足农牧民转产转业或是禁牧休牧的需要,投入仍是杯水车薪。草

原保护和建设投入不足，与中国现行的财政体制有着密切的关系，最大的问题就是，各级政府的财政支出责任不明确。因此，建立草原生态补偿机制的核心内容首先就应是把各级政府在保护草原生态和治理方面的财政支出责任明确下来。目前我国实施的退耕还林和退牧还草工程等，从工程实施效益来看已成了全国性公共产品。中央政府应成为工程经济补偿成本最基本也是最主要的承载主体。至于地方政府，主要是省级政府也应成为经济补偿成本的承载主体。在其行政辖区内搞好生态建设，也是地方政府的主要职责之所在。对具有重大生态价值的草原区域，如三江源地区，生态补偿应由中央政府提供。明确各级政府的支出责任，才能保证下一步草原生态补偿的资金有稳定的来源渠道，才能保证草原生态治理工作具有可持续性。

（二）为草原生态保护和建设提供强有力的政策支持和稳定的资金渠道

建立草原生态补偿机制的首要目的应是支持和鼓励生态脆弱地区更多地承担保护生态而非经济发展的责任。在我国，长期以来，对于草原地区的多功能性缺乏认识，牧区经济增长依赖于对资源环境的耗竭式开发和利用，当草原生态功能的“正外部性”更多地为“负外部性”所取代时，国家提出了一系列的治理要求，但是对于草原地区的自身发展考虑不足，从而形成了草原生态保护者和地区以抑制经济发展为代价来保护生态，草原生态功能受益者和地区却没有给其提供足够的经济补偿的状况，这是草原生态补偿机制不健全的集中体现。结果是，项目区的产草量有所增加，生态有所恢复，但是农牧民的生计受到影响，牧区经济发展受到影响，生态与经济发展和牧民增收的矛盾突出。而且，局部治理只能是局部情况的改善，但草原地区的整体生态退化确实是不容忽视的事实。从这一角度来看，草原生态治理还是没有建立起长效机制。国家建立草原生态补偿机制，通过中央财政转移支付、草原生态功能受益地区对草原生态功能保护地区的横向转移支付以及对口帮扶等方式，补偿草原地区，特别是重要生态功能地区为保护生态环境造成的经济损失，形成完善的、统一的、长期的、稳定的生态补偿机制，确保在公平、合理、高效的原则下实现生态保护与建设投入的制度化和规范化，调动起草原生态保护者和地区保护生态的积极性，为全国的生态安全奠定基础，是国家实施可持续发展战略的必要条件。

（三）确保草原生态保护目标的实现

目前草原地区实施的大量保护性工程的目的都是促进草原生态良性循环，维护国家生态安全，实现经济社会和生态环境的协调发展。但综合目标的实现是通过一个个项目操作来进行的。这就要求项目之间要有协调机制,项目本身能够兼顾多个目标的协调。但实际情况是,单一项目投入目标仅仅考虑了生态目标,而对牧民生计关心不够。实施草原生态保护的地区大都是贫困地区,在这样的地区进行草场植被保护,围封使用过度的草场,对牧民的收入水平有很大影响。牧民为了维持原有的生活水平,竭力维持原有的牲畜数量。这与政府治理任务形成尖锐的矛盾。按照现行政策,人力财力物力大都投入植被恢复、植树种草等工程上,表面上看会取得很好的效果,被围封的草场三五年即可恢复。但这段时间之后,走了的人和牲畜可能还会回来。从结果看,牲畜的绝对数量没有减少,对草场植被的破坏程度也没有降低,牧区的生态治理仍没有跳出"边治理,边破坏"的恶性循环。国家投入与牧民抵制两者相互抵消,无法实现最终的治理目标。而通过建立草原生态补偿机制,可以从制度上保障牧民的生计,在兼顾生态与生计的过程中,达到草原生态脆弱区经济、社会和生态的和谐发展。

总的来说,草原生态补偿机制的建立就是要通过公共部门的作用的发挥,来调节草原生态,保护利益相关者之间的利益关系,使保护生态者能够得到合理的补偿,使享用生态服务功能的地区、群体能够多承担责任,使破坏草原生态环境功能的主体的行为受到制约。因此,草原生态补偿机制的建立看似是一个生态保护问题,实际上更深层次的问题在于利益关系的调整和修正。这一公共制度的建立将不仅有利于生态保护工作的持续开展,还将为科学合理的社会管理机制的建立奠定基础。

二、国外生态补偿经验借鉴

国外利用生态补偿机制来保护生态环境已经有很多实例和经验。总结起来,有以下几点值得借鉴:

(一)以立法的形式来确立生态补偿机制

发达国家在生态环境保护方面都有相应的法律法规。法律工具是通过设定环境标准或环境绩效要求来使环境成本内在化于价格之中,是一种被普遍采用的工具。制定环境保护法律可以使一国在环境保护方面有一套统一的法律依据,而且有了相应的权威的执行机构。比如智利在20世纪90年代初成立了全国环境委员会作为其管理环境的国家机构。该机构成立后对智利业已颁布的有关环境保护的法律法规重新归纳整理,在此基础上制定了智利第一部环境大法。该环境大法全面系统地确定了智利环境保护的基本目标。瑞典从 20 世纪 60 年代起就有系统地制订环境法律以保护环境,迄今已经形成较为全面的环境法律体系。1993 年瑞典还根据可持续发展的思路综合制定了一个《环境法典》。这个新《环境法典》包括《自然保护法》《环境保护法》《自然资源法》《水法》等 16 部法律及相应的规定和条例。环境保护法律体系通过强制性的手段明确了环境成本内在化在经济发展中应有的重要位置。生态保护各项法律和计划的实施使这些国家的生态保护取得了良好的效果。目前,我国的生态立法落后于生态保护和建设的实践,由于没有一部权威的法律,使得我国在处理各类生态问题时缺乏有效的制度支持,包括草原管理部门在内的行政部门没有执法权力。

(二)生态补偿方式多样化

德国和美国的生态补偿机制采取的都是经济补偿办法。德国生态补偿的资金支出主要是横向转移支付,即由富裕地区直接向贫困地区进行转移支付,以改变地区间利益格局,实现地区间的均衡。德国横向转移支付以州际财政平衡基金为主要内容,该基金由两部分构成:一是扣除了划归各州的销售税的一定比例后,余下的按各州居民人数直接分配给各州;二是财政较富裕的州按照统一标准计算拨给较贫穷州的补助金。其最大特点是资金到位率高,核算公平。美国政府采取的也是经济补偿方式。首先,政府承担大部分的资金投入;其次,由流域下游水土保持受益区的政府和居民向上游地区做出环境贡献的居民进行货币补偿。例如位于特拉华州的 Catskill 流域为纽约市提供 90%的水源。根据 1993 年美国《清洁水法》,水源必须满足联邦水环境质量标准。如果建设水净化处理厂的话,投资费用就在 50 亿美元。为此,纽约实行了一个流域生态环境服务付费项目,即下游的纽约市出资帮助上游的农场主进行农场污染治理和改善经营,经过 5 年的项目实施,93%的农场主自愿加入该项目,使得流域水质达到了目标要求,并且项目费用只有建设水处理厂替代方案的 1/8。

(三)通过公共财政对生态建设者进行补偿

生态治理属于典型的公共产品,必须由政府出面干预,通过法律的、经济的、行政的手段来确保生态建设可持续。从各国情况来看,各国政府都积极参与到生态建设当中,为生态建设提供强有力的政策支持和稳定的资金渠道,规范生态补偿行为,完善生态环境保护与治理的支付体系,弥补财政拨款的不足,实现生态、经济的可持续发展。可以说,通过公共财政对生态建设者进行补偿,是发达国家的重要补偿形式。例如英国,把良好的环境行为与政府补贴明确联系在一起，向农民提供单一补贴，加入该计划的农民有义务对自己农田周围的环境进行管理，保护自家土地周围未开发地块中的野生植物自由生长，以便为鸟类和哺乳动物等提供栖息家园。瑞典对劣等地退耕造林的补助率达 50%。德国政府对生态或生物农业采取补贴政策，每公顷土地每年可以得到 450 马克的补助。此外还采取建立国家森林公园、农业自然保护区及杂草保护区等措施，来保护农业生物多样性。欧盟将价格补贴与环保措施挂钩，引导农民自觉保护环境。例如休耕农民可以获得 30%的收入损失补偿，在休耕土地上种植可再生原料，也可以得到休耕补贴。鼓励牧民和养殖户进行粗放式畜牧养殖，只有遵守欧盟放养密度规定的牧户才能获得养殖补贴。自 1993 年以来，养殖密度的规定越来越严格，只有养殖密度非常低的养殖户才能得到额外奖金，因此也叫“粗放奖”。此外还有诸如使用有利于环境和节约资源的其他生产技术或培育饲养濒临灭绝的当地畜种也给予补贴等其他政策。

(四) 以科学为基础

任何一项制度的形成都必须以科学的理论和充分的调查研究为基础。早在 20 世纪 60、70 年代发达国家已经在生态价值的研究方面进行了探索。随着国外环保实践的推进，研究也逐步转向环保政策。这些研究或是从经济学角度对关于自然资源的环境政策进行了探讨，或是探讨制度激励与可持续发展之间的关系，以及有关开征生态税、环境保护的财政政策选择问题等。到了 20 世纪 80 年代中后期，研究的重点越来越集中于生态价值的计量、生态补偿的依据、补偿标准、补偿范围、补偿方法以及基金管理等方面。1998 年，欧盟共制定了四个农业科研纲要。纲要鼓励那些改善环境条件以及发展那些能使农民把生产高附加值且具有价格竞争力的农产品与环保和风景维护结合起来的技术。

(五) 建立有效的监督管理机制

欧美国家对生态补偿的监督管理十分严格。他们在重要的水源保护区、脆弱的生态区都有源头控制的监督体系和相应的奖惩措施，以对人们不规范的行为进行指导和监督。监督机制对执行环境法规有着重要作用。发达国家对生态保护执行情况以及环境友好的环保技术的使用情况的监督主要是通过政府专项拨款，依托当地的农业科研和技术推广部门代行这一职能，或是依赖于社区自治、公民互相监督。欧盟还对农业项目进行环境协调预测，在科学预测的基础上，提高了监督管理的针对性和有效性。

三、国内生态补偿进展

根据目前国内一些地区和行业采取的生态补偿机制的现实情况，可以将生态补偿分为以下几类：

（一）区域间补偿

在我国，经济发达地区所处的生态位势较低，资源相对短缺，而欠发达地区和贫困地区的生态位势较高，资源也相对丰富。向社会提供大量生态服务的地区以及生态脆弱和环境敏感地区基本是贫困地区和欠发达地区，如我国的水系源头地区、一些生物多样性丰富的地区以及西北地区等。这种经济地理的分布就决定了必须建立区域间补偿机制，以实现不同区域之间的发展和公平。

区域间补偿实际上属于横向补偿。目前，国内的区域间补偿极少。少数经济发达省份也只是在省内进行了实施和探索。在中国，浙江是第一个在省域范围内，由政府提出完善生态补偿机制意见的省份，并较早地开展了生态补偿探索工作。

浙江省的重要生态功能区，包括江河源头、饮用水源涵养地区、自然保护区、森林和生物多样性保护地区等，大都分布在其西南部山区，与欠发达地区基本重合。这些地区承担了十分重要的生态保护和建设任务。随着资源环境价值观的日趋形成，社会各界对生态保护与投资回报的呼声日益强烈，处于重要生态功能区的政府和群众普遍希望通过建立和完善生态补偿机制得到相应的经济回报。浙江省级财政制定了财力补助政策、生态建设补助政策、生态保护补助政策和生态环境治理补助政策，并使这些政策在执行中重点向欠发达地区、重要生态功能区倾斜。据统计，2005 年浙江省财政用于生态补偿转移支付的资金总额已达 65 亿元。“十五”期间，浙江省财政对环境保护累计投入 255 亿元，其中用于安排生态补偿转移支付 224.99 亿元，占环境保护总投入的近九成。2005 年 8 月 26 日省政府下发了《关于进一步完善生态补偿机制的若干意见》，对什么样的区域需要给予生态补偿；实行补偿的区域需要设置什么样的生态保护标准；用什么样的方式和措施补偿；补偿通过什么样的渠道；如何加强生态补偿机制实施工作的领导和考核等方面均作了更深入的研究和探讨。省政府办公厅印发的《钱塘江源头地区生态环境保护省级财政专项补助暂行办法》明确在原有的相关省级财政专项资金政策的基础上，省政府每年再拿出一笔资金，实行生态环境保护专项补助，专项补助资金主要用于钱塘江源头地区内的生态建设、产业结构调整、环境保护基础设施建设、农业农村污染防治。省级财政专项资金的补助对象,初步确定为钱塘江流域干流和流域面积100平方千米以上的一级支流源头所在的经济欠发达县(市、区)。

(二)森林生态效益补偿

我国森林与自然保护区的生态补偿工作起步较早,国家投入较多,取得了较明显的成效。1992年国务院批转国家体改委关于《一九九二年经济体制改革要点》的通知,明确提出"要建立林价制度和森林生态效益补偿制度";1993年《国务院关于进一步加强造林绿化工作的通知》指出"要改革造林绿化资金投入机制,逐步实行征收生态效益补偿费制度";1998年修订的《森林法》第八条第六款明确表明"国家设立森林生态效益补偿基金,用于提供生态效益的防护林和特种用途林的森林资源、林木的营造、抚育、保护和管理"。2001—2004年国家开展了森林生态效益补偿试点,2004年正式建立中央森林生态效益补偿基金,并出台了《中央森林生态效益补偿基金管理办法》。

森林生态效益补偿基金的补偿范围为国家林业局公布的重点公益林林地中的有林地,以及荒漠化和水土流失严重地区的疏林地、灌木林地、灌丛地。平均补助标准为每年每亩5元,其中4.5元用于补偿性支出,0.5元用于森林防火等公共管护支出。公共管护支出主要用于重点公益林的灾害防治和资源监测。中央森林生态效益补偿基金的设立,标志着我国森林生态效益补偿制度正式建立。

对不同权属的重点公益林,补偿性支出分别采取不同补助方式。如对国有林场经营管理的重点公益林补偿性支出由上级财政部门和林业主管部门统筹安排;林农个人所有或经营的重点公益林,补偿性支出全部拨给林农个人,并由林农个人承担重点公益林营造、抚育、保护和管理的全部责任。

森林生态效益补偿基金制度的建立在划分森林主要类别(森林基本特征和生态功能特征)、明确不同权属采用不同补助方式方面提供了很好的借鉴基础。草原生态补偿基金的建立应在借鉴森林生态效益补偿基金制度的基础上,制定出更为细致的草原生态补偿标准及补偿方式。

(三)流域生态补偿

流域生态补偿是指下游对上游的生态补偿,主要集中在城市饮用水源地保护和行政辖区内中小流域上下游间的生态补偿方面,如广东省和浙江省通过财政转移支付方式对境内东江上游和新安江流域实行生态补偿。

一般而言,下游对上游的流域生态补偿的条件是:上下游划分明确,考核断面清晰，责任易于划分。例如，山东省在全国较早采用上下游协议补偿方式治理流域污染。根据生态补偿协议，2009 年，为大汶河水质改善做出努力的莱芜、泰安两市分别获得生态补偿资金 165 万元、124 万元。大汶河流域是南水北调东线重要的治污控制单元，大汶河流入的东平湖是南水北调东线重要的调蓄湖泊。该流域全部在莱芜、泰安两市，适宜采取上下游协议补偿方式。2008 年 4 月，山东省出台《大汶河流域上下游协议生态补偿试点办法》。办法规定，由省财政厅和泰安、莱芜两市共同筹集 2 000 万元成立补偿专用资金，在大汶河流域开展上下游协议生态补偿试点，并选择大汶河"角裕"水质断面和东平湖湖心水质作为考核依据。如果莱芜市水质比上年好转，则由下游泰安市补偿；反之，则由莱芜市向泰安市赔偿。如果东平湖水质比上年好转，则由省级给予补偿；反之，则由泰安市向省级赔偿。补偿（赔偿）资金额度，根据化学需氧量（COD）和氨氮（NH3 - N）两项污染物改善程度确定，其中 COD 的权重为 65%，NH3 - N 为 35%。大汶河流域协议补偿试点开展以来，泰安市、莱芜市切实加大环境保护工作力度，环境质量明显改善。

福建省积极完善流域生态补偿机制，推行流域生态经济补偿、区际间补偿，其中九龙江下游的厦门市、闽江下游的福州市每年各出资 3 000 万元，支持上游地区水环境综合整治项目建设。福建省还将加大补偿力度，将流域上游地区全部纳入省财政转移支付范畴，同时加大对经济欠发达地区的支持力度；推行流域生态经济补偿、区际间补偿。泉州市按用水量每年集中统筹资金，支持永春、德化等晋江上游地区水环境综合整治项目建设。

同时，有的地方也探索了一些基于市场机制的生态补偿手段，如水资源交易模式。浙江省东阳市将横锦水库 5 000 万立方米水资源的永久使用权通过交易转让给下游义乌市。在宁夏、内蒙古也有类似的水资源交易的案例。

（四）资源占用补偿

资源占用补偿在我国主要是指矿产开发生态补偿。我国从 20 世纪 80 年代中期开始，就对矿产资源开发征收了矿产资源税，用以调节资源开发中的级差收入，促进资源合理开发利用。从 1994 年又开征了矿产资源补偿费，以保障和促进矿产资源的勘察、保护与合理开发，维护国家对矿产资源的财产权益，但在政策设计上却没有考虑矿产资源开发的生态补偿问题。1997 年实施的《中华人民共和国矿产资源法实施细则》对矿山开发中的水土保持、土地复垦和环境保护作出了具体规定，要求不能履行水土保持、土地复垦和环境保护责任的采矿人，应向有关部门交纳履行上述责任所需的费用，即矿山开发的押金制度。这一政策理念，符合矿产资源开发生态补偿机制的内涵。也有些地方如广西，采用征收保证金的办法，激励企业治理和恢复生态环境，若企业不采取措施，政府将用保证金雇佣专业化公司完成治理和恢复任务。

四、草原生态补偿进展

相对于流域生态补偿、森林生态效益补偿等，我国草原生态补偿概念提出较晚，实践也较晚，但是从近年来的情况看，相关的政策连续推出，各类工程项目的实施期限延长，各个牧区省份也都有一些带有草原生态补偿性质的措施出台，这些工作和一些相关经验做法的积累无疑对于草原生态补偿机制的建立具有积极的推动意义。

（一）相关政策不断推出，草原生态保护建设资金投入力度加大

国务院制定的《全国生态环境保护纲要》和农业部编制的《全国草原生态保护建设规划(2001—2010年)》中要求：到“十五”期末，力争使草原生态环境初步得到改善，部分退化草原植被得到恢复，人工草原和改良草原占草原总面积的比例由目前的4%提高到9%以上。对具有重要生态功能的草原，应划为禁牧区严格管护。已开发利用的，要退耕退牧，育林育草，使其休养生息。发展牧业要坚持以草定畜，防止超载过牧。严重超载过牧的，应核定载畜量，限期压减牲畜头数。采取保护和利用相结合的方针，严格实行草场禁牧期和轮牧制度，加快退化草场的恢复。对牧区已开垦的草场要限期退耕还草，恢复植被。有了上述政策性文件的出台，国家的草原生态保护和建设工作取得了很大进展，天然草原植被恢复、草原围栏、草种基地、退耕还林还草、已垦草原退耕还草、退牧还草等多项工程项目启动，极大地推动了地方的草原生态治理工作。这些工程所需的粮食、种苗补助资金及现金补助，主要由中央财政支付。对因实施退耕还林还草、天然林保护等工程而受影响的地方财政收入，由中央财政适当给予补助。对为保护生态环境，退耕还林、退耕还草后产出的农业特产品收入，在10年内免征农业特产税。此外，农业部门还进行“三化”草地改良和治理、牧草良种繁育体系和草地生态环境预警体系建设、机械化草场改良示范基地建设、草地自然保护区建设以及制定草原法规，加强对草原资源的保护和生态治理。

我国《草原法》已经明确规定，国家对禁牧、休牧、舍饲圈养、已垦草原退耕还草等给予资金、粮食和草种等方面的补贴。2006年，中央一号文件提出了要“建立和完善生态补偿机制”，2007年中央一号文件提出要“探索建立草原生态补偿机制”，2008年中央一号文件提出“建立健全森林、草原和水土保持生态效

益补偿制度，多渠道筹集补偿资金，增强生态功能”，2009 年中央一号文件则明确提出要“启动草原、湿地、水土保持等生态效益补偿试点”。在这一系列政策措施的支持下，我国草原生态环境保护与建设投资有了大幅度增加。2000—2009 年，中央累计投入资金 37.7 亿元，在北京、河北、山西、内蒙古等 4 省(区、市)，共安排京津风沙源草原治理任务 343.2 万公顷。2003—2009 年，中央累计投入资金 176 亿元，在内蒙古、四川、云南、西藏、甘肃、青海、宁夏、新疆等 8 省(区)和新疆生产建设兵团，共计安排围栏建设任务 4 503.5 万公顷。2006—2009 年，西南岩溶地区草地治理试点工程在贵州 4 县实施，截至 2009 年，中央累计投入资金 1.05 亿元，安排建设任务 10.7 万公顷，包括草地改良、围栏封育、人工种草、棚圈建设、饲草机械购置。2009 年，西藏草原生态保护奖励机制试点投入 2 亿多元。2010 中央一号文件中首次提出，统筹推进青海三江源生态保护和建设，加大退牧还草工程实施力度，落实草畜平衡制度。文件出台后，2010 年三江源生态保护和建设工程投资规模达到了 12.3 亿元，对于三江源草原植被生态恢复将起到重要的推动作用。上述工作取得的明显进展将为下一步在我国建立和完善草原生态补偿机制奠定良好的基础。

(二) 带有草原生态补偿性质的工程项目和补贴

目前，国家和地方已经实行的草原生态补偿都是通过工程项目的形式实施的。主要包括：通过退牧还草工程对禁牧、休牧、舍饲圈养、已垦草原退耕还草的牧户等给予资金、粮食和草种等方面的补贴；青海等地还通过生态移民工程对生态恶化区牧民进行整体搬迁、零散搬迁；西藏那曲地区开展牲畜出栏补贴；宁夏开展人工种草补贴，内蒙古通辽市科左中旗对禁牧休牧的农牧民开展饲草料加工机械补贴，内蒙古巴彦淖尔市开展棚圈及青贮设施补贴，内蒙古包头市达茂旗针对老年牧民和农牧民子女开展的生活补贴和教育补贴等。以下逐一介绍。

1. **退牧还草工程**。退牧还草工程于 2003 年开始试点，2005 年全面展开，计划用 5 年时间，国家投入 260 亿元，使 10 亿亩退化草场得到治理。它是通过围栏建设、补播改良以及禁牧、休牧、划区轮牧、舍饲圈养等措施，利用生态系统的自我修复能力来加快恢复草原植被，改善草原生态，提高草原生产力，促进草原生态与畜牧业协调发展而实施的一项草原基本建设工程项目。退牧还草工程项目补助包含饲料粮补助和草原围栏补助两部分。该补偿政策有明确的补偿标准，同一区域执行同一补偿标准的规定，还有检查验收的系列管理办法，改变了过去没有明确的补偿政策、生态补偿的随意性很大、补偿与否主要取决于参与者的讨价还价能力的状况，一定程度上保护了弱势的受损群体的利益。

国家在一期项目的五年时间内给予退牧区围栏建设和退牧舍饲饲料粮两项补助，2002 年和 2004 年的项目围栏补助标准为 11.55 元/亩，2005 年和 2006 年的项目围栏补助标准提高至 14 元/亩，饲料粮补助标准为每年 5.5 千克/亩(按陈化粮价格 0.90 元/千克折算为 4.95 元/亩)。2004 年以后，国家发展改革委、农业部、财政部、农业发展银行等七部委又下发通知将饲料补贴改为以现金兑现，补贴的办法是以确定的退牧户所承包的草场面积(以草场经营权证书为准)，由各级财政和农业发展银行负责发放。2005 年，经国务院同意，对退牧还草工程的政策进行了调整和完善，一是调整提高了围栏建设标准，将禁牧、休牧、划区轮牧围栏建设的标准调整为每亩建设投资 20 元，国家补助 70%，即 14 元，地方和个人承担 30%；二是延长饲料粮补助年限；三是增加了严重退化草原补播建设内容，草场补播补助标准每亩补助草种费 10 元；四是增加了工程前期工作补助费。

2. **生态移民工程**。生态移民项目伴随着草原治理工程和反贫困等工程在各地以不同形式开展，一般都是通过政府规划移民区，引导牧户搬迁；对搬迁至城镇或其他地区的牧户，政府给予相关的优惠政策或建设资金。

内蒙古锡林郭勒盟“围封转移”战略中，生态移民可享受的优惠政策包括：京津风沙源项目补贴饲料粮，每头奶牛享受 2 500 千克饲料补贴；生态移民人均一次性补贴 5 000 元；围封草场形成的围栏、角钢等固定资产一次性划归牧户所有；国家投资兴建的住宅、棚圈等设施，产权归牧户所有；购买 4 头以上奶牛，政府补助资金总额的 20%，协调银行贷款 60%；奇哈日格图园区的贫困户的住房和棚舍由民政和扶贫部门救济解决；牧民子女九年义务教育阶段，教育部门免收借读费和学杂费；子女高中毕业未考入大专院校的，由劳动部门免费提供两个月以上的技术培训，为其就业创造条件。生态移民中搬迁至城镇的牧民享有的优惠政策还包括，仍拥有围封禁牧后的草场使用权；由政策发放《再就业优惠证》，与城镇下岗职工享受同等待遇；在户口解决、购买住房、税收等方面享受优惠政策。在苏尼特右旗，全年禁牧户每亩每年获得 5.48 千克饲料粮补偿；休牧户每亩每年获得 0.93 千克饲料粮补偿。①

青海省实施退牧还草、生态移民工程，对整体搬迁、零散搬迁、已搬迁户设定不同补偿标准。项目户饲料补助期均为 5 年，对整体搬迁户给予 8 万元/户的一次性基础设施建设补助费，8 000 元/(户・年)的饲料补助费，同时解决城镇户籍，享受城镇低保；零散搬迁而有草原使用证的牧户的基础设施建设费补助、饲料补助分别为 4 万元/户、6 000 元/(户・年)，无草原证牧户的补助分别

① 引自陈洁、罗丹著：《中国草原生态治理调查》第 76 页，上海远东出版社，2009 年。

为 3 万元/户、3 000 元/(户·年);对永久性禁牧区的已搬迁户的基础设施建设费补助、饲料补助分别为 4 万元、6 000 元/(户·年),对其他项目区已搬迁户的基础设施建设补助费、饲料补助分别为 2 万元、3 000 元/(户·年)①。

3. **禁牧休牧补贴**。内蒙古鄂尔多斯市部分旗县规定,以草场为单位,全年禁牧区每年每亩补贴 3 元,休牧区每年每亩补贴 1 元,以粮代补,按季发放,解决禁牧、休牧期间饲草料的短缺问题;有的旗县规定对在 4 月 1 日至 8 月 1 日之间实行休牧的牧户,优先安排草原建设项目。锡林郭勒盟对禁牧、休牧牲畜发放补贴饲料,并实行供应卡和公示制管理。包头市达茂旗从 2008 年 1 月开始,以草场承包面积为依据给予常年禁牧牧户草场禁牧补贴,补贴标准参照国家"退牧还草工程"饲草料补贴标准执行,每亩每年给牧民补贴 5 元,补贴期 10 年。

4. **牲畜出栏补贴**。西藏那曲地区为了鼓励出栏,安排专项资金对牲畜出栏上市进行补贴,牧民每销售一头牛补贴 150 元,每销售一只羊补贴 30 元。同时为牧民提供交易场所,免收工商、税务等费用。

5. **生产资料补贴**。一是人工种草补贴。宁夏自 2003 年 5 月 1 日起实行全区草原禁牧封育。为此,自治区人民政府每年筹集补助资金 5 000 多万元,按照多年生牧草地每亩 20 元、一年生牧草地每亩 8 元的标准对牧户进行补贴,积极扶持人工种草,增加饲草料供应量。二是饲草料加工机械补贴。内蒙古通辽市科左中旗筹集资金统一购进粉碎机、揉碎机 1 600 多台,发放给实施草原禁牧休牧的牧户。科左后旗采取养畜户每购一台秸秆加工机械政府补贴 500 元的方式,发放加工机械 1 000 余台。鄂尔多斯市政府也拿出 1 000 万元专项资金,用于为禁牧休牧的农牧民购买饲草料加工机械为主的补贴。三是棚圈及青贮设施补贴。内蒙古巴彦淖尔市筹资 1 900 多万元,用于标准化棚圈、窖池建设和饲草料加工机具的补贴。宁夏回族自治区为实施全区禁牧,也出台了一些帮助农牧户建设棚圈、青贮窖、改良畜种的优惠政策。

6. **对老年牧民的生活补贴和农牧民子女的教育补贴等**。内蒙古包头市达茂旗对禁牧区 60 周岁以上牧民给予 200 元/月的生活补助金,并对农牧民子女在接受义务教育及高等教育的不同阶段给予相应的资金支持;对于搬迁进入城镇的牧户,政府还分别给予 2 万~3 万元的购房补贴。

(三) 草原生态保护奖励机制试点

2009 年,财政部、农业部批复同意在西藏开展草原生态保护奖励机制试点

---

① 引自陈洁,罗丹著:《中国草原生态治理调查》第 198 页,上海远东出版社,2009 年。

工作。2009 年 9 月，西藏自治区印发了《2009 年度西藏自治区建立草原生态保护奖励机制试点工作实施方案》，并落实补偿资金 2 亿元，确定 5 个牧业县为试点县，2 个半农半牧业县为对照县。草原生态保护奖励机制试点的主要内容包括以草定畜奖励、薪柴替代补贴、牲畜电子耳标制度以及建立草原生态监测制度。以草定畜奖励是草原生态保护奖励机制试点的主要内容，其具体要求是：对超载户要求 3 年内完成减畜任务，国家不给予补贴，对牲畜饲养量介于草原承包合同核定载畜量和新核定载畜量之间的，按每减一个绵羊单位奖励 50 元，鼓励达到新的草畜平衡点，对未超过新核定载畜量的牧户给予奖励，并鼓励草场流转。对试点区以草定畜户给予每户每年 1 000 元补贴用于购买液化气、风能、光能发电装置。以草定畜奖励资金直补到户；薪柴替代补贴通过现金或实物形式直补到户。

2011 年，国家建立草原生态保护补助奖励机制。内容包括：1. 实施禁牧补助。对生存环境非常恶劣、草场严重退化、不宜放牧的草原，实行禁牧封育，中央财政按每亩 6 元的标准给予补助。2. 实施草畜平衡奖励。对禁牧区域以外的可利用草原，在核定合理载畜量的基础上，中央财政按每亩 1.5 元的标准对未超载放牧的牧民给予奖励。3. 落实对牧民的生产性补贴政策。增加牧区畜牧良种补贴，在对肉牛和绵羊进行良种补贴基础上，将牦牛和山羊纳入补贴范围；实施牧草良种补贴，对 8 省(区)0.9 亿亩人工草场，按每亩 10 元的标准给予补贴；实施牧民生产资料综合补贴，对 8 省(区)约 200 万户牧民，按每户 500 元的标准给予补贴。4. 加大对牧区教育发展和牧民培训的支持力度，促进牧民转移就业。为建立草原生态保护补助奖励机制、促进牧民增收，中央财政每年安排资金 134 亿元。“十二五”期间，中央财政累计投入资金 773.6 亿元。有关地区和部门加强组织领导和监督管理，发挥牧民主体作用，建立绩效考核和奖惩制度，完善禁牧管护和草畜平衡核查机制。

2016 年，国家启动实施新一轮草原补奖政策，区域范围包括河北、山西、内蒙古、辽宁、吉林、黑龙江、四川、云南、西藏、甘肃、青海、宁夏、新疆等 13 个省份以及新疆生产建设兵团、黑龙江省农垦总局。新一轮草原补奖政策主要内容包括：一是提高禁牧补助和草畜平衡奖励标准。取消原牧民生产资料综合补贴和牧草良种补贴，调整出来的资金加上中央财政安排的增量资金，共同用于提高禁牧补助和草畜平衡奖励标准。二是加大绩效评价奖励资金投入。继续对工作突出、成效显著的地区给予奖励，奖励资金主要由地方政府统筹用于草原生态保护和牧区生产方式转型升级等方面。三是调整完善半农半牧区政策实施方式。半农半牧区补奖资金以切块方式下达。同时，将政策实施范围扩大到河北省接坝区草原面积较大的区域，构建和强化京津冀一体化发展的生态安全屏障。

(四) 草原生态奖励补助政策

2010年国务院第128次常务会议决定，从2011年开始，国家在内蒙古、新疆、西藏等8个主要草原牧区省区及新疆生产建设兵团全面建立草原生态保护补助奖励机制，2012年实施范围扩展到13个省区。草原生态保护补助奖励机制政策得到了广大农牧民群众的普遍拥护。中央财政每年安排20.098 1亿元支持西藏草原生态保护补助奖励政策实施，实施范围覆盖了全区74个县区。“十二五”期间，草原生态保护补助奖励机制政策在促进农牧民增收、繁荣农牧区经济、改善草原生态环境、转变草原畜牧业生产方式、维护社会稳定、推动社会进步等方面发挥了至关重要的作用。与政策实施前的2010年相比，草原生态、畜牧业生产和牧民生活均发生了可喜变化。一是草原生态环境加快改善。通过采取禁牧封育、休牧轮牧等措施，天然草原得以休养生息，草原生态加快改善。2015年西藏草原监测结果显示，全区鲜草产量8 139.9万吨，较2010年提高了4.1%。二是草原畜牧业生产方式加快转型。积极引导广大农牧民转变靠天养畜的生产经营方式，积极发展放牧与补饲相结合养殖方式，逐步探索建立家庭牧场、牧业合作社、规模化养殖小区等多种现代草原畜牧业经营主体和发展模式，提升了草原畜牧业发展水平，有效增加了畜产品供给水平。2015年，西藏肉类和奶类产量分别达到29.28万吨和35.44万吨，分别比2010年增长11.3%和17.2%[①]。三是农牧民收入加快增长。政策实施五年来，政策性收入的增加和草原畜牧业生产方式的转变，促进了牧民收入持续稳定增长。“十二五”期间，西藏自治区农牧民年人均可支配收入的10%来自草原生态补奖政策，特别是大部分牧业县补奖资金占牧户可支配收入的60%以上，草原生态补奖政策在农牧民增收方面发挥了重要作用。2016年3月，农业部办公厅、财政部办公厅关于印发《新一轮草原生态保护补助奖励政策实施指导意见(2016—2020)》的通知，明确“十三五”时期将继续实施草原生态保护补助奖励政策。国家每年将下达西藏自治区禁牧补助、草畜平衡奖励和绩效评价奖励资金将超过30亿元。草原生态保护补助奖励政策对保护草原生态、促进农牧民增收，确保2020年全面建成小康社会将发挥重要作用。

---

① 《“十二五”西藏实施草原生态保护补助奖励政策取得显著成效》，西藏农牧厅畜牧草原水产处，2016年6月3日，http://xznm.agri.gov.cn/Html/2016_06_03/2_2155_2016_06_03_40091.html.

五、现有草原生态补偿措施的成效和问题

近年来的草原生态补偿措施的实施直接支持了各个草原牧区的草原生态治理活动，生态治理效果已经显现，但由于草原生态补偿的长效投入机制尚未建立，生态保护成果的可持续性仍存在问题。

（一）现有草原生态补偿措施的成效

首先，通过落实各项生态补偿措施，各地在利用财政支持政策引导农牧民开展草原保护，转变生产方式方面初步积累了一定经验，并取得了显著成效，草原保护建设工程成效显著。据《2008 年全国草原生态监测报告》显示，与非工程区相比，项目区草原植被盖度平均提高 16 个百分点，高度平均提高 63%，鲜草产量平均提高 80%，可食鲜草产量平均提高 83%，毒杂草比例下降。并且，草原超载率继续下降，超载程度较重的县旗个数有所减少；草原火灾处于历史低位水平，与前 6 年的平均水平相比，火灾发生次数下降 39.5%；受害草原面积减少 79.4%。草原鼠害程度略有下降。在宁夏，由于全区近 400 万只羊只实现舍饲圈养，使得全区干草原、荒漠草原、草原化荒漠的植被盖度分别增加了 50%、20%、25%，草原沙化趋势得到一定程度的遏制。

其次，由于重视草原生态建设，加大了对草地生态的维护，通过围栏建设，飞播牧草，加强基础设施建设，使得草地类型出现了结构性的变化，牧业生产方式得以转变。在宁夏，全区人工种草每年以 100 多万亩的速度发展，多年生人工草地和一年生人工草地面积已达到 800 万亩，人工草地与天然草原比例达到 1∶5，排在全国前列。在其他项目区，由于草原生态恢复，草场牲畜承载力提高了。例如 2003 年，内蒙古苏尼特右旗牲畜承载力增加 16 万头标准羊以上，鄂托克前旗项目区实施草原治理项目后，可增养牲畜 10 万多只羊单位。宁夏盐池县项目建成后，天然草原围栏封育划管 120 万亩，亩均净增产鲜草 102 千克，围栏区每年可增产鲜草 12 240 万千克。禁牧后，那些能够适应模式化养殖的农牧民的养殖效益还有所上升。例如盐池县禁牧舍饲后，母羊产羔率明显提高，从一年一胎到一年二胎或两年三胎，羊的饲养周期缩短，基本上当年出栏，提高了农民收益，加上养殖基础设施条件改善，棚圈建设、畜种改良、小型饲草加工机械的应用及舍饲养畜等还提高了家畜个体生产性能，增强了综合生产能力，提高了牲畜出栏率和周转率，提高了经济效益。

第三，牧民的思想观念发生了转变。对样本旗（县）牧户的访谈表明，在政

府推行禁牧休牧的初期,绝大多数农牧民不愿意接受这项政策。对他们来说,要在一夜之间转变世代沿袭的生产方式,是难以接受的。相当一部分牧民由于不得不禁牧休牧,而出现了观念上的转变。概括起来,这些转变包括:一是对生态平衡的重要性有了认识。农牧民认识到,禁牧后,草原生态改善了,风沙减少了,对长久的发展有好处。很多人认为,应该考虑生态平衡,不能只考虑个人利益。二是生产观念发生变化。以前在牲畜放养的情况下,农牧民掌握的是传统的养殖方法,有比较丰富的经验。禁牧后要求舍饲圈养,农民逐渐开始琢磨怎样才是科学喂养,如何添料才能把羊只的产量提高,如何才能减少羊的发病率,因此获取技术支持的需求增加了。进行舍饲圈养的农牧民认为要科学养殖,改变原有的养殖观念,如扩大棚圈,增加养殖设备,多种饲草料。三是生产方式发生重要转变。禁牧围栏和舍饲直接影响着农牧民从事畜牧业的生产经营方式。禁休牧舍饲后,多数农牧户转向"高投入—高产出"的集约化经营模式以提高养殖效益,或是从农牧业中退出。舍饲圈养使得饲草料投入加大,增加了饲养成本。调查发现,禁休牧以后,修建围栏、建打水井、建畜舍、买牧业机械的农牧民明显增多。舍饲后,农牧民认识到,舍饲养殖需要的是与放牧不同的一套管理办法,所以,只有不断学习科学养殖技术,进行科学养殖,改变饲养方式,及时调整结构,选留优质品种,发挥地方特产的种质优势,才能获得较好的收益。一些乡村积极争取有关业务部门的项目支持,推动单一养殖业向多元经济发展。

(二) 存在问题

目前,草原生态补偿已经运行多年,各地在草原生态补偿方面开展了一些工作,也遇到了一些问题,突出表现在:制度建设滞后、认识不足、补偿尚未形成系统、技术支持薄弱、管理机构薄弱、补偿标准偏低,补偿方式存在缺陷等。

一是认识不到位。一些部门和地区对草原生态补偿的理解存在差异,这一方面与当地政绩观和经济增长方式长期依赖于资源环境消耗有关,另一方面,也与宣传工作不到位、一些部门和地方的认识水平不高有关,这导致各部门和地方在配套政策制定、资金扶持、制度建设等方面工作滞后。

二是没有形成完整的生态补偿模式。目前,我国在国家层面实施了草原生态保护补助奖励政策,各部门各省也在不同层面上尝试了一些带有生态补偿性质的措施,但规模较小、标准较低,尚未形成较为成熟的草原生态补偿模式,各地基本上还是在根据已有经验来采取措施或是"摸着石头过河"。

三是草原生态补偿方式有待改进。据我们以往在内蒙古、宁夏、青海 3 省对退牧还草工程的调查,牧户接受政策与否的一个重要因素是牧户对于补偿的满意度。在补偿不能弥补牧民收入损失的地方，牧民都希望早些开牧。其次，一些补偿标准往往采用“一刀切”形式，没有完全遵循分类补偿的原则，很难调动实施生态建设工程地区群众的积极性。

四是草原生态补偿机制赖以建立的基础性科研工作和技术体系滞后。生态补偿机制的建立是一项科学性和技术性较强的工作，要建立生态补偿机制，必须首先要有一整套相应的科研队伍、技术体系、监测体系和评估体系做支撑。目前，我国的草原生态环境监测工作还比较滞后，无法对草原生态环境的现状和发展趋势给出全面、准确的描述。由于缺乏系统可靠的草原生态环境数据信息，因此还不能给政策制定提供准确的依据。其次，我国地区之间生态资源丰度存在差异，经济发展不平衡，目前还缺乏针对不同地区的生态保护和防治技术。生态补偿机制建立，不仅要解决我国生态补偿面临的资金困难问题，还要提供适合不同区域情况的政策体系以及技术服务体系。目前，在草原生态补偿内容和补偿标准的确立方面还没有一整套系统的研究和完善的计算及确定转移支付的数额标准的办法。这使得管理部门对草原生态补偿机制的认识方面还存在模糊的地方，例如对于草原生态补偿的概念和外延分不清楚，使之与草原生态保护建设工程混为一谈，对于哪些内容属于草原生态补偿，草原生态补偿的支出中哪些应划到中央财政，哪些可以划到地方财政等也不清楚。

五是草原生态环境监督管理体系还不完善，基层草原监理队伍薄弱、职能不完备。在草原生态补偿机制的建立中，草原监督管理机构具有举足轻重的地位和作用。目前，草原管理机构级次偏低，执法力度小。草原生态保护和建设成果的长期稳定需要草原监理队伍的保护，禁牧、休牧也都需要这些队伍去管理。否则，草场建设就没有连续性。因此必须加大对基层草原监理队伍建设的支持力度。目前，国家对草原生态保护建设的投入力度越来越大，但是由于基层相关机构缺乏、能力薄弱，往往是据国家项目设置新的临时机构，由它来牵头以协调多个部门的利益，人员也是从其他部门抽调而来的。他们的环境管理能力明显受到他们环境知识、人员和必要的监测和环境质量评估设备的限制。这两方面都导致了环境管理的低效甚至无效。在调查中发现，这些机构对草原生态环境的管理只限于在国家示范工程和禁牧休牧区的范围内，而对于广泛的草原的管理则依然面临着多头管理的混乱局面。

（三）草原生态保护奖励机制试点为奖补机制建立提供经验

通过对试点方案的分析，结合 2009 年在西藏那曲地区的实地调查和牧户访谈，课题组发现，在西藏那曲草原，扩大牲畜饲养规模是牧户增收的重要途径。在气候条件较好而市场需求并无太大增长的情况下，那曲地区牲畜死亡率和出栏率都偏低，导致牲畜存栏过多，草场压力大。调查发现，牧户的草场、养畜规模、经济状况等情况差异很大，因此，减畜要有瞄准机制。从当时试点方案的规定来看，减畜的瞄准机制很明确，减畜政策会对养畜大户、超载大户带来影响，而养畜数量低于新的草畜平衡点的无畜户、少畜户会得到一定的奖补或是来自养畜大户和超载户的补偿而受益，试点措施对他们基本不构成影响。此外，按新的草畜平衡点来减畜的话，则当时的养畜数量低于原承包合同核定载畜量的牧户也会受到影响。因此，要做好针对超载户和养畜数量低于原承包合同核定载畜量的牧户这两类群体的宣传、说服教育和监督工作。

其次，草原生态保护奖励机制措施会激励牧户出栏减畜，刺激草场流转，从而在整体上有利于草畜平衡的实现。从当时的政策设计来看，试点是有利于草畜平衡的。

第三，试点考虑到减畜对牧户家庭用能的影响问题，因而为以草定畜户提供每年 1 000 元的薪柴替代补贴。目前，牛羊粪在牧区是重要的烧柴、取暖用的燃料，并是建设简易棚圈等的主要材料，售卖牛羊粪还是牧民的一项重要收入来源。因此，牲畜数量减少会影响牧户家庭用能从而增加其生活成本。

第四，草原生态保护奖励机制试点工作需要与生态监测工作相配合，否则未来在对草原生态保护建设成效进行评价的时候，就没有依据。当时，西藏基层还没有建立草原监理机构，草原生态监测工作还非常薄弱。

研究认为，西藏草原生态保护奖励机制与其他带有草原生态补偿性质的措施相比的一个最大特点，是它建立一个良好的瞄准机制。方案将牧户根据其牲畜超载情况与否分为三种情况，对养畜数量已经超出原来草场承包合同的核定载畜量的超载户，方案要求在 3 年内减畜减到核定载畜量，对其不给予补贴；对于牲畜数量在草原承包合同核定载畜量和新的草畜平衡点之间的牧户则给予减畜补贴以激励其减畜；对于未达到新的草畜平衡点的无畜户、少畜户也给予补助。也就是说，这一试点有激励、有制约，此外，还允许牧户进行草场流转，并明确流转后草场上的牲畜仍然不能超载。因此，试点方案实质上等于是在草场退化的情况下，对草原生态保护行为进行了正向激励和干预，并为通过牧户集体行动达到减畜目的提供了可供选择的路径。这一试点方案的措施不仅瞄准性强，而且兼顾了公平和发展，兼顾了生产和生活，并考虑到了管理层面的问题，因而，它相对于以往的草原生态保护和建设措施来说，已经有了很大的进步，其相应经验可以为其他地区所借鉴。

六、政策建议

草原生态补偿机制实际上是建立草原生态保护长效机制的一个重要内容，其核心是解决筹资机制问题和明确政府责任。要呼吁建立草原生态保护和建设的筹资机制，呼吁通过制度建设来规范各个行为主体的行为，使生态管理有章可循。从已有工程项目执行情况来看，仅凭工程项目还不能解决草原生态保护与建设问题，必须形成政策、出台制度，以整合各项资金，打破部门和地区分割，提高生态补偿效率。因此，必须加紧研究草原生态补偿机制建立的制度建设问题。

（一）加紧研究草原生态补偿机制建立的相关政策问题

草原生态补偿机制的建立和完善是一项复杂的社会系统工程，涉及到整个社会利益结构的重新调整。国家在“三北”防护林建设、京津风沙源治理工程、退耕还林还草工程、国家退牧还草工程、国家级自然保护区建设等方面已经积累和提供了一些关于建立与完善生态补偿机制的鲜活的经验和教训，但是这些工程、项目的经验与教训还没有得到及时和全面的总结，尚有很多重大问题急需深入研究。特别是，建立生态补偿机制的基本环节是什么？在建立和完善生态补偿机制当中，公共管理部门需要做哪些工作？生态补偿的标准如何制定？补偿资金如何分摊？补偿方式如何确定？生态补偿机制与公共财政的关系是什么等。目前，我国的生态补偿立法远远落后于生态管理的实践，许多新的生态管理和补偿模式尚没有形成制度，因此，补偿还存在着一定的随意性，对利益主体也没有做出明确的界定和规定。由于立法滞后，草地利用、草原生态保护和建设中的具体工作目前缺乏补偿依据；此外，由于没有法律支持，草原生态保护和建设资金筹资机制尚不健全，使得草原生态补偿存在资金不足问题，特别是对具有重大草原生态服务价值的区域存在资金投入严重不足的问题。由于政出多门，在草原管理上，没有一部权威、公正的法律或政策性文件来规范各个行为主体的行为，势必造成环境管理上的混乱和困难。

（二）明确草原生态补偿主体及其责任，将草原生态补偿纳入公共财政体系

自 1994 年实施分税制以来，财政转移支付成为中央平衡地方发展和补偿的重要途径。公共财政政策是实现政府公共管理目标的重要政策手段，目前，作为公共服务之一的生态补偿并没有成为财政转移支付的重点，今后，应将草

原生态补偿纳入国家财政转移支付项目，由财政承担一部分生态补偿的职责。2009 年，中国财政收入达到 6.85 万亿元，比上年增长 11.7%。对中央财政来说，完全有能力根据建立环境友好型社会、加强生态保护的要求，大幅度增加对草原生态补偿的投入力度。建议在中央和地方财政支出预算科目中建立农业生态环境保护与生态建设支出预算科目，稳定和提高有关财政投入。在国债项目中，尽量降低项目地方配套资金和群众自筹资金比例。应考虑建立"生态环境建设补偿基金"，由国家财政拨款作为垫底资金，在此基础上，吸引企业、民间组织、国际组织和个人捐赠，开辟融资渠道；以及在西部土地开发中积累生态环境保护资金等。此外，要改变生态补偿税收优惠措施过于单一的状态，提高现行税制的绿色化程度，包括实施具有生态补偿性质的税收优惠政策（例如对草原保护及其相关的技术培训收入免税、对生态移民进入城镇从事二三产业实行税费减免）；征收草原资源开发生态补偿税，草原资源使用税，完善现行草原生态保护的税收政策；加大向草原排污收费力度；加大各项资源税费使用中用于生态补偿的比重，并向欠发达地区、重要生态功能区、水系源头区和自然保护区倾斜；征收草原旅游消费税等。

草原生态补偿的提供，还存在一个中央政府与省级政府分摊的问题。补偿资金的分摊、如何分配补偿资金关系到补偿能否持续。因此，需要对分摊比例的确定做进一步研究。应在考虑地方财力的基础上，按照财权与事权对等的原则，确定由哪一级政府的公共财政来支出。鉴于草原地区政府财力较弱，可以由中央政府承担较多的支出责任，加大一般性转移支付力度，同时明确省级政府也承担一定的支出责任。另外，可以尝试建立省际间或省内各地间的财政横向转移支付制度，由享受生态服务功能的地区向保护生态地区支付一定的费用，或提供现金、粮食和其他物质援助，支持本地企业去进行投资合作，接纳和安置"生态移民"，实施对口支援等，这在国内的水资源管理方面已经有了范例。

实施退牧还草工程后，由于政府出台了一系列的优惠政策，对工商企业来说，还是有一些发展机会的，可以在确保兑现优惠政策的前提下，鼓励工商企业进入当地投资，为当地居民提供就业机会。此外，企业和个人也要对资源的开发利用以及生态的破坏进行补偿。

（三）研究适合不同区域的草原生态补偿模式，细化计算标准

草原生态环境破坏具有"负外部性"，而草原生态保护和治理具有"正外部性"。鉴于这种情况，对于草原资源开采、使用或是草原生态破坏行为，要采取经济手段，如采取配额制、生态税、罚款等方法来使环境成本内在化；对于草原生态保护和治理行为，也应采取经济手段来给予补偿和激励。目前，国外生态

补偿一般是政府补偿为主，市场交易、生态产品认证、私人补偿等形式并存。补偿标准主要通过市场价值法、机会成本法、影子价格法、替代工程法、费用分析法、防护费用法、资产价值法等来确定，在补偿对象确定、补偿标准、补偿监督、监测、制裁等方面有一套较完备的机制。以往，国内的草原生态补偿主要还是以工程、项目的形式来实施的，而工程、项目中一般只列入饲料粮补助、设施建设费等内容，是一种狭义的生态补偿。应在不同草原类型地区开展研究，确定适宜的确定补偿标准的方法，进一步细化补偿标准的测算工作。

（四）配套草原生态补偿的其他保障性措施

一是做好基础性工作，保证后续工作的有效开展。首先，要做深入细致的调查研究，掌握一手的基础数据，例如牲畜存栏情况、草原退化情况、牧户经济状况等。其次，做好宣传发动牧户的工作，以确保牧户理解政策，减少政策执行中的摩擦成本。第三，对草原生态治理项目执行过程进行监测、监督，及时发现问题和反馈补偿对象的需求与困难。

（五）理顺管理体制，实施有效监督

管理体制不顺会直接降低生态保护效果及生态补偿效率。过去，我国草原行政管理资源过于分散，管理者层级低，基层单位缺少资金、设备与人员，导致监督体系缺失、监督能力薄弱，影响生态治理及生态补偿的有效实施。此外，草原生态治理缺少外部监督，缺少第三方评价。为理顺管理体制，2018 年国家成立了国家林业和草原局，由自然资源部管理，统筹协调不同部门之间的关系。另外，要在强化内部监督的同时，发挥第三方监督的作用，发挥科研机构或是其他社会组织的积极性，形成合力来做好草原生态补偿工作。

（六）探索农牧民自我管理、自觉保护生态的良性循环机制

草原生态补偿机制建立并非草原生态保护工作的全部，必须同步探索农牧民自我管理、自觉保护生态的良性循环机制。中国草原面积辽阔，牧区畜牧业生产经营单位十分分散，实施监督和管理存在着客观上的困难，实施成本高。因此，必须充分调动农牧民自身的主观能动性，发挥乡村组织、农牧民合作经济组织等的作用，使之在国家草原生态补偿相关投入的带动下，自觉自愿地进行生态保护和建设的工作。另外，在社会上要营造一种文化氛围，形成保护生态光荣、破坏生态可耻的价值观，用正向的激励和一定的干预去影响相关利益主体的行为，鼓励其他社会成员参与到保护和建设草原生态的进程中来，形成所有社会成员共同建设、共同享有生态服务价值的社会环境和氛围。

第七章
畜牧业发展的基本国际经验和启示

畜牧业是一个非常古老和传统的产业，伴随人类历史整个进程。畜牧业也是一个历久弥新的产业，始终充满着勃勃生机。由于自然资源条件、经济社会发展水平、消费习惯等的差异很大，世界各国的畜牧业缤纷各异，但从发达国家畜牧业的发展历程来看，畜牧业的发展有其自身发展规律，并伴随经济社会发展不断创新。如何立足自身自然资源、市场需求、经济社会条件来发展畜牧业，是世界各主要畜牧业国家面临的长期课题。借鉴有益的国际经验，对促进我国畜牧业持续稳定发展具有重要帮助。这样的国际经验对于我国牧区畜牧业的发展同样有着重要的借鉴作用。

一、实施差异化发展战略

从世界畜牧业发展格局来看，畜牧业发展的内部差异非常大。这种差异的产生，既是自然资源条件、风俗习惯等因素作用的结果，也是经营主体为提高经济效益、进行市场细分的结果。这种差异化发展，使得畜牧业发展呈现出区域化、特色化、层次化发展的特点，也使得畜牧业的发展空间大为拓展。在现有居民消费水平上，我国的畜牧业从总量上已经越过了供不应求的发展阶段，引导畜牧业走差异化发展的道路，是实现畜牧业稳定发展的必然选择。

（一）走区域化发展之路

各国形成特色不同的畜牧业发展道路与其各自的资源条件不同有着很大关系。澳大利亚、新西兰走的是以草兴牧的路子，以放牧制为主来对资源进行合理利用；美国谷物资源丰富、土地面积大，天然地就有发展大规模、工厂化肉牛业的基础；而欧盟一些国家土地资源介于上述二者之间，选择了农牧结合、适度规模农业的发展道路；日本土地资源少，但经济发达，投入能力强，选择了集约化农业发展模式。我国的区域差异性特征非常明显，不同地区要依托自身优势，走协调和可持续发展之路。

作为我国畜牧业发展的主要区域，传统农区要继续利用谷物、秸秆资源，在发展饲料业的基础上，保持畜禽养殖的合理发展。

在北方草原地区，重点发展品牌化、高端化经营模式。北方青藏高原、新疆、内蒙、甘肃、宁夏等地区长期处于“越穷越养、越养越穷”的状态，草畜不平衡的问题已经非常突出，天然草场生态压力非常大，实施禁牧休牧轮牧是必然的选择。但这并不意味着这些地区的畜牧业发展空间就小了。从我国市场来看，这些地区的畜产品已经具有了明显的区域品牌效应，深受消费者青睐。从一些地方的探索实践来看，通过现代产业组织对当地畜产品进行精深加工、建立相对独立的市场供应网络、充分利用品牌效应，能够大幅度提升畜产品价格。在这一类地区，要在实现草畜平衡的基础上，走品牌化发展之路，其畜产品占据高端市场的发展潜力非常大。与此同时，要通过建设饲草料基地、推行舍饲半舍饲，科学利用水土资源，合理发展畜禽养殖生产。从美国、加拿大等国家的畜牧业发展情况来看，扩繁和育肥等生产环节分开的情况比较普遍。美国西部地区一般利用牧草资源发展放牧业，饲养牛犊和 14～15 月龄的架子牛，而在得克萨斯州、加利福尼亚州和中北部玉米带州则利用大量精饲料进行育肥。在生猪养殖中，玉米带周边的州多从事仔猪生产，而玉米带州则从事仔猪育肥。在我国北方草原地区，可以变牧区内部繁育合一为繁育分开，推行牧区搞繁育、农区和半农半牧区搞育肥的生产方式。

在南方水草资源丰富地区，要加快发展草食家畜。我国地形西高东低、气候类型多样，秦岭、淮河以南、青藏高原以东地区的南方草地涵盖甘、陕、豫和江苏四省南部及 14 省区直辖市，海拔多在 800～2 500 米，年总辐射 3 600～6 300 兆焦耳/平方米，年降水量 1 000～2 000 毫米，年均气温 10～15 摄氏度，无霜期 180～250 天，山地和丘陵面积占 70%以上。这些地区主要为亚热带和边缘热带，水热资源丰富、牧草生长期长，自然灾害少，适宜于发展草食家畜的草地和灌草丛约有 2 670 万～3 330 万公顷，发展草食家畜的潜力非常大。应制定可行、有效的扶持政策，加快发展草食家畜。

（二）走层次化发展之路

主要畜禽养殖国家之所以在国际上有自己的一席之地，与发挥要素禀赋优势、有针对性地发展本国畜牧业紧密相关。在各类畜禽产品中，养鸡业因周期短、饲料报酬率高而在各国均得到了一定的发展，但是牛羊、生猪等因生长周期较长、饲料报酬率相对低以及需要更多的饲料饲草资源，各国的发展存在差别。美国、澳大利亚、新西兰等国资源条件特别好，有大量的天然草原资源和人工牧场资源或是饲用作物资源，牛羊产业发展较好。特别是在澳大利亚和新西兰，打造出了无污染、天然、绿色的畜产品品牌，其产品主要输往发达国家的高端市场。如澳大利亚的美利奴羊毛、澳新两国的牛羊肉制品均长期受到发达国家高端消费人群的青睐，并形成了稳定的供销关系。日本的牧草资源较少，但 20 世纪经济发展较快、资金技术实力强，其本国企业家为占领高端市场，也积极发展肉牛业，目前日本的肉牛单产水平居于世界前列。

我国城乡居民消费层次多样，有必要对既有的畜产品消费群体、消费结构等进行研究，进行市场细分，有针对性地进行生产。我国的饲草饲料资源分布各地，既有农区畜牧业又有牧区畜牧业，既有干旱半干旱的草地、又有温暖湿润的亚高山气候，畜牧业发展的资源条件多样化特征明显。从资源条件和现实可行性来分析，我国肉类发展中，猪肉、鸡肉都有传统的市场，应保证一定的供给水平，但是在牛羊肉方面，则不宜于过分追求人均牛羊肉消费达到太高水平，应立足市场细分，走层次化发展之路，满足不同层次消费水平的需要。

(三) 走多元化发展之路

改革开放以来，我国肉类产量快速增加。1980～2015 年，我国肉类产量从 1 205.4 万吨增加到 8 625.0 万吨，增长了 6.2 倍，年均增长 5.78%；其中，猪肉产量占比从 94.1%下降到 63.6%，下降了 30.5 个百分点，其他肉类产量占比从 5.9%提高到 36.4%。近年来，我国猪肉产量增长缓慢，个别年份甚至出现明显滑坡，而其他肉类产量则保持稳定增长态势。另外，除了肉类消费需求外，精深加工业的发展对畜产品的需求在快速增加，客观上需要种类更多的畜产品的发展。因此，我国要在稳定发展传统品种的基础上，加快名特优新产品的发展，而我国传统牧区在特色畜产品发展方面无疑有着自身的潜在优势。

受自然特征、消费习惯、居民收入水平、产业结构等因素的影响，不同品种的畜产品的市场需求水平和需求结构明显不同，呈现明显的区域性、阶段性特征。从经营角度来看，不同品种的畜产品的市场价值、市场波动周期、价格波动幅度、交易成本、资产专用性等都有明显差异。因此，在畜牧业发展到一定阶段以后，不仅要制定关于整个畜牧业发展的政策框架，而且要在不同发展阶段针对不同区域产业结构特征、市场潜在需求等实际情况，有重点地制定符合品种特征的政策。尤其是对生猪、肉牛、奶牛、禽蛋、肉羊等大宗品种以及其他特色明显的品种，有必要根据特定发展阶段、区域特色、品种生物学特性、质量安全控制状况、市场变化情况、国际贸易状况等制定专门政策、采取有针对性的措施。

二、稳定完善家庭经营

家庭经营单位是世界上绝大多数国家农业和畜牧业发展的基本经济单位，我国也是如此。从主要畜牧业发达国家的经验来看，在现代畜牧业发展的过程中，不是削弱家庭经营的力量，而是稳定家庭经营和加强对家庭经营的引导和服务，为家庭经营发挥应有的作用而提供各方面的支持。

（一）坚持家庭作为基本养殖主体的地位

在世界上，无论是人多地少国家，还是人少地多国家，无论是经济发达国家，还是经济欠发达国家，家庭经营单位一直在农业中占据统治地位。即使是在农业规模较大的发达国家，家庭农牧场在农牧业中仍占据统治地位。目前美国农业家庭农场仍是该国的基本生产单位，约占 90%左右。澳大利亚的畜牧业经营规模非常大，家庭生产经营占 80%，其余也基本是以家庭经营为基础的合作农场。在英国、法国，中小农场是农业生产的主体①。在人多地少的日本，尽管以扩大生产经营规模为特征的法人经营形式在发展，但兼业经营的农户仍然占到 60%～70%。荷兰的奶牛业非常发达，集约化程度非常高，仍以家庭牧场为基本养殖主体。

畜牧业是自然再生产与经济再生产相交织的过程。在生产过程复杂、疫病防控难、监督成本极高的情况下，只有在劳动者具有内在积极性、愿意悉心照料生产对象的情况下，畜牧业生产才能正常进行。只有在劳动者的物质利益得到充分保障并与生产成果直接紧密挂钩的情况下，积极性才能调动起来。而要做到这一点，家庭经营往往是最为有力量的形式。家庭经营还可以根据自身的劳动力资源情况进行调配以实现家庭经济收入最大化或是风险最小化，从而成为了农牧业的稳定的微观经济基础，千百年来都是如此。从各国畜牧业发展情况可以看出，家庭经济的确具有自我激励、灵活适应转化能力强和适应大市场的能力，能够适应社会经济发展规律和农牧业生产的特殊性。各国为保护家庭农场经营，往往制定严格的法律制度对工商企业直接进入农业生产环节进行

---

① 英国史学界通常把占地 50 英亩(1 英亩约合 6.07 亩)以下的农户定义为小农户，参见杨豫：《英国的工业化与小农户的命运》，《华东师范大学学报：哲学社会科学版》2005 年第 2 期。

限制。

近年来，为发展现代畜牧业，我国一些地方出现了盲目引进工商企业直接从事畜禽养殖、快速推进规模化养殖的现象。大量的政府补贴，也主要向规模经营工商企业集中。对这一方向性问题，确实需要冷静分析。尽管人民公社的管理和监督体制极其细致，但难以调动劳动者积极性，最终以失败告终。家庭承包经营制之所以成功，也是因为确保了生产者的物质利益得到充分保障并与生产成果直接紧密挂钩。传统小农的养殖规模确实太小、绝对效益不高，规模确实需要扩大，这是客观事实，但绝对不能因为扩大规模而改变家庭作为经营主体的地位。发展现代畜牧业，应该继续发挥家庭经营的优越性，从稳定农牧业生产的角度，为家庭经营提供良好的外部条件和环境，构建畜牧业生产的坚实的微观经济基础。

(二) 发展适度规模经营

规模化是养殖业生产发展的一个方向，也是养殖业增长方式转变的重要表现。1984 年，美国有 43 万个猪场，到 1996 年已减至不足 20 万个，千头以上的规模猪场生产的生猪从 20 世纪 80 年代占美国市场的 34%增至 20 世纪 90 年代的 65%。美国 3 家最大的肉鸡公司实行封闭式饲养管理，生产美国 42%的肉鸡。随着经济快速发展，日本的畜牧业也逐步走向规模化集约经营，从事畜牧业的农户数逐年减少，经营规模适度扩大。北海道奶牛户由 1991 年的 1.46 万户下降到 1997 年的 1.10 万户，肉牛户由 4 630 户下降到 3 920 户，养猪户由 1 590 户下降到 730 户，养羊户由 820 户下降到 310 户。每户的饲养规模相应扩大，奶牛由 59.6 头增加到 80.8 头，肉牛由 72.1 头增加到 105.2 头，猪由 395.8 头增加到 745 头，肉用绵羊由 17 头增加到 27 头。

但是经营的规模化水平，取决于很多因素，主要有以下几个方面。一是能否充分保持生产者的积极性。畜禽养殖过程中会遇到来自疫病、自然灾害等各方面的风险，对多数品种而言，通常只有在实行家庭经营的情况下，才能实现劳动者物质利益与生产成果直接挂钩，才能充分调动劳动者悉心照料畜禽的积极性。因此，决定畜禽养殖规模的基本因素，是在一定生产方式下劳动力自身能够直接照料的畜禽数量。二是生产条件的制约。饲料来源、机械化、疫病防治、污染控制等生产条件的改变，对养殖规模具有重要影响。畜牧业发达国家的经营规模之所以较大，关键在于生产条件大为改善。但需要清楚的是，在不具备一定生产条件的情况下，养殖规模不能随意扩大。例如，生猪养殖规模过大，就会超出当地的生态阈值，造成当地环境污染。正因如此，在养猪业中，一般由养殖户分散养殖，并完成粪便的处理，而大规模集中饲养的方式并不多见。美国肉牛业中，肉犊的生产一般只能采取放牧的方式，只有在过了这一阶段以后，才进入生产标准化程度较高的育肥中心统一育肥。三是是否利于机械化、标准化生产。机械能够替代人工的程度，往往决定着经营规模的大小。经济发展到一定程度以后，投资来源和能力方面的制约就逐渐减少，品种自身特性往往起着决定性作用。例如，部分品种要有放牧，在这一阶段很难实现机械化和标准化生产，生产规模不可能太大。四是繁殖速度。由于繁殖速度快、饲料的标准化水平高，肉鸡的饲养规模可以得到快速扩大。但对肉牛、肉羊而言，自然繁殖速度就要慢得多，从而形成对规模扩大的自然限制。五是绝对利润水平。在绝对利润水平较低的情况下，由于机会成本高，相当部分养殖者弃养转业，从而带动规模的扩大。但在绝对利润水平较高、而行业壁垒不高的情况下，会吸引更多的投资者进入该领域，使得市场供应规模扩大并对价格和利润水平产生影响，最终使经营主体的绝对利润水平维持到一定水平，从而将养殖规模维持到一定水平。

因此，在养殖规模过小、利润水平过低甚至亏本的情况下，要引导经营者适度扩大养殖规模。但促进畜牧业稳定发展，并不是经营规模越大越好。长期来看，保持适度规模，是最优的选择。由于养殖品种、投资能力、生产条件、市场特征等方面的差异，适度规模就具有了动态性。而盲目扩大规模，对整个行业的稳定发展，对经营者获取合理利润，都会不利。因此，对我国一些地方盲目鼓励引导畜禽大规模养殖的做法，有必要加以引导和调整。

（三）提升家庭经营集约化水平

提高集约化经营水平，是提高畜禽养殖效益的根本途径。发达国家的畜牧业发展过程，是用现代机械装备、用现代科技提升、由现代农民经营的过程，集中地体现在劳动生产率的提高。目前，发达国家养殖业的机械化程度非常高，养鸡业已实现工厂化和全程机械化，肉牛业、养猪业拌料、投料、圈舍冲洗等环节及奶牛的挤奶等生产环节都实现了机械化，并向智能化、信息化方向发展。在澳大利亚，平均每个劳动力可管理 100 头奶牛或 4 000 只绵羊。在美国、日本、澳大利亚、荷兰等国家，尽管体制机制有明显差异，但科研体系完整，与实际生产结合得非常紧密，创新能力很强，科研成果能很快应用到生产过程，畜牧业从业者的素质也很高。例如，在荷兰，家庭牧场主至少具有中等专业以上的学历。随着集约化水平的提高，畜牧业单产水平已经达到了相当高的程度，大大高于世界平均水平。日本肉牛平均胴体重为 421.1 千克，美国奶牛年平均产奶量为 9 331.5 千克/头，澳大利亚山羊的平均胴体重达到 25 千克。2008 年欧盟 25 国的饲养规模在 100 头以上的大型奶牛场饲养量占各国总饲养量的24.2%，

20～29 头规模的奶牛场饲养量占 50%以上，规模养殖的猪场户均饲养量 79.2 头，规模养殖的肉牛场的户均饲养量为 36.8 头。而在畜牧业占相当重要位置的澳大利亚和新西兰，农业劳动力人均活牛存栏量分别为 63.57 头和 66.41头。

近年来，我国畜牧业进入加快转型发展阶段，经营的集约化水平迫切需要提高。党的十七届三中全会的决定明确要求："家庭经营要向采用先进科技和生产手段的方向转变，增加技术、资本等生产要素投入，着力提高集约化水平"。从我国情况来看，要重点从以下几个方面着力提高畜牧业的集约化水平：一是加快科技创新。经过长期努力探索，我国在中央、省、地、县、乡各个层次建成了比较完整的农业教育、科研、科技推广体系。改革开放以后，农业科技推广体制得到改革和完善。党的十六大以来，中央发出的一号文件都对农业科技进步进行具体部署，出台了一系列促进农业科技事业发展的政策措施，实施了一批重大科技专项，建设了一批包括产业技术研发中心在内的基础设施，取得了丰硕的成果。2011 年还以加快推进农业科技创新为主题专门发出中央一号文件，对农业科技进步起到了重要的推动作用。应当清醒地看到，一个与社会主义市场经济相适应、推动现代畜牧业发展的新型科技创新与推广体系还没有真正建立起来，制度安排行政化、科技创新能力不足、创新成果转化机制薄弱等问题亟待解决。要着眼长远发展，超前部署农业前沿技术和基础研究，力争在世界农业科技前沿领域占有重要位置。面向产业需求，着力突破农业重大关键技术和共性技术，切实解决科技与经济脱节问题。加大动物良种工程实施力度，创新繁育体制，推进育繁推一体化。打破部门、区域、学科界限，有效整合科技资源，建立协同创新机制，推动产学研、农科教紧密结合。按照事业单位分类改革的要求，深化农业科研院所改革，健全现代院所制度。改善农业科技创新条件，为畜牧业科技创新提供更好平台。二是加快提升机械化水平。近年来，我国农机装备总量持续快速增长，农业机械化实现了历史性突破。但总体来看，我国农机总体综合水平与建设现代农业的要求仍不适应，畜牧业机械化水平落后于整个农业机械化水平。要针对不同地区、不同畜禽品种特点，加快产品创新，加快畜牧业机械工业改革发展。三是加大对养殖户的信贷支持。在由传统粗放生产经营方式向集约化现代化生产经营方式转变的过程中，畜牧业发展的资金需求急剧增加。近年来，我国推动农村金融改革的力度明显加大，农业农村信贷支持力度明显加强。但总体来看，金融支农明显不足，而畜牧业发展信贷支持不足表现得非常突出。要深入推动农村改革发展，为畜牧业发展提供必要的金融支持。

三、创新产业组织体系

产业组织体系不断创新，是发达国家畜牧业演变的重要特征，主要体现在养殖者组织化、产业的纵向一体化和商业性服务体系不断健全三个方面。随着工业化、信息化、城镇化的深入发展，农村经济社会结构发生深刻变化。加快农业组织体系创新，对推进农业现代化发展具有关键性作用。

(一) 促进合作经济组织规范发展

家庭经营制度适应了农业生产的特点，是农业的基本经营主体。但随着市场竞争的日益激烈，在农户经营层次上规模小、交易费用高、竞争力弱等问题日益体现出来，已经不能适应农业市场化、国际化发展的要求。如何让农户家庭适应大市场，是世界各国共同面临的课题。加入合作组织，则成了近百年来世界农户(农场主)进入大市场的基本道路。

畜牧业由于面临的市场风险较大，加工环节的利润多，成为合作化发展较快的领域。1860 年，美国成立的奶制品加工合作社是世界上第一个现代合作社。近几十年来，畜牧业合作经济组织得到快速发展。尽管不同国家合作经济组织发展的背景、过程和形式差异很大，但养殖户基本上加入了一个或者若干个合作经济组织。目前，发达国家畜牧业领域的合作组织已经非常健全。畜牧业合作经济组织、行业协会等都会根据会员的不同需要，设置不同的服务项目，开展服务活动和进行国际交流。

在美国，直接生产管理主要由协会完成。美国饲料谷物协会、美国饲料行业协会、全美养牛人协会、美国娟姗奶牛协会、全国奶牛群体改良协会、全美养猪协会、全美家禽协会等在生产、科研、推广销售和加工等方面起联络和纽带作用。澳大利亚有牛业理事会、肉类和畜牧业协会、饲养者协会、牛种协会、奶农联合会等。日本仅九州地区就有多达 50 个以上的与畜牧业生产相关的协会，如畜产会、家畜登记协会、家畜改良协会、养猪(牛、鸡等)协会、兽医协会、生乳检查协会、各种奶酪协会、畜产价格安定协会等。欧盟有 4 万个左右的农业合作组织，80%以上的养殖户加入了各种养殖合作组织。

合作组织之所以备受青睐，关键是因为在市场营销、生产资料供应、金融、技术和信息等经济服务方面，它们发挥着不可替代的作用。在发达国家，合作社兴办加工业、销售业的现象非常普遍，在不少领域成为最具竞争力的企业，在市场上占有相当重要的地位。全澳 2 个大型的生产者合作组织拥有牛奶生产份额的45%，占奶制品销售的50%，鲜奶销售的75%。在荷兰，90%的牛奶由奶农合作社所属企业加工。在发展现代畜牧业的过程中，发达国家十分注重发挥合作组织的作用，并在基础设施建设、技术、教育培训、信贷、保险、税收等方面给予农民较大的支持。

自我国《农民专业合作社法》颁布以来，农民专业合作社数量快速增加。但总体来看，我国农民专业合作社发展还远远不够，合作经济组织规模小、实力弱，发展不规范的问题凸显。要遵循世界合作社的发展规律，加大对农民专业合作社和各类协会组织的支持力度，同时完善管理体制、加强部门协同、增强服务力量，提高农民专业合作社发展的规范性。目前，合作社跨地域发展、联合社发展、合作社自己兴办企业的现象明显增多，应当予以支持。

(二) 发展农业产业化经营

畜牧业具有很强的延展性，注定了其具有巨大的纵向一体化空间。农业纵向一体化，首先是从新大陆国家发展起来。由于经营规模大、市场竞争能力较强，养殖者具有了开拓远距离市场的动力，由此开始了产销一体化的进程。而为了将加工环节的利润内部化，养殖者又联合起来走上了发展加工业的道路。与此同时，一些资金实力雄厚的工商资本开始进入畜禽产品生产、加工和销售的过程。美国加工食品占食物消费总量的比重达到90%以上，从事农产品加工业的劳动力数量超过从事农业生产的劳动力数量。在行业内部发展冲动和外部工商资本迫切寻求资金出路的双重动力的作用下，畜牧业纵向一体化经营不断深入，已经发展到了极致。尤其是在资产专用性强、能够迅速扩大经营规模的领域或者环节，一体化经营主体已经占据了垄断地位。从发达国家的发展趋势来看，畜牧业越是现代化，产前、产中、产后相互联系就越紧密，产业纵向一体化程度就越高。

进入20世纪90年代以后，我国农工商一体化经营快速发展。据国家工商总局统计，2017年全国农民专业合作社数量已经有193.3万家，入社农户超过1亿户。农民专业合作社已成为重要的新型农业经营主体和现代农业建设的中坚力量。农业部的统计情况是：目前全国平均每个村有3家合作社，入社农户占全国农户的46.8%。2016年超过半数的合作社提供产加销一体化服务，服务总值11 044亿元。通过共同出资、共创品牌、共享利益等方式组建联合社7 200多家。① 畜牧业是我国农业中产业化水平最高的行业，作为农业产业化

① 《全国农民专业合作社数量达193万多家》，2017年09月04日17:07，新华网 http://finance.sina.com.cn/roll/2017-09-04/doc-ifykpzey4276788.shtml.

服务体系的骨干力量，农业产业化龙头企业有力地促进了畜禽养殖业稳定发展和牧民持续增收，成为保障畜禽产品供给和维护市场稳定的重要市场主体。通过延长产业链，农产品加工增值更多，效益更好，吸纳劳动力的能力更强，对当地经济的拉动作用更大。

但总体来看，我国农产品加工业发展水平还不高。我国畜牧业乃至整个农业的产业化发展还有很大空间。要落实《国务院关于支持农业产业化龙头企业发展的意见》(国发〔2012〕10 号)及相关文件的要求，促进农业产业化经营深入发展。发达国家包装冷却肉市场占有率达 60%～70%。要加快冷却肉的生产，延长肉产品的保质期。要完善供应链，与城市超市建立直销关系，提升肉产品的品牌效应。要大力发展奶制品加工业，适应人民生活水平进一步提高的要求，将奶制品加工业作为重要产业来抓。积极引进先进技术，增加资金支持力度，突破薄弱环节，提升制革业和羊毛加工业层次等。

(三) 健全社会化服务体系

从市场经济国家的情况来看，政府和市场、公共服务和非公共服务的分工是比较清楚的。除了政府和合作组织提供的服务外，商业性主体提供的服务也非常重要，服务力量实际上绝大多数在商业性机构。为充分利用市场的作用，政府还通过多种手段和形式引导各类市场主体进入经营性服务领域，不断推进生产性服务的市场化、社会化。

发达的畜产品主产国已经建立起比较健全的社会化、分工非常细致的专业服务体系，提供饲草播种、饲草收割、饲料、繁育、机械、饲养、疫病防治、畜产品加工、畜产品贮运、粪便处理等方面的服务。服务主体一般会与服务对象签订合同，明确双方的权责关系。他们提供的服务能够填补政府和生产者组织服务方面的缺口，服务主体相互竞争，促进了服务效率的提高。

我国农村民营生产性服务机构得到了一定程度的发展，完全靠政府直接发展社会事业的局面开始被打破。但总体来看，民营机构从注册到管理都采取与事业单位不同的模式，实际上处于边缘化的状态。要营造更为宽松的环境，使商业性服务机构得到较快发展。

四、加快健全政府支持保护体系

发达国家畜牧业发展的背后是强有力的政府支持保护体系的建立。在完善政府对畜牧业的支持保护体系方面，我们需要借鉴发达国家的经验，从加强公共服务体系建设、健全补贴制度和完善草原生态补偿机制。

(一) 加强公共服务体系建设

发达国家的畜牧业之所以高度发达,与建立起包括教育培训、科研、技术推广、品种改良、疫病防控、安全监管、环境污染防治、价格支持、市场营销等内容的健全的公共服务体系有着密切的关系。美国的政策目标非常明确,从基础性投入(主要包括草场资源的保护、畜牧科技的支持和对农牧场主的支持)、收入支持政策(主要包括牛奶收入损失合同项目、牲畜补偿项目以及家畜援助项目等)、价格支持和促销投入支持(主要包括市场准入计划、外国市场发展计划、奶制品出口激励计划等)四个方面对养殖业予以大力和灵活支持,效率非常高。为了积极鼓励畜牧生产,日本制定了基础设施建设、价格补贴政策、畜禽奖励、科研、先进技术采用、教育培训、税收减免政策等优惠政策,一般通过农协或各类专业协同组织具体实施。澳大利亚建立了涵盖基础设施建设、知识培训、良种引繁、品种选育、生产管理、疾病防治、检疫监测、灾害预测防范等内容的公共服务体系。

经过长期的探索,我国已经初步建立包括教育、科研、技术推广、疫病防控、质量安全监管、进出境检验检疫等内容在内的畜牧业公共服务体系。改革开放以来,我国畜牧业之所以能够得到快速发展,很大程度上归功于比较健全的公共服务体系。但与发达国家相比,与畜牧业在我国经济社会发展中的地位相比,与畜牧业发展方式需要转型的迫切要求相比,政府的支持力度明显不够。今后,要在教育、科技创新、技术推广、价格支持等方面加大支持力度,健全服务体系。与此同时,要深化公共服务机构的运行机制改革,加强公共服务机构的能力建设,建立起比较完善的激励和约束机制,引进合格人才,提升服务能力和效率。

(二) 健全畜牧业生产补贴制度

为了调动生产者从事畜牧业生产的积极性,保护和促进本国畜牧业的发展,许多国家都建立起了对生产者的支持保护制度。美国农业补贴是以"黄箱"政策为主,补贴范围覆盖几乎所有主要农产品,补贴分配相对集中在主要农产品和大农场主,补贴名目包括直接支付、直接收入补贴、反周期补贴、资源保育补贴和以出口信贷和鼓励市场进入为重点的农产品贸易补贴。澳大利亚政府通过直接补贴和间接补贴对畜牧业提供保护,对畜产品的直接价格补贴率为2%~6%,而间接价格补贴率一般为4%~30%。后者可通过向消费者征税,建立产业基金来补贴出口商,增加澳大利亚畜产品的国际竞争力。欧盟国家也对畜牧业采取了直接补贴政策，对畜牧业的支持主要集中在奶牛、肉牛上。丹麦对每头奶牛或小母牛补贴 200 欧元，对肉牛补贴在 150～300 欧元之间，肉牛屠宰补贴 50～80 欧元，其他动物屠宰补贴为 39 欧元。20 世纪 90 年代后，韩国启动实施环境友好的畜牧业直接补贴等。

我国已经初步搭建了一个涉及主要农产品的补贴政策框架，但针对养殖业的政策仍然存在着瞄准性不够、覆盖面有限、整体性规划缺乏等问题，对生产的关键性环节、基础设施建设、技术保障体系建设、主产区域、社会化服务的支持明显不够。改进方向主要在以下方面：一是在农机补贴中增加先进养殖设备补贴目录，涉及畜舍环境建设、饲喂机械、养殖环境控制、粪肥处理机械等，以加快设施畜牧业发展。二是研究畜禽种业发展政策，涉及地方品种保种开发、育种机制和育种投入政策等，加快提升国内畜禽育种水平。三是进一步发展农村能源的政策，涉及农村沼气工程社会化后续服务、大型沼气工程项目扶持、沼气发电后并入电网、沼气能源综合利用等，以提升沼气能源商业开发利用价值。

（三）完善草原生态补偿机制

20 世纪以后，世界各国普遍提升了草地资源的优化管理和开发的水平，并采取整体行动推动草地资源管理、保护和开发模式的转变。如欧洲、北美洲、澳大利亚等发达国家和地区由于对本国草地资源的科学管理和利用，实现了农业结构的转变和城乡土地的绿化。美国、前苏联、加拿大主要对天然草原进行围栏和改良，新西兰、法国、英国、丹麦、荷兰、瑞士、德国等国则将大部分的天然草原建成人工草场，为农业现代化和生态环境优化奠定了基础。从国际经验来看，欧美等发达国家为了保护生态脆弱地区的生态环境，建立了比较成熟的生态补偿机制，并通过加强草地建设，适度利用草地的产出能力。为确保生态保护资金落实，发达国家建立了针对性强的生态环境保护与治理支付体系。

进入 21 世纪以来，我国多次出台加强草原生态治理的重大政策，并取得了明显成效。今后还要以保障国家安全和国家利益为前提，确保草原资源的开发利用在草原生态系统的可承受范围内，使各个地区、各个行业、不同利益主体等，在共同享受草原生态经济系统的产出和服务的同时，按照“谁使用、谁受益、谁付费”的原则，共同承担起维护草原生态系统健康的责任。要通过中央财政转移支付、地区间的横向转移支付，建立生态税制以及对口帮扶等方式，补偿直接承担草原生态保护工作的地区和人民为保护草原生态造成的经济损失。要继续完善补贴制度，使牧民不致因为减少放牧而降低生活水平。继续科学推进草畜平衡制度，切实减轻草场压力。扶持农牧户扩大饲草料基地建设，发展草畜产业。转变畜牧业生产经营方式，加快发展舍饲半舍饲养殖业，提高畜牧业集约化水平。努力促进牧、科、教结合，开展科技攻关，培养各类草原生态环境保护的科技人才。大力发展牧区非牧产业，拓展农牧民增收途径。合理建设生态移民区，搞好移民安置工作。

五、稳定产业发展基础

传统畜牧业发展虽然缓慢，但遇到的自然风险和市场风险一般不大，影响范围有限。而随着市场化、国际化、信息化、专业化水平的提高，经营风险被无限放大。尤其是质量安全事件、疫病事件、市场大幅波动，容易对畜禽养殖业产生大范围影响，甚至造成毁灭性打击。随着人口增加和消费结构升级，我国畜禽养殖业规模不断扩大，对饲料供给造成的压力明显也在增加。促进畜禽养殖业持续发展，重点要解决好以下几个问题：

（一）加强质量安全控制和疫病防控

由于食品安全和疫病事件带来的严重影响，近十几年来，要求政府承担更多责任的呼声越来越高。为维护政府信誉和增进消费者福利，世界各国加大了这方面的努力。发达国家的食品安全控制有几个共同特征：以风险分析为基础、以法律法规为依据、以提高监管协调性为改革重点、以强化过程控制为基本要求、以加强进出口食品安全监管为重要保障。近十几年来，食品安全控制模式得到快速发展，HACCP、ISO9000、ISO14000 等体系得到迅速应用，无规定疫病区加快建设，疫病防控力度明显加大。为清除疯牛病，英国甚至立法禁止用饮食场所的废物饲喂动物。

在食品安全控制和疫病防控方面，澳大利亚牛肉品质保证制度是比较典型的例子。为保障牛肉品质，澳大利亚实行从生产到销售、贮存、装运、出口直到最终消费的全过程控制。在生产上禁止饲料添加骨粉，严格控制牧草喷洒农药休药期，仅允许对肉牛注射 2 种呼吸疾病疫苗，国家检疫局人员进驻加工场负责检疫。澳大利亚制定了一套覆盖饲喂、运输、屠宰各环节的牛肉质量标准（MSA）体系、牲畜生产保证体系、国家育肥厂认证体系、国家供应商申报制度、畜牧识别追踪系统等。其他国家这一方面的控制体系也非常健全。如美国建立了健全的动物疫病防治体系，实施了疫病紧急计划和疾病根除计划。美国 46 个州根除了布氏杆菌病，48 个州基本根除结核病，42 个州根除伪狂犬病。

目前，我国已经建立了覆盖农业生产经营各环节和各领域的监管体制，涉及农产品和食品质量安全方面的法律、标准、认证体系已经比较健全，检验检测技术水平快速提高，过程控制明显得到加强，疫病防控体系建设大为加强。总体来说，我国包括畜产品在内的食品安全性是有保障的，疫病防控卓有成效。但客观事实表明，疫病风险是存在的，畜禽产品供应链的每个环节都有可能出现污染。在强烈逐利动机的作用下，加上科技基础薄弱、广大农户关于过程控制的重要性和知识的不足、宣传教育力度不够等因素的影响，疫病防控和确保畜禽产品安全面临的形势始终严峻。

确保动物健康和食品安全是畜牧业发展的基本要求，要以消费者为核心，加强过程控制，从源头上消除隐患。要进一步加强动物防疫体系建设，从安全监管体制、法律法规、标准、检验检测、认证认可、科技、信息交流等方面，强化食品安全控制支撑。通过政府、产业界、消费者、媒体、教育和科研机构等有关各方密切配合、相互协作，共同完善安全控制体系。要加大无规定疫病区建设力度，积极推行健康养殖模式，鼓励开展食品安全认证。实行规范的市场准入制度，强化溯源管理。要强化地方对食品安全监管的统一和协调，充分发挥行业组织的自律作用，加强社会监督，努力营造人人关心动物健康和食品安全的良好氛围。

（二）平抑市场周期性波动

畜禽产品市场变动具有典型的“蛛网型”特征。在供不应求的情况下，市场价格会很高，而在供过于求的情况下，市场价格又会大幅度下挫。在经济发展水平较低的情况下，生产能力不敷需求是主要矛盾。而在生产能力达到一定水平以后，市场波动则会成为主要矛盾。市场的大起大落，不仅会导致消费者利益受损，而且最终会损害整个畜牧业的发展基础。近几十年来，发达国家在这一方面已经进行了比较成功的探索，畜禽产品市场已经进入一个相对平稳的状态。近年来，我国畜产品市场，尤其是生猪市场、禽蛋市场、牛奶市场等的波动幅度非常大，迫切需要减少市场震荡。

一是逐步推行产量控制。生产许可制度已经成为发达国家普遍实行的制度。实施这一制度的好处，不仅在于建立了严格的行业准入制度，利于提升经营者的整体素质，利于提高整个行业的发展质量，而且通过实施准入制度，可以对养殖规模和产量进行调控，使之与市场需求相对应，为实现供求结构基本平衡、平抑市场价格大幅波动奠定了基础。目前，我国尚未实施这一制度。近年来，我国生猪、牛奶、禽蛋等行业的波动幅度非常大，可以开展这方面的试点，逐步摸索经验。

二是推行契约化经营。契约经营方式在畜禽养殖业发达国家得到快速发展，尤其是禽蛋、生猪、牛奶等规模可以快速扩大的品种，已经成为普遍经营方式。美国的奶牛场、养猪场基本上绝大多数有固定的产销合同。实行契约经营后，能够以销定产，使产品有比较稳定的销路，在很大程度上可以避免市场价格大起大落。近年来，通过推行合同定购、“农超对接”等方式，我国的农畜产品契约经营得到较快发展。今后要加大力度引导支持农业产业化龙头企业、农民合作社、行业协会积极发展契约经营，为稳定市场奠定基础。

三是发展期货市场。从国际经验来看，尽管期货市场会出现恶意炒作，但只要严格管控，其发现价格和稳定市场的作用还是可以得到发挥的。目前，我国农产品期货市场发展还很不充分，要有选择性地推出部分期货品种，减少生产的盲目性。

（三）促进饲草饲料业稳定发展

饲草饲料业的发展是养殖业发展的基础。美国的畜牧业高度发达，其基础在于耕地资源丰富、适宜农作物生长。美国谷物饲料充足，农牧业生产结合紧密，政府鼓励在牧区人工种草，不断提高优质牧草的播种面积比重。得天独厚的自然资源造就了美国的畜牧业。伴随着畜牧业的发展，世界饲草饲料业发展较快。但在畜牧业发展到一定规模以后，饲草饲料来源不足的问题已经体现出来。能否充分利用各种来源的营养成分，已经成为饲草饲料业发展的关键因素。近年来，发达国家在开辟新的营养成分来源方面已经取得了非常明显的进展。饲料行业最为发达的美国，已经开始大规模利用传统饲料以外的营养成分。例如，将国内外的农作物茎叶、酒厂废物、家禽家畜粪尿加工饲料，利用纤维素、石油化工产品加工饲料，大量培养蚯蚓、蚤类、轮虫、蝇蛆、卤虫等活饵料。在日本，在将大豆油粕转化为饲料方面已经取得明显进展。为保证饲料安全，发达国家普遍对饲料原料进行安全检验检疫和评价，并开发出很多质量安全控制模式。

近年来，我国饲草饲料业得到快速发展。2015 年，我国草产品主要是草捆、草块、草颗粒和草粉，产量分别为 223 万吨、45 万吨、58 万吨和 32 万吨，分别占生产总量的 47.05%、9.49%、12.24%和 6.75%。[①] 2016 年，我国商品饲料总产量 20 918 万吨，同比增长 4.5%。其中，配合饲料产量 18 395 万吨，同比增长 5.7%；浓缩饲料产量 1 832 万吨，同比下降 6.5%；添加剂预混合饲料产量 691 万吨，同比增长 5.8%。我国饲料工业总产值为 8 014 亿元，同比分别

① 中国奶业年鉴编辑委员会编：《中国奶业年鉴 2016》，第 43 页“2015 年牧草种植及商品草生产情况”，中国农业出版社，2017 年。

增长 2.6%。其中，商品饲料工业总产值为 7 294 亿元、同比增长 2.4%。[1] 我国工业饲料总体规模已位居全球第一位。但豆粕、菜粕、棉粕、玉米蛋白粉、血浆血球蛋白粉等在满足市场需要方面存在困难，饲料企业生产所需的豆粕、玉米等原材料越来越依赖进口。在饲草饲料供不应求的背景下，增加供给、提高营养和安全水平，是确保养殖业稳定发展的基础。

随着经济发展水平和人民生活水平的提高，中国养殖业将在一个相当长的时期内保持增长，并由此带动对饲草饲料的需求。破解饲草饲料业发展的瓶颈，关键在于广泛开辟和利用现有资源和营养成分来源，形成科学合理的产业发展布局和饲草饲料配方。要加大饲草饲料研发的投入，针对薄弱环节强化基础和应用研究。饲草饲料行业市场集中度较高，要重点支持开发多种原料的饲草饲料企业，充分调动企业研发的积极性。要适当增加进口，增强饲草饲料供给能力。深入研究国际贸易规则，提高谈判能力，将进口成本维持在合理水平。实施“走出去”战略，与水土资源丰富的国家合作开展一批饲草饲料生产项目。要建立饲草饲料长效监管机制，确保监管责任落到实处。

① 2016 年全国饲料工业统计简况(一)http://www.cofeed.com，2017-06-08 天下粮仓。

第八章

完善牧区发展政策,转变畜牧业发展方式

一、改革开放以来我国落实各项牧区政策,牧区经济社会得到较快发展

改革开放以来,各级政府积极落实各项牧区政策,牧区经济社会得到较快发展。我国牧区一方面享受着国家在农牧领域的优惠政策;另一方面,我国牧区大多数属于少数民族聚集区,可以同时享受国家对于少数民族地区发展的各类支持政策。我国 1984 年颁布了《中华人民共和国民族区域自治法》,2001 年进行了进一步修订。该法除了规定民族区域自治权利以外,还对民族区域可享受的各项优惠政策进行了原则性规定,如该法第 32 条规定民族区域可以在财政上享受国家财政转移支付的照顾、自治区财政预算预备费比例高于一般地区、可自行安排超收和结余部分的财政资金等。进入 21 世纪以来,牧区强农惠农力度明显加大。近些年来,为贯彻落实中央 1 号文件和中央经济工作会议、中央农村工作会议精神,按照总量持续增加、比例稳步提高的要求,国家预算内固定资产投资不断增加对牧区民生工程和牧区基础设施建设的投入。

(一) 牧区基础设施逐步完善

进入 21 世纪以来,牧区强农惠农力度明显加大,中央和地方不断增加对牧区基础设施建设的投入,使得牧区的路电水、畜牧业设施等得到明显改善。

1. *道路交通条件显著改善*。传统牧区地域辽阔,过去道路交通条件差,出行方式落后,运输工具缺乏,加上货运量和客流量有限,运营成本高,制约了交通运输业的发展,造成畜产品运输难、农牧民出行难。牧区道路通行条件差,对畜牧业经济有很大影响。进入 21 世纪以来,国家加大了对牧区的支持力度,

管理部门自身也创新支持方式，使得牧区道路交通条件得到极大改善，农牧民出行难、货物运输难问题得到初步解决。21 世纪以来，内蒙古先后实施了旗县通油路工程、“通畅工程”“通达工程”和嘎查村通沥青水泥路、集中连片特困地区交通扶贫开发等重大举措，到 2013 年底，内蒙古农村牧区公路里程达到 13.7 万公里，占全区公路总里程的 82%。全区 729 个苏木乡镇有 725 个通了沥青水泥路，通畅率达到 99.5%；全区 11 456 个嘎查村有 6 570 个通了沥青水泥路，通畅率达到 57.3%；全区 100%的苏木乡镇和 96.8%的嘎查村实现通客运班车。[①] “十二五”期间，西藏自治区公路总里程达 7.8 万公里，比“十一五”末增加 33.7%。川藏公路西藏段、新藏公路全线黑色化。拉林高等级公路开工路段、林芝米林机场快速通道、嘎拉山隧道和雅江特大桥建成通车，高等级公路实现零的突破，达到 300 公里。墨脱公路全线通车，结束了全国唯一一个县不通公路的历史。“十二五”新疆农村交通条件显著改善，全疆建制村(连)通硬化路率达到 88%，较“十一五”末提高了 28 个百分点。[②] 新疆道路运输管理机构采取道路客运经营权“冷”“热”线捆绑式招投标的方式；积极推进城乡客运一体化和农村客运公交化改造；加大对农村客运补贴力度[③]，制定了成品油油价补贴倾斜农村客运的措施；扶持偏远农牧区、矿区、连队客运发展。截至 2013 年 6 月底，全区共有农村客运班线 3 082 条、农村客运班车 21 259 辆，行政村(连队)通车率达到 92.8%，基本实现了通路即有客运车辆运营。[④]

2. **电力化水平逐渐提高**。偏远牧区一直缺少能源电力，牧区电力化发展滞后。1958 年，内蒙古锡林郭勒盟开始了风能利用实验；1969 年起风力发电用于解决该地区的蒙古包照明，将风力提水机用于解决人畜饮水；1974 年起又将太阳能电池用于蒙古包照明及电围栏。1983 年全国新能源示范实验点总结会议在锡林郭勒盟召开。由于风力发电机的普及推广和配套设施的

---

① 《1—7 月完成投资 29.1 亿元，建成 1 918 公里，农村牧区公路助力农牧民奔小康》，2014 年 9 月 16 日 15:13:26，来源：交通运输部，http://news.163.com/14/0916/15/A699AIF600014SEH.html.

② 新疆维吾尔自治区交通运输厅发布，新疆综合交通运输“十三五”发展规划，http://www.xjjt.gov.cn/article/2015-11-23/art84330.html.

③ 2011 年，新疆维吾尔自治区做出每年筹集 3 000 万元资金补贴偏远农牧区客运的重要举措，印发了《新疆维吾尔自治区偏远农村客运补贴管理办法(试行)》，确定从 2011 年开始对经营偏远农村的客运车辆实施专项补贴，包括偏远农村客运车辆更新、购置、营运、农村客运公交化改造、以奖代补以及为加强营运车辆安全监管所进行的安全投入，对部分乡到建制村、建制村到建制村、连队到连队的偏远“冷线”农村客运车辆，给予一次性运营补贴；对偏远农牧区新开通乡到建制村、建制村到建制村、连队到连队线路的农村客运新购车辆，给予一次性购车补贴，并通过优化线路、调整运营方式等措施，切实解决边远地区“冷线”开不通、留不住造成农牧民出行难的问题。

④ 《新疆：交通运输厅 3 000 万专项补贴惠及偏远农牧区客运》，2013 年 11 月 18 日 11:24 来源：中国公路网，http://news.hexun.com/2013-11-18/159779208.html.

日趋完善，电视机、洗衣机等家用电器进入了牧民家庭。改革开放以后，随着经济的不断发展，离城市较近的一些牧区通了网电，生产用电得以解决。但是边远牧区的牧民仍然以自己发电为主，很多牧区仍然使用煤油灯照明，后来渐渐采用太阳能蓄电池，但仍无法满足需要。当家用电器在城镇已经非常普及甚至经历了几轮更新换代的情况下，牧区人民却无法享受现代生产生活方式所带来的便利。近年来，各大牧区结合国家新一轮农村电网改造提升工程，对距离电网较近的牧户实行网电就近接入，对距离供电线路较远、网电不能覆盖的牧户安装大功率风光互补设备。继风能、太阳能后，目前牧区正在普及“风光”互补发电系统。这一系统利用风能、太阳能的互补性，可以获得比较稳定的输出。

3. **牧区水利基础设施得到改善**。中华人民共和国成立以来，牧区水利的发展可分为三个阶段。20 世纪 50 年代至 70 年代，牧区水利建设的重点是建设供水基本井，解决人畜饮水，开辟缺水草场、无水草场，并建成了一批蓄、引、提水利工程，改善局部地区牧民生活生产条件。20 世纪 80 年代，各地积极探索适合“草畜双承包”体制的牧区水利发展模式，根据牧区范围广、牧民居住分散和可集中开发利用的水资源少的特点，兴起了小型化、多样化的牧区水利工程建设。20 世纪 90 年代以来，为解决牧区日益突出的水、草、畜矛盾，在大力解决人畜饮水困难的同时，积极推广和应用先进节水灌溉技术，发展灌溉饲草料地，解决冬春季饲草供应问题。

2001 年国家启动实施牧区水利试点项目，内蒙古自治区在 47 个牧业旗县(占全区 54 个牧业旗县总数的 87%)组织实施了 197 项牧区水利试点项目，完成投资 2.38 亿元(其中国家 1.66 亿元)，发展饲草料地节水灌溉面积 29.8 万亩，其中喷灌 16.5 万亩，管道灌溉 12 万亩，渠道防渗 1.3 万亩，使 1.3 万牧户、4.8 万牧民受益。每年可提供优质饲草料 3.3 亿千克，补饲牲畜 65 万头只，保护草原面积 950 万亩。经过多年发展，牧区建成水库 131 座、塘坝 86 座，打配机电井 2.68 万眼。建成灌溉饲草地 1.5 万处，灌溉面积 480 万亩。这些水利基础设施，有效地改善了牧区生产、生活、生态条件。

4. **人畜饮水工程解决饮水安全**。在传统游牧时期，牧区人畜主要饮用自然河水或雪水。随着牧区向着定居半定居方向发展，牧民饮水由饮用自然水转为饮用井水，并依次经历了筒井、压水井、机井等时期。目前传统牧区饮水主要以机井为主，离城镇较近地区的牧户引入了自来水。即便如此，仍有大量农牧民受缺乏安全饮用水的影响。高海拔牧区地处边远、交通落后，缺乏必要的水处理措施，供水困难，不能及时抽检水质，不少地方因饮用苦咸水、含氟、砷超标水遭受慢性砷中毒、氟中毒、甲状腺肿大、克山病、大骨节等病，严重影响农牧民身体健康。[①] 据 2005 年的一份对青海省海东地区、海南州、海西州、海北州人畜饮水情况的抽样调查，部分水源不安全因素仍然以高氟、高砷、苦咸、微生物污染为主。[②] 2010 年，青海共有 128 万农牧民没有任何饮水安全设施，只能靠人背、牲畜驮，或利用自建的一些简易饮水设施。据国家统计局内蒙古调查总队抽样调查，内蒙古自治区的 31 个国家级贫困旗县区还有 22.1%的国家级贫困地区农牧民生活饮用水以不受保护的井水和泉水等为主；约有 45 万户农牧民在饮用之前不做任何处理，采取安全处理措施的也多为煮沸、加漂白剂或氯等方式，缺水和水质差问题并存。"十二五"期间青海实施饮水安全项目，根据水质和水量确定水源，铺设供水管网进村入户。对于供水管网入户难度大的地区，设置集中供水点，或打小口机井和保温式土井，并开展了县级水质检测中心建设，划定保护区保护饮用水水源地。"十二五"期间，青海农牧区饮水安全项目人均投资超过 2 000 元以上，128 万农牧民饮水安全问题得以解决，受益者占青海总人口的近 1/4。"十三五"期间，青海还将实施饮水安全巩固提升工程。2013 年，国家和内蒙古自治区共下达 7.41 亿元的农村牧区饮水安全工程实施项目投资计划。[③] 锡林郭勒盟自 2005 年开始实施农村牧区饮水安全工程，目前已累计解决了近 40 万农牧民的安全饮水问题。2013 年，锡林郭勒盟在 9 个牧区旗市试点建设，计划新打机电井 315 眼、配备家用改水设备 720 套，太阳能提水试验设备 22 套；采取集中与分散相结合、浅层水与深层水相结合、大中小机电井相结合的原则，牧民拉水距离将缩短到 3～5 公里，基本上达到 30～80 平方公里内就有一眼机电井；在缺水严重的北部牧区，进行 22 台套清洁能源太阳能动力提水设备试点，来保障牧民特大干旱年份的用水安全。该盟正逐步为边远农村牧区安装太阳能提水设备和机电相结合的清洁能源井，彻底解决农牧民在特大干旱年份的饮水安全问题。[④]

5. **牧区"四配套"强化牧民防灾减灾能力**。传统牧区自然条件恶劣，属易灾多灾地区，雪灾、风灾、冻灾、旱灾等各类自然灾害每年均有不同程度发生，牲畜掉膘、掉肉及安全保暖过冬问题严峻。20 世纪 90 年代，在总结雪灾教训和多年草地建设经验的基础上，畜牧业主管部门提出了围绕草地围栏、畜棚、人

---

① 王秀云：《内蒙古农村牧区饮用水安全状况分析》，《内蒙古统计》2013 年第 10 期。

② 张辉、吕东晋：《青海省农牧地区人畜饮水水质卫生调查》，《环境与健康杂志》2007 年 5 月第 24 卷第 5 期。

③《内蒙古锡林郭勒草原入冻前为边远农牧牲畜解决饮水困难》，2013 年 9 月 14 日 10:05，中国广播网 http://news.cnr.cn/native/city/201309/t20130914_513597788.shtml.

④ 洒文君、刘勇、刘永红：《应用 PRA 方法调查、评定青海省青南牧区"四配套"防灾基地建设成效》，《草业与牧业》，2008(9)：36—38.

工饲草基地、定居点为中心的防灾基地“四配套”建设工程。该工程通过加大牧区棚圈、人工种草等农牧业基础项目的建设力度,改善了畜牧业基础设施条件,较大地增强了牧民抵御自然灾害的能力,牲畜死亡率大幅减少,农牧民经济收入持续增加,取得了较好的社会效益、生态效益和经济效益。以青海青南牧区为例,“四配套”项目于1990年启动。自1990年至1998年底青海青南牧区14县防灾基地建设资金总投入量为3.74亿元。至1998年底累计完成建设户14 281户,占青南牧区14县总牧户数的23.40%。到2003年底,工程累计完成投资9.66亿元,共建成防灾基地建设户41 837户,占青南牧户总数的63%。11年间共累计完成围栏建设任务86.4万公顷、畜棚285万平方米、种植饲草基地1.225万公顷。[①] 新疆海西州牧区自2005年实施首批防灾基础设施建设工程,总投资5 644万多元,惠及德令哈市、都兰县、乌兰县的15个乡镇的1 541户牧民。到2008年,全州牧区“四配套”牧户从18%提高到85%以上。自2009年那曲地区实施牧区高寒棚圈项目以来,全地区11县共建成66 733座高寒牧区棚圈,60%牧户享受了“大畜有圈、幼畜母畜弱畜有棚、羔羊有宫、饲草料有室”的四有工程,极大降低了因冻、因寒、因风带来的掉膘、掉肉的现象。据统计2015年那曲地区各类幼畜成活率达92%,与2009年同期相比上升12个百分点;各类大畜死亡率控制在1.4%,与2009年同期相比下降3个百分点。在2015年夏季持续7个月干旱和2016年第一季度出现阶段性降雪的恶劣天气情况下,那曲畜牧业生产形势良好,截至2016年4月10日,各类幼畜成活率达92.27%,比全区平均水平提高0.97%;大畜死亡率控制在0.56%。[②]

(二)动物防疫体系构建完成

1. **牧区动物防疫体系基本建成。**2004—2009年,国家在内蒙古投资实施了基层动物防疫基础设施建设项目101个,县级动物检疫监督设施建设项目101个,乡镇兽医站基础设施建设项目925个,已竣工完成1 077个,验收977个。总投资24 577万元,其中国家投资21 378万元,地方配套3 199万元。通过动物防疫体系项目建设和运行,提高了动物疫病监测、监控能力,动物卫生监督执法能力进一步提升,确保动物及动物产品卫生质量安全,保护公共卫生安全等方面取得较大的社会经济成效。“十二五”期间,国家投资1亿元在西藏开

① 洒文君,刘勇,刘永红:《应用PRA方法调查、评定青海省青南牧区“四配套”防灾基地建设成效》,《草业与牧业》,2008(9):36—38.

② 《那曲地区高寒牧区棚圈建设成效显著》,那曲畜牧水产处2016年4月25日发布,http://xznm.agri.gov.cn/Html/2016_04_25/2_2155_2016_04_25_39924.html.

展动物防疫体系基础设施建设，建立起动物疫情监测预警体系、动物疫病预防控制体系、动物防疫检疫监督体系、兽药质量监察和兽药残留监控体系、动物防疫物资保障体系、动物防疫技术支撑体系，其中包括新建44个边境动物疫病巡检站，5个省级公路动物防疫监督检查站，2个火车站动物防疫监督检查站，1个机场动物防疫监督检查站；以及新建部分村级动物防疫室。①

2. **动物防疫补贴体系逐步建立。**做好重大动物疫病防控工作，是促进畜牧业健康发展、增加农民收入的基础性工作。2004年以来，中央连续出台的7个1号文件，都对畜禽防疫工作提出明确要求，重大动物疫病防控政策进一步完善，为做好防控工作提供了重要保障。2012年中央1号文件明确提出："加强重大动物疫病防控，完善扑杀补贴政策，推进基层防疫体系建设，健全工作经费保障机制"，我国目前已形成以重大动物疫病强制免疫补助、畜禽疫病扑杀补贴、基层防疫工作补助为主要内容的动物防疫补贴政策。2013年，新疆出台了自治区基层动物防疫工作补助资金和重大动物疫病强制免疫应激反应财政补偿资金两个管理办法，有力促进了基层防疫工作的开展，全区重大动物疫病免疫密度和免疫抗体监测合格率达到95%和80%以上。②

重大动物疫病强制免疫补助。对高致病性禽流感、口蹄疫、高致病性猪蓝耳病、猪瘟等重大动物疫病实行强制免疫补助政策。强制免疫疫苗由省级畜牧兽医主管部门会同省级财政部门进行政府招标采购。兽医部门逐级免费发放给养殖场(户)。疫苗经费由中央财政和地方财政共同按比例分担，养殖场(户)无需支付强制免疫疫苗费用。这既保证了国家强制免疫政策的全面落实，又保障了广大养殖场(户)的利益。

畜禽疫病扑杀补贴。国家对高致病性禽流感、口蹄疫、高致病性猪蓝耳病、小反刍兽疫发病畜禽和布病、结核病检测阳性奶牛实施强制扑杀。对因重大动物疫病扑杀染病畜禽给养殖者造成的损失予以补贴，补贴经费由中央财政和地方财政共同承担。这既有利于防止重大动物疫病扩散，又能减少因扑杀染病畜禽给养殖者造成的损失。

基层防疫工作补助。为支持基层动物防疫工作，中央财政对基层动物防疫工作实行经费补助。补助经费用于对基层动物防疫人员承担的为畜禽实施强制免疫等基层动物防疫工作经费的补助，重点用于强制免疫注射工作经费支

---

① 《完善西藏动物防疫体系，国家"十二五"将投1亿元》，2012年06月05日08:29，来源：中国西藏新闻网 http://news.ifeng.com/gundong/detail_2012_06/05/15054432_0.shtml.

② 《新疆畜牧业：从传统走向现代》，2015年7月22日11:12，http://news.ts.cn/content/2015-07/22/content_11685083_2.htm.

出。例如四川省动物重大疾病疫苗全部由国家免费提供，并从 2008 年起每年给予村级防疫员一定的工作补贴。通过国家投入建设基层动物防疫体系，2010 年仅州级动物防疫体系建设就投资 600 万元。

(三) 促进畜牧业转变发展方式的补贴政策出台

从 1998 年农村税费改革开始，我国逐步在部分地区减征牧业税和取消牧业税，到 2005 年全国正式取消牧业税，减轻了牧民负担。2004 年以来，中央逐步增加牧业补贴种类、范围和力度，相继出台了退牧还草补贴，奶牛后备母牛补贴，奶牛冻精补贴，肉牛、肉羊、细毛羊、绒山羊补贴，2007 年涉牧补贴累计投入 31 272.6 万元，有力地增加了牧民的收入，促进了牧业的发展。

1. *人工种草补贴*。四川省为有效治理退化草地，提高优质牧草产量，每年由省级财政投入 2 000 万元在甘孜、阿坝、凉山州开展了优良牧草种植推广示范项目建设。宁夏实施了“百万亩人工种草工程”，大力扶持发展人工种草，对人工种草每亩补助 20 元。宁夏牧区各县为推动种草养畜产业的发展，出台了“紫花苜蓿种植奖惩办法”，实行牧草种子补贴，对旱地连片种植 100 亩以上、水地连片种植 50 亩以上的农户补助 50 千克粮/亩。

2. *良种补贴*。自 2005 年中央 1 号文件明确提出实施奶牛良种繁育补贴项目以来，中央先后启动实施了奶牛、生猪良种补贴政策。2005—2008 年的 4 年间，中央财政共安排奶牛、生猪良种补贴资金 9.95 亿元，全国共有 300 多万农户直接受益。纳入良种补贴的畜种由奶牛、生猪延伸至肉牛和绵羊，增加两个畜种，生猪良种补贴项目县由 200 个增加至 400 个。

2005—2008 年，全国奶牛良种补贴资金由 1 500 万元增加至 2.4 亿元；补贴范围由黑龙江、内蒙古、河北、山西 4 个重点省区覆盖至全国；补贴品种由荷斯坦奶牛延伸至奶水牛、褐牛、乳用西门塔尔牛和牦牛。生猪良种补贴资金由 2007 年的 1.8 亿元增加至 2008 年的 3.6 亿元。奶牛、生猪良种补贴项目的实施为提高畜禽良种化水平、完善畜牧良种繁育体系、推进基层队伍建设和增加农民收益等方面做出了积极的贡献，也为现代畜牧业发展奠定了坚实的基础。4 年来，奶牛良种补贴项目带动全国累计改良奶牛 1 580.5 万头(次)，奶牛良种覆盖率提高到 50%以上，全国奶牛平均单产水平提高约 10%，增幅近 500 千克。生猪良种补贴项目区种公猪利用率提高 10 倍以上，改良商品猪出栏日龄提前 5～10 天，全国生猪人工授精率提高 8～10 个百分点。

2007 年内蒙古自治区区财政出资 2 020 万元对肉牛、肉羊、细毛羊、绒山羊进行良种补贴。内蒙古 2010 年颁布《关于促进牧民增加收入的实施意见》，大力扶持畜牧业生产：一是对牧民购买区内的具备期限以上生产经营许可证种羊场的特级、一级种公羊予以补贴，每只补贴800元。牧户使用良种肉牛冻精，每头基础母牛每年补贴10元。对牧户养殖良种基础肉用母牛，每年每头给予50元补贴。2010年国家对内蒙古自治区给予奶牛良种补贴、肉牛良种补贴、生猪良种补贴、绵羊良种补贴共计6 676万元。从2008年开始，西藏自治区设立1 000万元良种补贴资金，用于黄牛改良、绵羊改良以及农牧民从区内种羊场和奶牛繁育场购买的种畜、奶畜。

3. **牧机具补贴**。中央政府对牧民购置牧机具给予30%的补贴。内蒙古自治区在中央政府补贴30%的基础上，累加补贴比例提高到50%；对牧民合作组织单机最高补贴额度提高到20万元。对具有牧区户口并从事牧业生产的牧民实行燃油补贴，每人每年补贴200元。

（四）对牧区、畜牧业和牧民的信贷支持力度加大

按照相关法律的规定，对牧区注册的企业从事农、林、牧、渔项目的所得，可以免征、减征企业所得税，对符合条件的新办企业，3年内免征所得税地方留成部分。

牧区的合作金融机构当年新增贷款的80%以上用于牧民生产信贷和生活消费贷款。对牧民进行养殖基础设施建设等提供中长期贷款，对牧区年度信贷投放量大、担保额多的银行、小额贷款公司和担保公司等机构给予适当奖励。

（五）牧区社会公共服务水平不断提高，民生工程建设成效显著

1. **牧区办学条件明显改善**。从2001年开始，国家对农村义务教育阶段贫困家庭学生"免杂费、免书本费、逐步补助寄宿生生活费"，到2007年，全国农村义务教育阶段家庭经济困难学生均享受到了"两免一补"政策。牧区在实施国家"两免一补"的基础上，全面落实义务教育免费政策，绝大部分地区实现了"两基"目标。在"农村寄宿制学校建设工程""国家贫困地区义务教育工程""农村中小学现代远程教育工程""中西部农村初中校舍改造工程""中小学校舍安全工程"等工程的实施下，牧区学校标准化水平逐步提高，义务教育办学条件得到有效改善。

民族教育全面发展，一些地方设立了民族教育专项经费，实行民族幼儿园教育费用全免和牧区少数民族寄宿生"三包"（包吃、包住、包基本学习用品）等政策。

职业教育快速发展。2015年内蒙古出台《关于进一步做好为农牧民工服务工作的实施意见》，提出实施农村牧区新成长劳动力职业教育计划，进一步提高农村牧区新成长劳动力的劳动素质和就业能力。内蒙古将全面落实中等职

业教育农村牧区学生免学费、免费提供教科书和家庭经济困难学生资助政策，努力实现未升入普通高中、普通高等院校的农村牧区初高中毕业生都能接受职业教育。完善人力资源需求预测定期发布制度，引导职业教育围绕市场需求办学校、根据产业发展设专业、按照岗位要求搞教学，不断提升农村牧区新成长劳动力的就业创业能力。鼓励各地根据需要改扩建符合标准的主要面向农村牧区招生的职业院校、技工院校，扩大面向农村牧区的招生规模，支持边远、贫困地区发展职业教育。创新“校企双制、工学一体”的培养模式，真正做到校企结合、产教融合，依托企业、贴近需求建设和加强教学实训基地，加强对农村牧区新成长劳动力的教育培训和岗前培训。① 2016 年，内蒙古实施农村牧区学前教育推进工程计划，建设 107 所农村牧区幼儿园，总建筑面积 20 多万平方米。②

教师队伍建设显著加强。教师学历达标率普遍提高，义务教育阶段学校绩效工资得到较好落实。

2. **基层医疗卫生服务网络基本形成**。2001—2010 年，中央共安排专项投资 162.89 亿元，支持 6 大牧区 2.16 万个医疗卫生机构基础设施建设，分别占全国项目与投资总额(7.4 万个、691 亿元)的 29%和 24%，基本建成覆盖全牧区的采供血、疾病预防控制、突发公共卫生事件医疗救治和农村医疗卫生等服务体系。医疗保障制度基本实现全覆盖，新农合财政补助标准从 2003 年的 10 元提高到 2010 年的 60 元。传染病、地方病干预力度不断加大，重大疾病防治、妇幼保健工作不断加强。

3. **牧区文化事业蓬勃发展**。通过有序开展文化下乡和精神文明创建活动，牧区城乡文明程度不断提高。近年来，中央财政累计投入非物质文化遗产保护经费 3.86 亿元，其中约有 1/4 用于少数民族地区的非物质文化遗产保护。

2000 年以来，国家先后组织实施的广播影视西新工程、“村村通”工程、农中央广播电视台节目无线覆盖工程和农村电影放映工程，极大地推动了牧区广播影视事业发展。2012 年，内蒙古广播电视综合覆盖率分别达到 97.41%和 96.19%。③

4. **游牧民定居工程稳步推进**。2009 年，为改变牧民逐水草而居、四季游

---

① 新华网呼和浩特 9 月 16 日电(记者李云平)：《内蒙古实施农村牧区新成长劳动力职业教育计划》，2015 年 09 月 16 日 09：38：40，来源：新华网 http://news.xinhuanet.com/local/2015-09/16/c_1116576268.htm.

②《内蒙古 107 所农村牧区幼儿园陆续开工》，2016 年 05 月 23 日 09:10 来源：内蒙古日报，http://nm.people.com.cn/n2/2016/0523/c196667-28382763.html.

③《内蒙古广播电视综合覆盖率分别达到 97.41%和 96.19%》，2012 年 10 月 26 日 09:30:00，来源：《内蒙古日报》http://www.chinadaily.com.cn/hqgj/jryw/2012-10-26/content_7346619.html.

牧的传统习惯，改善牧区生产生活条件，国家启动游牧民定居工程，重点建设游牧民定居住房、牲畜棚圈、贮草棚等项目。在新建牧民定居点规划方面，重点结合小城镇建设，利用国家和新疆有关扶持政策，提高规模较大、人群相对集中的牧民定居点的基础设施建设水平，积极培育市场、商业、教育、医疗卫生等服务体系，努力把定居点建设成为设施齐全、服务完善、各项事业加快发展的牧民聚居区域中心和具有一定规模的经济、文化、商业中心，方便定居牧民的生产生活。[①] 截至2009年底，安居工程的实施已经使内蒙古自治区48 544户游牧民实现定居，结束了漂泊不定的生活。2011年启动的西藏2.2万户贫困农牧民安居工程项目，使约10万贫困农牧民住上新居。[②] 2016年，青海省牧区11.3万户享受游牧民定居政策，53万多牧民定居在县城、集镇(乡)，形成173个定居社区。近6万多户牧民在游牧活动中使用上了草原新帐篷，对天然草原的依赖程度不断降低。

(六) 积极推行草原生态治理

面对牧区草畜矛盾突出，草原生态恶化的严峻现实，20世纪80年代开始，内蒙古、新疆、青海等地相继开展了发展牧区水利，保护草原生态的试点工作。1996年3月第八届全国人民代表大会第四次会议批准的《中华人民共和国国民经济和社会发展“九五”计划和2010年远景目标纲要》把加强草原建设，促进畜牧业发展列入“九五”计划，要求中西部地区发挥资源优势，加快建设畜产品基地，并把依法保护和合理开发草原列为国土资源保护的重要内容。其后几年，国家计委(现为国家发展与改革委员会)和水利部又组织各主要牧区省份进行扩大试点，取得了显著效益。2002年的《国务院关于加强草原保护与建设的若干意见》中指出：“加强以围栏和牧区水利为重点的草原基础设施建设。”温家宝总理明确指出，牧区要根据水资源承载能力，建设灌溉饲草基地，通过禁牧、轮牧、休牧，促进退牧还草的顺利实施。

2002年12月16日，国务院正式批准国务院西部开发办、国家计委、农业部、财政部、国家粮食局《关于启动退牧还草工程建设的请示》(国西办农〔2002〕48号)，启动在西部11个省区实施的退牧还草工程。重点治理蒙甘宁西部荒漠草原、内蒙古东部退化草原、新疆北部退化草原和青藏高原东部江河源草原，

---

① 《今年国家启动游牧民定居工程》，2009年11月30日，来源：地区经济司子站，http://www.ndrc.gov.cn/fzgggz/dqjj/qygh/200911/t20091130_741620.html.

② 《西藏贫困农牧民安居工程基本完工，约10万农牧民住进新居》，2013年10月17日15:37:31，来源：新华网 http://news.xinhuanet.com/2013-10/17/c_117762111.htm.

先期集中治理的10亿亩草原约占西部地区严重退化草原的40%。“退牧还草”将采取禁牧、休牧和划区轮牧3种形式进行，退牧还草期间国家将对牧民进行粮食、饲草料补助和草原围栏建设资金补助①。实施退牧还草工程是党中央、国务院从我国经济社会发展全局考虑作出的重要决策。“十一五”期间，退牧还草工程累计投入中央资金93.19亿元，退牧还草面积超过3 000万公顷，其中禁牧围栏1 679.9万公顷，休牧围栏1 560万公顷；安排退化草原补播改良1 040.9万公顷。

2003年、2004年、2005年中央1号文件都明确提出进一步加强草原建设和保护，加快实施退牧还草工程，搞好牧区水利建设。水利部高度重视草原生态保护牧区水利建设，把牧区水利作为2003年水利工作的三大亮点之一。2009年，国家在西藏自治区开展草原生态补偿政策的试点工作。2011年开始，中央财政安排资金136亿元在内蒙古等8个主要草原牧区省份全面实施草原生态保护补助奖励政策，2012年中央财政安排资金150亿元，将政策实施范围扩大到黑龙江等5个非主要牧区省的36个牧区半牧区县，覆盖了全国268个牧区半牧区县。2013年，中央财政安排草原生态保护补助奖励资金159.75亿元，继续支持在上述13个省区及新疆生产建设兵团和黑龙江农垦实施这项政策，并加大对草原转变畜牧业发展方式的支持力度。这是中华人民共和国成立以来在我国草原牧区实施的投入规模最大、覆盖面最广、牧民受益最多的一项政策。2016年，我国继续启动实施了新一轮的草原生态奖补政策。2016年青海牧民人均纯收入达到8 664元，比2010年增加3 862.68元，增长124.3%，其中，人均生态补奖收入3 017元(第一轮草原补奖年人均为2 588元)。② 说明基层农牧民在该项政策中得到了实实在在的实惠。

二、传统牧区畜牧业发展存在的问题

传统牧区畜牧业在经济一体化、市场化和政策等的影响下已经发生着明显的适应性改变，但与现代畜牧业发展的需要相比，传统牧区畜牧业仍存在一些迫切需要解决的发展问题，需要引起重视。

---

① http://www.gov.cn/gongbao/content/2003/content_62103.htm.

② 《草原生态环境明显恢复，牧民生活水平全面提升》，2017年06月13日08:01:11，来源：青海日报 http://news.ifeng.com/a/20170613/51236408_0.shtml.

（一）发展观念滞后

在不同的经济发展阶段，畜牧业有不同的发展目标。过去，畜牧业追求的是产量目标、产值目标、直接收入目标，基本上是从产品数量角度衡量发展成效，即使是产值与收入目标也是建立在“以量取胜”的基础上，较少考虑其就业功能、社会功能、环保功能和生物多样性功能等。但实际上畜牧业不同于其他产业，它具有很强的延展性，具有巨大的纵向一体化空间。但我国目前的农业政策仍囿于“猪粮安天下”的传统观念，耕地资源利用以种植粮食作物为主，不重视与畜牧业发展息息相关的饲料饲草业的发展，种粮与种草的政策支持悬殊。对于牧草，只看到生态功能，忽视了牧草作为独立产业需要专门的发展支持政策。在畜牧业发展，强调生产多，忽视加工和资源转化利用；强调生猪生产多，对其他畜禽产品缺少基础设施投入、科技支撑、政策支持和监督管理等。

另外，目前对集约化畜牧业的理解也存在一些误区。集约化畜牧业是现代化畜牧业的经营方式，它与粗放畜牧业的经营方式是相对而言的。集约化经营是一种“高投入、高产出、高效益”的经营方式，即以较多的资金、科技或劳动投入，获取较多的产出，并获取较高的社会效益、经济效益和环境效益。但集约化畜牧业的发展并不就意味着我们要完全否定和放弃以投入较少、粗放经营、产出较少、灵活有弹性的生产组织方式为特点的传统畜牧业，集约化畜牧业的标志也不见得就是从国外引进和推广高产品种，巨资建造密闭、限位的圈舍，采用配合饲料（以化学合成的促长剂、增重剂、催肥剂、抗生素、激素为核心的添加剂组成）和应用不考虑“动物福利”的工厂化畜牧业养殖技术。现阶段，在我国部分地方已经在推广“化学型工厂化低质高效畜牧业发展方式”①。传统牧区的畜牧业不能简单地回到传统游牧业，但也不应走发达国家所摈弃的老路，我们应探索一条高产优质高效，既节约资源、又保护环境和兼顾动物福利的畜牧业发展道路。

（二）畜牧业支持政策尚未形成完整框架

制约传统牧区畜牧业发展方式转变的还有资金要素投入不足的问题。中华人民共和国成立至 20 世纪 80 年代初，国家对北方草地的投资约 47 亿元，平均每公顷草地投资仅 15 元，若以 37 年平均分配，每年每公顷草地平均 0.3～0.45 元（张立中等，2004）。据统计，1978—1999 年国家投入草地建设基金累计

---

① 曹斌云：《转变畜牧业发展方式，促进中华民族健康复兴》，《畜牧业转型与发展》，中国农业出版社，2014 年。

为 21 亿元，平均每年每公顷草地投入 0.30 元(张智山等，2001)。从中华人民共和国成立到 2007 年，政府对内蒙古草原草场建设投入累计每亩仅为 7 分钱(格日乐其其格，2005)。传统畜牧业，尤其是游牧业的物化劳动和活劳动投入非常少，畜牧业成本非常低。传统牧区畜牧业发展方式要由粗放型向集约型转变，注重质量效益，走产出高效、产品安全、资源节约、环境友好的现代畜牧业发展道路，就要使畜牧业基础设施建设水平、机械化水平、良种化水平等达到很高水平，这些都需要资金投入。目前，传统牧区牧户资金缺乏，依靠牧户自身的资本积累很难在短时期内自发实现技术革新和提高劳动生产率。当前，国家对牧区的强牧惠牧政策实施力度有所加强，财政支牧资金与之前相比有很大提高，但总体投入还是不多。2015 年，中央财政安排资金 12.88 亿元支持畜牧业，其中 10.88 亿元用于扶持畜禽标准化养殖，重点支持适度规模化生猪、蛋鸡、肉鸡、肉牛、肉羊养殖场的标准化改造，改善圈舍、养殖设施装备、环境调控、防疫消毒等基础设施条件。这与 2014 年的 6.4 万亿中央财政收入相比，只占其 0.020%。

金融资金投入方面，农业发展银行资金主要投向粮棉收购和加工企业，直接投放传统牧区畜牧业的贷款比重很低。农业银行随着商业化改造的完成，资金开始向工业和城市倾斜，传统牧区畜牧业贷款日趋萎缩，贷款比重和绝对额都在下降。农村信用社体制改变，贷款利率大幅度提高，牧户小额信贷面窄额小，难以满足广大牧民的需求。从传统牧区金融供给的角度看，金融产品单一、金融机构经营模式落后，无法满足传统牧区日益增长的多元化、多层次的金融需求。

发展现代畜牧业，必须充分发挥国家政策带动和投资引导作用。畜牧业发达国家都有较为成熟的支持政策体系和运作有效的管理制度；重视对良种化和种质资源保护工作的科技投入；有严格的动物防疫和畜产品质量安全控制体系；在家庭经营的基础上注重发挥社会化服务组织作用、市场体系完善、注重环保等①。目前，我国畜牧业发展缺乏完整的政策框架设计，主要体现在：一是种植业与畜牧业缺乏良好的政策对接。二是畜牧业补贴政策整体规划缺乏、覆盖面有限、瞄准性不够，对关键性环节、基础设施建设、技术保障体系建设、主产区域、社会化服务的支持不够。三是畜牧业大产业的概念没有形成。畜牧业本身既具有产品功能，还具有生态功能、文化休闲功能、体育健身功能，为满足社会进步和文化发展的需要，畜牧业所拓展和延伸出的多种功能都需要产业政策支持。

---

① 陈洁：《我国畜牧业发展面临的挑战、问题与对策》，《农村工作通讯》2014 年第 21 期。

(三) 支撑体系尚不完善

制约传统牧区畜牧业发展的还有一个重要因素，就是我国的饲草、良种、兽医、牧业机械等畜牧业支撑体系尚不完善。

首先是饲草料不足。我国豆粕、菜粕、棉粕、玉米蛋白粉、血浆血球蛋白粉等不足，饲料企业原材料越来越依赖进口。据测算，目前，我国饲料工业蛋白饲料短缺 1 000 万吨，能量饲料短缺 3 000 万吨。我国优质禾本科牧草主要来自北方天然草原，但肉牛、肉羊和奶牛养殖逐渐从牧区向农区转移，奶牛分布在大城市郊区。北方冬季常出现青饲料不足。南方青饲料资源丰富，但基础设施条件差，适宜南方气候的畜牧品种(特别是奶牛)不多。

其次是良种繁育体系建设薄弱。我国传统牧区畜牧业品种资源丰富，其中有不少的地方特有品种资源，这是传统牧区畜牧业发展的重要资源基础。据第二次全国畜牧资源调查，我国共有牛地方品种 95 个，其中黄牛品种 54 个，水牛品种 27 个；羊品种 97 个，其中山羊品种 55 个，绵羊品种 42 个。此外，我国还从国外引进优良品种与地方品种进行杂交，培育牛羊良种，牲畜生产性能有所提高。但总体上看，我国不太重视畜牧业的品种资源保护和开发利用，这方面的良种繁育体系建设薄弱，良繁体系不健全，良种场建设滞后，使我国肉牛肉羊的良种化率低，制约了我国肉牛肉羊生产水平提高。我国肉牛肉羊的生产性能与发达国家相距甚远，近年来一些地区甚至出现牛羊品种退化。2010 年我国肉牛、肉羊单产水平分别为 138.5 千克/头和 14.7 千克/只，仅比 2000 年增加 10 千克/只和 0.1 千克/只，而欧美日等国 2010 年肉牛单产超过 300 千克/头，绵羊单产超过 17 千克/只。

第三是兽医管理体制不健全。我国传统牧区的动物防疫基础设施条件较差，动物防疫测报体系不健全，防控技术措施相对落后。目前，我国已经建立了覆盖各环节和各领域的监管体制，法律、标准、认证体系比较健全，检验检测技术水平快速提高，过程控制明显加强，疫病防控体系建设大为加强。但我国畜牧业生产方式落后，散养散放、规模小、兼业占比大，生产及防疫不规范，外来疫病威胁日益增大，宣传教育力度不够，疫病防控形势总体上仍是严峻的。

第四是牧业机械发展比较滞后。20 世纪 80 年代中期以来，我国对传统牧区畜牧业的发展未予以高度重视，草原建设与草业产业化投入严重不足，使得为畜牧业生产提供装备的企业纷纷转产，造成畜牧机械(主要是牧草机械)行业水平急剧下降，原来引进和仿制的一些国外先进机型也都中途夭折，导致我国畜牧机械产品结构极其不合理，只有割草、搂草机具，而草原改良、播种、收贮和成形机具几乎没有成熟产品。此外，农村和牧区所有制形式发生变化(即由以前的人民公社变为目前的家庭承包经营制形式)，大功率拖拉机保有量锐减，取而代之的是小四轮拖拉机，这种动力结构的变化对高效、先进、适用的牧草机械的开发、研制和生产无疑是雪上加霜。2013 年，四大牧区农牧业机械化总动力在全国 31 个省区的排名分别为内蒙第 10 位、新疆第 21 位、西藏第 27 位、青海第 29 位。四大牧区农牧业机械化总动力之和只占全国的 6.28%。2014 年进入国家推广目录的 1 422 家生产企业的产品，大多数是 20 世纪末或 21 世纪初研制的，属于市场普遍接受认可的中低端产品，功率大、安装布置简便、操作方便、故障率低、便于维护，适于结构形态多变、工作条件恶劣的地区。总体来看，传统牧区机械化水平仍然比较低。饲料加工机械化水平不高，仍然只限于铡草机、饲料粉碎机和青饲切碎机等的使用，只能满足对饲草料简单加工的需求。高端牧草收获机械产品基本上没有。先进的养牛机械设备几乎还是从国外进口。挤奶机和剪毛机配备数量较低；一些牧民反映现在市场上的剪毛机只适合剪细毛羊，不适合其他品种，牧民剪羊毛仍以人工为主。牧草种植收割、饲料加工和饲养机械等的普及率有待提高。

第五是种植养殖、收获、贮藏和加工技术落后。与生猪、奶牛等相比，肉牛羊规模化养殖发展速度滞后，目前小规模散养占比 80%以上，养殖方式传统粗放，饲养管理水平低，牲畜生产性能低，由于饲养规模小，一些现代化的养殖技术和设备难以跟上，造成专业化和标准化水平低。此外，优质牧草种植技术、收获技术、贮藏技术也缺乏。

第六是缺乏有效的产销调控手段。2014 年下半年以来，传统牧区的牛羊肉价格和牛奶价格波动幅度非常大，而饲草料价格一路上涨推高了养殖成本，使得牧民面临生产和市场波动带来的双重风险，迫切需要减少市场振荡。调查中发现，一些品牌牛羊养殖企业的牛羊肉价格并没有下跌，收益没有受到太大影响。这说明，传统牧区畜产品的加工转化能力、品牌销售能力和产品竞争力需要进一步提高。整体而言，我国人均牛羊肉占有量还不高，草食畜牧业还有较大发展空间，需要有效的市场调控工具发挥作用。

(四) 体制机制不健全

1. *草牧场经营权流转机制不畅*。草场流转是指在草场所有权不变的情况下，将草场经营使用权从牧户转给另一方从事相关牧业生产经营。传统牧区草场承包经营权流转是伴随各项草场政策的实施、城市化进程、牧区产业结构调整、剩余劳力转移以及我国牧区老龄化问题的出现所产生的。草场经营权流转有利于规模化经营。目前，传统牧区基本上还没有规范的草场流转中介组织和市场。牧民自发的流转行为不规范，有的牧民双方签订的合同未经专业部门认定，内容不全面；有的签订合同后未在嘎查委员会和草原监督管理部门备案；有的流转双方仅仅私下议定形成口头协议，没有签订合同。近年来，因草场划分的界限、面积、草场使用、草场流转等方面产生的矛盾日益增多，由此产生的法律纠纷也常见于司法诉讼中。短期的草场流转还造成转入户掠夺性经营草场的情况。随着时间推移，人口转移流动、牲畜数量变动等，草场划分和承包所隐藏的各种矛盾浮出水面。

2. **人才引进机制不健全。**实现传统牧区畜牧业发展方式的转变，需要人才。当前我国传统牧区人才缺乏的现象已很明显。年轻人通过读书或打工的渠道，大都走出草原、走进城市，脱离了畜牧业。近年实施的大学生村官及大学生回乡创业贷款等政策固然吸引了一批年轻人，但大学生多数是抱着以此为跳板的目的，真正留在牧区从事畜牧业的非常少。有的大学毕业生想回乡创业，但又缺乏好的项目和苦于没有资金。牧区劳动力大多是逐渐老去的中老年人，缺乏活力和新技术、新手段、新观念。

3. **管理机制协调性差。**目前政府各个补助项目名目繁多，涉及部门繁杂。各个主管部门之间缺乏统筹安排和资金整合，覆盖面有限，也容易出现重复建设和资金浪费。往往上级部门投入很多资金，到了下级部门就只是为了完成任务，有时就成了表面文章，而不是用于解决实际问题，没有把钱用在刀刃上，补贴流于完成项目形式，存在“撒胡椒面”现象。另一方面在项目户的选择上标准不严格，真正有需要的牧户有时却得不到项目资金。

4. **市场监管体制不健全。**传统牧区绿色生态的牛羊肉产品不能顺利地走向市场，牧民生产的牛羊肉售价低廉。2015 年，巴彦淖尔市羊的售价低至 200 元/只。目前，对牧区放养的牛羊肉在品质、口感、安全方面的宣传还不到位。有些商家打着草原绿色牛羊肉的旗号，但实际上卖的还是圈养的牛羊。此外，国外进口廉价肉冲击和挤占国内市场，甚至有长时间冷冻的“僵尸肉”走私进来。一方面城市消费者买到的牛羊肉价格并不便宜，另一方面，生产者并没有获得很大收益，中间环节获取了较多利润。这些现象都说明，食品安全监管部门以及市场监管部门监管不严，多种经营主体良莠不齐，扰乱了市场秩序。其次，各级政府部门对质量安全的监管不足。随着城乡居民收入水平增加、生活水平提高，人们对优质、安全、营养的畜产品需求不断增大，特别是对畜产品质量安全要求越来越高。当前，我国畜牧业仍存在不少质量安全隐患，需要加强监管和行业自律，杜绝非法使用违禁药物、制售假冒伪劣饲料、兽药残留等问题。

5. **市场环境约束日益明显。**传统牧区真正绿色的畜产品无法顺利走向市场，是制约传统牧区畜牧业发展的一个瓶颈问题。

首先，传统牧区面临着严峻的市场环境。近年饲草料价格一路上涨，从2014年下半年开始肉价、奶价一路下跌，传统牧区牧民生产生活遇到困难。近年羊肉价格持续下跌的原因主要有以下几点。一是消费明显回落。受宏观经济增速放缓影响，从2014年夏季开始，羊肉市场消费开始减少。除了高端餐饮业不景气、购买力下降致使对羊肉的需求减少外，还有一个重要因素就是羊肉价格偏高，禽肉、猪肉价格的低位对其消费替代性增强，居民羊肉消费量有所减少。二是受不利消息影响。2015年10月26日，世界卫生组织(WHO)下属癌症研究机构国际癌症研究机构(IARC)发布报告，将红肉与加工肉制品分别列为"致癌可能性较大"和"对人体致癌"。这对肉制品生产加工行业是一个巨大打击。三是供应逐步增加。受国家扶持政策拉动，羊肉主产省(区)生产能力提升。2015年一季度，内蒙古羊肉产量为14.2万吨，同比增长2.6%；新疆羊肉产量为12.4万吨，同比增长6.2%。四是进口羊肉增加。2014年我国进口羊肉28.3万吨，同比增长9.3%。2015年1—4月羊肉进口9.3万吨，同比下降22.9%，比2013年同期仍高出10.6%。进口羊肉的价格优势在一定程度上影响了国内羊肉价格，如从新西兰进口的羊肉每千克比国内低30元左右。国内外市场形势，对我国传统牧区畜牧业带来了严峻挑战。五是不正当竞争的影响。农区圈养的牛羊肉在城市里挂着锡林郭勒或者呼伦贝尔等牧区品牌大卖的现象时有发生，国外进口的劣质廉价牛羊肉等也造成了不正当竞争，扰乱了市场秩序。

传统牧区牧民品牌意识差、销售能力差，再加之牧区土种牛羊肉产量低、生产周期长、加工转化能力弱等因素，导致畜产品竞争力弱。调查发现，一些品牌牛羊养殖企业的牛羊肉价格并没有下跌，其收益并没有受到太大影响。

另外，牧户畜产品销售渠道单一。很多地方中间商是唯一销售渠道，而中间商往往会低价收买，高价销售，从中赚取利润，减少牧户和消费者双方的利益。以白条羊来计算，在羊肉价格下降的情况下，呼和浩特市场消费者的购买价格基本为700～900元/只，而牧民的销售价格只有200～400元/只。牧民销售畜产品在很大程度上依靠中间商，中间环节的利润大量地被流通环节赚走。

6. **质量安全时有问题**。随着城乡居民收入水平增加、生活水平提高，人们对优质、安全、营养的畜产品需求不断增大，特别是对畜产品质量安全要求越来越高。但是由于资源环境约束，传统牧区畜牧业在向舍饲畜牧业和集约化畜牧业方向发展的同时，因土地消纳空间有限、环保设施不健全，集约化生产带来的畜禽粪便污染、动物疫病等问题越来越多，劣质饲料、兽药等也都威胁着畜产品质量安全。集中饲养也为疫病的集中爆发提供了温床，以布病为主的人畜共患的传染性疾病，威胁着传统牧区人畜安全。

7. **畜牧业从业人员老龄化、低质化和价格高。**随着乡村人口减少，主要牧区的劳动力人口随之减少。与人口减少相对应的，是传统牧区劳动力的老龄化趋势。四大牧区乡村人口中 65 岁以上老年人的比重在 2000—2010 年间有显著增长。内蒙古 2010 年 65 岁以上老年人的比重达到 8.2%，按照联合国标准已进入老龄化社会。此外，牧区乡村人口的文化程度低。2010 年四大牧区乡村人口受教育总体程度低于全国水平，低学历人数较多。其中，西藏乡村 83.8%的人口为未上学或小学文化水平，青海乡村未上学或小学文化水平的乡村人口比例为 68.4%。内蒙古乡村和新疆乡村则主要集中在小学和初中文化水平，为 81.3%和 86.8%。① 此外，传统牧区家庭劳动力年龄偏大，新生代的年轻人很少从事畜牧业，畜牧业后续劳动力缺乏。根据内蒙古农业大学经济管理学院课题组的调查，42 个样本牧户的总人口为 135 人，户均 3 人。其中，从事畜牧业的劳动力人口为 83 人，户均 2 人。劳动力人口平均年龄为 46.7 岁，平均受教育年限为 7.8 年。其中 35 岁以下年轻劳动力只有 6 人，占劳动力人口的 7.2%，其平均受教育年限为 10.6 年。可见，牧区的后续劳动力严重缺乏。未从事畜牧业的有 52 人，平均年龄 27 岁，平均受教育年限 14 年。16 岁以上在校生占 21%，这部分人回家乡从事畜牧业的可能性较低。样本牧户畜牧业生产活动一般以家庭劳动力为主，雇佣劳动力较少，只有在接羔、打草、剪羊毛或季节性旅游的夏时才会临时雇工。在 42 个牧户中只有 10 户雇佣劳动力，雇佣劳动力人数为 15 人，受雇者的平均工资水平为 4 276 元/月。

三、我国牧区、农区的强农惠农政策差异

我国牧区半牧区县的土地面积为 385 万平方千米，占全国国土面积的约 40%。牧区在我国全面建设小康社会和现代化建设中具有不可替代的特殊重要性。从区域功能上来看，牧区除了承载着与农区类似的生产功能之外，草原还是我国最大的生态屏障。因此，从国家安全的角度来看，草原问题，首先是一个生态环境问题。只有将草原资源保护好、利用好，才能保住中华民族生存和发展的根基。第二，牧区建设事关国防安全、民族团结和社会和谐。我国漫长的边境地区，从东北到西南，主要的居住人口为蒙古族、哈萨克族、回族、维吾尔族、藏族等少数民族人口，他们一方面在边境地区繁衍生息，一方面在保卫国家领土安全和维护边境地区稳定方面发挥着独特作用。作为一个多民族国家，民

① 数据来源：第六次全国人口普查数据。

族团结是国家发展、民族复兴的前提和基础。我国有70%的少数民族生活在牧区，牧区与非牧区的经济社会发展差距能否缩小，对发展平等、团结、互助的民族关系，对巩固国家的统一和实现区域协调发展，起着巨大的作用。只有牧区的经济社会得到快速发展，牧区的社会稳定和谐才具有坚实的基础。对牧区的发展，绝对不能仅仅从GDP增长速度、经济效益等角度进行衡量。第三，牧区建设直接关系到大量人口能否达到小康水平和分享现代建设成果。我国有121个牧区县，264个牧区半牧区县，牧业人口为1 645万人，尽管这部分人口占全国人口的比重仅为1.2%，但绝对数量非常大。这部分人口能否达到小康水平，直接制约着全面建设小康社会目标的实现，对我国到21世纪中叶基本实现现代化目标也具有重要影响。

近些年，国家针对牧区的政策主要集中在生态环境保护领域，对于牧区经济建设、畜牧业发展和社会稳定，在公共政策上很少兼顾。特别是在与牧民增收紧密相关的生产性支持政策上，牧区所享受到的政策支持是滞后于农区的。

（一）牧区享受到的生产性支持滞后于农区

作为一项重要的农业支持手段，补贴政策的使用在牧区和农区存在巨大的差距。首先，牧区享受的补贴种类少于农区。下表是2010年以来我国主要的强农惠农政策。由于牧区人民主要从事畜牧业及其相关产业，产品主要为肉、奶等，生产对象和方式与农区有极大的差别，除了一些普惠性质的政策（而这部分政策往往不具有明确的措施或经费保障）外，很多有明确措施或资金安排的政策，例如粮食最低收购价政策、玉米等农产品的临时收储政策、产粮大县奖励政策、菜篮子工程等，牧区都享受不到（见表8.1）。

表8.1　2010年以来我国强农惠农政策汇总

1. 党中央、国务院每年对农业农村工作的总体要求	2. 国家大幅度增加对农业农村投入
3. 完善农业补贴制度	4. 粮食最低收购价
5. 玉米、大豆、油菜籽等临时收储政策	6. 农村金融服务
7. 农业保险补贴政策	8. 家电下乡
9. 农村建房	10. 产粮大县奖励
11. 高标准农田建设	12. 菜篮子产品标准化生产
13. 动物防疫补贴政策	14. 鲜活农产品“绿色通道”政策
15. 支持优势农产品生产和特色农业发展政策	16. 支持乡镇企业、农产品加工业和休闲农业发展政策

续 表

17. 支持农业产业化发展政策	18. 促进农村劳动力就业创业政策
19. 农民培训和农村实用人才培养	20. 新型农村合作医疗制度
21. 新型农村社会养老保险	22. 耕地保护和质量建设
23. 基层农技推广体系改革与建设	24. 农村土地承包法律政策
25. 土地流转政策	26. 村级公益事业“一事一议”财政奖补政策
27. 农民专业合作社发展支持政策	28. 放宽中小城市和小城镇落户条件
29. 完善党领导的村民自治	30. 村务公开和民主管理等

来源：笔者根据农业部相关资料整理。

其次，牧区享受的财政补贴总量少于农区。据不完全统计，扣除全面覆盖的农村社会事业、农村安全饮水、农村电网完善、农村公路、动物防疫体系建设、畜禽良种工程等外，2010 年，我国用于农区的财政补贴和基建投资达 31 项、2 400多亿元，其中财政补贴政策 10 项、1 700 多亿元，基建投资 21 项、700 多亿元，而牧区中央财政补贴和基建投资仅 13 项、120 多亿元，其中财政补贴政策 4 项、15 亿元，基建投资 9 项、110 多亿元。按人均计算，农业劳动力人均补贴为 530 元，相当于牧业劳动力人均水平的 3 倍；按面积算，耕地亩均基建投资 86.6 元，相当于草原亩均基建投资的近 40 倍。

第三，不同牧区之间存在政策差异。内蒙古、四川等省既有牧区又属于粮食主产区，在现有涉农扶持政策下得到的政策支持相对较多，而西藏、新疆、青海、甘肃等得到的政策较少。

第四，现有涉农扶持政策没有考虑牧区的特殊性。比如国家实施的畜牧良种补贴、畜禽良种工程、生猪和奶牛标准化规模养殖小区建设项目等，虽然政策范围覆盖全国，但牧区牲畜放牧比例高、自然交配多、圈养规模小，不是上述政策实施的重点，往往难以得到资金支持。补贴政策的差异，在一定程度上拉大了牧民与农民的收入差距。

（二）牧民获得的补贴具有补偿作用，对短期利益考虑不够

从实际补贴的方式和行为对象上来看，牧区和农区的补贴性质有所不同。农区农民获得的主要是激励性质的生产性补贴，这部分补贴是对农民采取某类行为的正向激励，并且农业补贴所引导的方向是对农民有利的，因此，补贴对于农民来说具有双重的利好。一方面农民获得了补贴；另一方面，在补贴政策引导下，农民采取了更加有利的行为，例如购买农机具，农民通过获得补贴减少了购买成本，从长期来讲农民还可以提高劳动生产率，增加收入。而牧民获得的相当一部分财政转移支付属于补偿的性质，所谓补偿实际上是对已经发生的损

失的一种弥补，在牧区主要是在实行“草畜平衡”和“退牧还草”政策后，牧民禁牧休牧，为保护草原生态而承受损失。因此对牧民的补偿实际上具有弥补损失的作用，而且这种补偿从数额上来讲还存在不足。

2016年，我国城镇居民人均可支配收入为33 616.2元，我国农村居民人均可支配收入为12 363.4元①，我国牧区县人均纯收入7 800.4元②，其中牧业收入5 133元，牧区县人均纯收入比农民人均可支配收入低36.9%，仅相当于城镇居民人均可支配收入的23.2%。可支配收入是购买力的基础，因此，牧民更需要能够提高其短期收益的政策支持。

在现行政策中，农民直接就能够拿到补贴或者享受到补贴带来的利益。而针对牧区的补贴有很大一部分是间接补贴或工程性补贴，与牧民增收没有直接关系。例如奶牛冻精补贴和疫病防治疫苗补贴是补给相关技术部门的。很多涉牧补贴与畜牧业产业结构调整和牧区的城市化打包进行，项目工程占据了补贴的绝大部分，能够直接发到牧民手里的补贴非常少。这些政策从长远来看必定能够促进牧业发展，但是却没有充分考虑牧民的短期利益。

此外，对牧民补贴的持续性也不如农区农民。退牧还草工程饲料粮补助期限原为5年，后又延长为10年，但补贴标准远低于草原的实际产值，不足以弥补牧民草原围栏造成的直接损失。③

因此，牧区的发展政策、产业结构升级政策要处理好长期和短期的关系，要照顾好牧民的短期利益。

（三）强牧惠牧政策框架尚未建立

从过去和目前牧区实施的各类支持政策和项目来看，主要可以分为以下几大类：一是基础设施建设类工程项目。如20世纪90年代在我国主要牧区开展的以草地围栏、畜棚、人工饲草基地、定居点为中心的防灾基地“四配套建设”工程，2001年国家启动实施的牧区水利试点项目，2007年启动的“游牧民定居工程”，为解决牧民出行、用能难问题而进行的公路干线及电网建设，为保护生态而实行的退牧还草围栏工程等。二是补贴类政策。从1998年农村税费改革开始，我国逐步开始在部分地区减征牧业税和取消牧业税，到2005年全国正式取消牧业税，减轻了牧民负担。2004年以来，中央逐步增长牧业补贴种类、范围和力度，相继出台了退牧还草补贴，奶牛后备母牛补贴，奶牛冻精补贴，肉牛、

① 《中国统计摘要2017年》，中国统计出版社，2017年。

② 中国畜牧兽医年鉴编辑委员会编：《中国畜牧兽医年鉴2016》，中国农业出版社，2016年。

③ 江迪：《全国政协委员视察：草原生态补偿亟须建立长效机制》，《全国政协报》2010年8月6日。

肉羊、细毛羊、绒山羊补贴，2007 年涉牧补贴累计投入 31 272.6 万元，有力地促进了牧业发展。目前补贴类项目国家投入较大的主要包括以重大动物疫病强制免疫补助、畜禽疫病扑杀补贴、基层防疫工作补助为主要内容的动物防疫补贴政策，奶牛、肉牛和绵羊的良种繁育补贴，牧机具补贴(中央政府对于牧民购置牧机具给予 30%的补贴)以及退牧还草补贴政策。目前，奶牛良种补贴已经覆盖全国，补贴品种由荷斯坦奶牛延伸至奶水牛、褐牛、乳用西门塔尔牛和牦牛。2011 年，国家在我国 8 大牧区实施开展“草原生态补偿奖补政策”，投入资金 134 亿元。此外，在各大牧区，也有一些支持畜牧业生产的补贴类政策。如宁夏开展的人工种草补贴，对人工种草每亩补助 20 元，为推动种草养畜产业的发展，还出台了“紫花苜蓿种植奖惩办法”，实行牧草种子补贴，对旱地连片种植 100 亩以上、水浇地连片种植 50 亩以上的农户补助 50 千克粮/亩。2007 年内蒙古自治区政府出资 2 020 万元对肉牛、肉羊、细毛羊、绒山羊进行良种补贴，2010 年内蒙古自治区政府颁布《关于促进牧民增加收入的实施意见》，对牧民购买区内的具备期限以上生产经营许可证种羊场的特级、一级种公羊予以补贴，每只补贴 800 元；牧户使用良种肉牛冻精，每头基础母牛每年补贴 10 元；对牧户养殖良种基础肉用母牛，每年每头给予 50 元的补贴。2008 年，西藏设立了 1 000 万元良种补贴资金，用于黄牛改良、绵羊改良以及农牧民从区内种羊场和奶牛繁育场购买的种畜、奶畜。对农机具补贴，内蒙古将补贴比例提高到 50%，对牧民合作组织单机最高补贴额度提高到 20 万元，并对具有牧区户口并从事牧业生产的牧民实行燃油补贴，每人每年补贴 200 元。三是社会化服务体系建设。随着改革开放的不断深入和市场经济运行机制的健全及完善，各牧区都十分重视社会化服务体系建设工作。如内蒙古畜牧业社会化综合服务体系建设已初步建立起多层次、多形式、多渠道的社会化综合服务体系网络。2010 年，鄂尔多斯市组建市级农畜产品质量安全监测检验中心，依法加强农畜产品质量监测和监管。青海省加强县一级农牧业信息服务大厅和村级信息服务站建设，扩大“农信通”手机短信业务覆盖面，强化农牧服务热线建设；认真抓好“新网工程”建设，推进村级综合服务中心建设；加强动物疫病防控体系建设；健全农业气象服务体系和农村气象灾害防御体系，继续搞好灾害性天气预警预报，提高预报的及时性、准确性。一些牧区还启动新型农牧民职业技术培训工程，有计划地组织农牧民开展较为系统的专业技能培训。

总体上看，各项支牧惠牧政策措施对于牧区发展起到了积极的作用，但是，与牧区发展的需要相比，这些措施仍带有“修修补补”的性质，不足以解决“三牧”的大问题。完整的强牧惠牧政策框架应该包括牧区综合发展政策、畜牧业发展政策和牧民福利改善政策这三大主要方面。目前，强牧惠牧政策在以下方面还需要进一步完善或强化。

首先是基本经营制度没有落实，牧户草场产权不明晰问题大量存在。各牧区近年来对制度建设的重视程度有所放松，一些部门把精力放到了如何争取项目资金上，而对需要花更大的力气、付出更多努力的草场承包工作的落实重视不够。草场承包经营方式可以多种多样。牧区情况千差万别，有些地方户均草原面积小，草场联户使用更有效率，户与户之间也有联户的意愿，就可以鼓励联户搞经营，联户之间可以进行合理分工，一部分劳动力从事畜牧业生产，另一部分劳动力解放出来去从事其他产业。但是，经营方式的转变必须以承包权的明晰为前提。联户的基础就是各户有明晰的草场产权。这是不能跨越的。联户经营方式的形成应基于单户之间的协商而形成契约，并非不讲条件地从外部推动。历史上牧区就有以部落为单位联户进行放牧的传统，但是那时的联户放牧和现在的联户经营存在本质的差别，就在于草场产权的明晰与否。由于对相关法律的宣传和贯彻不足，很多牧区实际上没有真正落实草原承包工作，一些地方出现了严重的非牧占用草场问题，直接侵犯了牧民权益。

其次，统筹人与自然和区域发展的投入体制尚未建立。牧区的发展、牧民收入的提高最终还是要靠提高牧区的人口素质，减少以牧为生的人口，使牧区经济社会发展融入到整个国家的城乡一体化进程中去，使牧区不至于成为发展的边缘和被遗忘的角落。因此，要加大对牧区教育、卫生、社会保障、养老、就业、定居工程等社会事业发展的投入，要多管齐下，立足长远来解决牧区的发展问题。当一部分人不再以牧为生的时候，草原的生态压力才会减轻，畜牧业的增长方式才能真正实现转变，人与自然才能真正和谐。从这一角度来看，牧区发展是一个系统工程，但是，目前来看，统筹人与自然和区域发展的投入体制尚未建立。

第三，牧区基础设施建设极端薄弱，防灾减灾机制不完善。近几年，牧区的水、电、路等基础设施建设明显得到加强，但总体上看仍然很薄弱。现阶段中国草原畜牧业基本上处于靠天养畜状态，围栏、棚圈、草库伦、饮水点、牧草加工机械、草原改良机械、牧草种子田及加工厂、草产品加工厂等基础设施建设滞后。目前，村村通电项目实际上只通到行政村。通路项目也是如此。有些自然村距离草场很远，路难走，为牧户打草造成了许多不便。在新疆，牧区道路主要分布在山区，由于气象、地质灾害频繁，牧道年年受损，年年要维修，每年仅各地春季转场期间，应急疏通山口牧道维修资金就达 3 000 多万元，但牧道不在国家道路养护管理范围内。[①] 此外，道路条件差制约了牲畜机械化转场，以致于民间

---

① 孙金诚：《全国政协委员程振山呼吁：加快牧区道路建设》，2017 年 03 月 20 日 14:21，来源：人民政协网 http://www.rmzxb.com.cn/c/2017-03-20/1427169.shtml.

有“吃肥了、跑瘦了”的说法。家畜的繁殖需要有一定的群体作为基础。旱灾、暴风雪等自然灾害会破坏草原畜牧业的基本生产力，给畜牧业造成毁灭性打击。因此，在牧区建立有效的防灾减灾机制对畜牧业发展十分重要。2016 年，内蒙古自治区遭遇自 1953 年以来最严重的旱情，草场发生干旱灾害面积为 2 225万公顷，一些草场牧草稀疏、遭受虫害、提早变黄甚至枯死，旱情致当地经济损失达到 115.9 亿元。据估算，预计饲草减产 700 万吨，受灾地区牧民纷纷大量出栏牲畜，以减轻越冬饲草不足的压力。由于草料奇缺，草价上涨了 75%。集中出栏使得价值 600 元的成年羊，在还是羔羊时就出手了，羔羊价格 300 多元。[①] 近几年，在草原生态治理的同时，牧区的鼠害、虫害、草原火灾等频繁发生，也直接威胁草原治理的成果。

第四，牧区金融服务短缺，牧民融资困难。造成牧民融资难的原因是多方面的。一是牧区本身经济容量小，信贷规模小。二是牧区金融服务机构单一，当前农牧业贷款主要由信用社发放，国有银行和政策性银行很少介入，金融机构的单一直接影响牧区资金的供应量。三是牧区农牧业整体上享受的信贷规模与农牧区经济在国民经济中的地位不相称，表现为农牧业信贷规模占全国信贷规模的比重远低于农牧业增加值占国内生产总值的比重。以内蒙古为例，全区 79 个旗县中，有 33 个纯牧区，21 个半牧区，另外 25 个处于农牧交错带，畜牧业是县域经济的主导产业。但截至 2009 年 3 月末，33 个牧区旗县的贷款只占到了总贷款余额的 1/3。四是牧区的大多数产业属于基础性产业，客户规模小、分散，投资回报率低，不属于金融服务的所谓“优质客户”范畴，金融机构没有足够的动力给牧民贷款。五是有关牧民信用评估和担保的办法难以适应现实需求。上述原因造成目前牧区金融服务的短缺，融资困难影响牧民扩大再生产的能力，使得牧民无力对牧业发展所必需的基础设施进行投资。目前，资金缺乏已经成为制约牧区经济更快发展的一个主要因素，影响畜牧业经济和牧区经济的长远发展。

从整体上看，要缩小牧区与其他地区的发展差距，在强牧惠牧政策方面应该加大力度。

(四) 牧区草原生态保护建设投入严重不足

输入少、输出多，“竭泽而渔”使得草原生态经济系统难以维系良性运转。[②]

---

① 《内蒙古草原旱灾损失过百亿，牲畜越冬饲草缺口大》，来源：n. cztv. com，2016 年 9 月 26 日 12:32，http://n. cztv. com/news/12235473. html.

② 王关区：《我国草原退化加剧的深层次原因探析》，《内蒙古社会科学(汉文版)》，2006 年第 4 期。

这是很多学者对草原牧区经济发展落后、生态退化原因的一个总结和判断。据农业部统计，1978—1999 年，国家投入草原建设的资金累计为 21 亿元，平均每年每公顷草地投入 0.3 元，其中，中央每年投入草原建设的资金平均每亩不到 2 分钱。[①] 2000—2002 年，国家投入中央财政债券资金 20 亿元，但平均每年每亩草原也仅为 0.1 元。20 世纪 50 年代至 90 年代初，内蒙古自治区草原累计投入每亩每年不足 0.01 元，"九五"期间草原建设开始受到重视，但亩均年投资只有 0.05 元左右。青海省"九五"期间平均每亩草原国家和州县投入资金0.15 元。草原的退化是大规模、全方位的，但国家投入很少，实际上，多年来，牧区生态保护和建设投入很大程度上是靠农牧民自我投入。在内蒙古鄂托克前旗的调查表明，1990—1997 年，该旗草原生态建设投资 6 588.8 万元，其中，中央投资 539.9 万元，地方政府自筹 115 万元，群众自筹 5 933.9 万元，即群众自筹部分超过了整个草原建设投资的 90%。20 世纪 90 年代中后期，内蒙古草原干旱化严重，恰恰是在这一时间段内，中央投资出现了急剧减少的情况。1991 年，鄂托克前旗草原建设的中央投资为 436 万元，1992 年下降到 25.9 万元，1993—1996 年，中央投资均为零，1997 年为 2 万元，草原建设经费和飞播牧草经费从 1993 年开始就全部变为地方自筹和群众自筹，而且，群众自筹的比重要高于地方自筹。从这个例子可以看出，在草原建设方面，各级政府、特别是中央政府的投入是明显不足的。我国牧区经济不发达，财政支出压力大。搞生态保护和建设，对当地来说，不仅要大大增加支出总量，而且要提高草原生态治理方面的支出比重。但越是财力弱的地区，自身越难安排出资金用于生态建设。

近年来，中央不断加大草原投入，但由于草原发展底子薄，历史欠账多，与草原保护建设的客观要求和牧民的期盼相比差距很大。已实施的工程也存在覆盖面窄、建设内容单一、补贴标准低等问题。与牧民生产息息相关的人工种草、牲畜棚圈和青贮窖建设等投资少。已推行的舍饲、半舍饲生产方式受基础设施建设薄弱的严重制约，牧民面临着饲草料短缺和饲养成本增加的不利影响。

目前，直接作用于牧区畜牧业转型升级的政策不多。2015 年，国家安排 3 亿元在内蒙古、新疆等 7 个省份和新疆生产建设兵团继续实施肉牛肉羊标准化规模养殖场（小区）建设项目，建设了 898 个肉牛肉羊标准化规模养殖场；安排 10.85 亿元对包括肉牛肉羊在内的畜禽规模养殖场进行标准化改造；继续实施肉牛肉羊良种补贴，投入 2.43 亿元对 451 万头肉用能繁母牛选用良种精液配种和 24.7 万头种公羊进行补贴；安排 9.4 亿元在 15 个主产省份实施肉牛基础

---

① 张智山等：《我国草原资源可持续发展的限制因素与对策》，《中国草地》，2001 年第 5 期。

母牛扩群增量项目;在 13 个省区投入 169.49 亿元用于草原生态保护奖励机制实施等。[①] 可以看出,2015 年用于畜牧业转型升级的国家投入为 25.68 亿元,占草原生态保护资金的 15.2%,说明对产业发展支持方面的投入水平还需要进一步提高。

四、完善牧区强牧惠牧政策框架,促进产业转型和牧民增收

我国广大牧区半牧区绝大多数既是少数民族聚居地区,又是贫困集中地区和沿边地区,更是全面实现小康社会的重点和难点地区。解决好"三牧"问题,不仅对于促进草原畜牧业发展、保护草原生态环境和牧民持续增收具有重要作用,而且对于推进新牧区建设、缩小农牧区差距、统筹城乡发展、促进民族团结、维护边疆稳定和国家长治久安也具有举足轻重的意义。因此,要始终坚持工业反哺农业、城市支持农村和多予少取放活的方针,进一步巩固、加强和完善强牧惠牧政策,具体有以下几方面建议:

(一)积极发展现代畜牧业,促进牧业增产增效

建设现代畜牧业是转变畜牧业增长方式,提高土地产出率、资源利用率和劳动生产率,促进畜牧业又好又快发展的重要途径。一是进一步落实草原权属,推进草原承包工作。首先要明确,草原家庭承包经营权是农牧民的基本财产权,不容侵犯。要明确牧区党委政府在推进草原家庭承包经营工作方面的主体责任。明确草场界限,国家有关部门加大对围栏的支持力度。要规范和完善草原承包经营合同,将草畜平衡制度、禁牧休牧等草原保护制度充实到草原承包合同中。建立健全草原承包经营权流转制度,应在充分尊重农牧民意愿和不改变草原用途的前提下,允许草原承包经营权依法有偿转让。可以考虑在牧区建立草原承包经营权流转交易服务中心,为农牧民提供草原流转的法律咨询、交易手续的办理、正规合同文书的提供、草原流转市场价格的公布等服务,逐步形成规范、有序的草原承包经营权流转市场。将草原承包经营权流转纳入草原承包合同管理范围,加大监督力度,对流转程序不规范的要按照法定程序重新办理,对非法流转草原承包经营权、改变草原用途,造成恶劣影响和严重后果的,要依法纠正。

---

① 中国畜牧兽医年鉴编辑委员会编:《中国畜牧兽医年鉴 2016》,中国农业出版社,2016 年 12 月。

二是要加快畜牧业基础设施建设，提高畜牧业的现代物质装备水平。要加快制定和实施牧区水资源保障规划，科学布局和合理利用水资源，严格控制地下水开采，在保障人畜饮水安全的前提下，加强畜牧业水利设施建设，推行基本草原灌溉，推广饲草基地水灌溉技术，扩大人工降雨覆盖面积，有效解决牧区普遍缺水的问题。建设和实施好以冬春草场人工饲料基地建设、草原围栏、牲畜暖棚圈等为主要内容的草原基础建设。按照应急、就近、运输半径合理的原则，在易灾县建设饲草料基地、青贮窖和饲草料储备库，提升草原畜牧业抵御灾害能力，减少因灾损失，尽快恢复生产。

三是推进畜牧业科技创新与推广，强化建设现代牧业的科技支撑。加大畜牧科技创新能力和技术创新工程建设经费投入，支持畜牧企业建立完善研发机构，参与实施畜牧科技计划，鼓励科研院所建设一批畜牧高科技园区和科技孵化中心，形成一批集公益性研究、基础应用研究和高新技术开发于一体的畜牧科研基地。支持研究机构重点开展牲畜与牧草育种、退化草原恢复与重建、放牧牲畜营养改进、动物疫病防疫防控、优质饲草生产、不同区域放牧利用模式等方面的研究。加快建设一批原种场和扩繁场，配套、更新畜禽改良站(点)的设施设备，提高良种供应和服务能力。加强科技推广力度，加快科技成果转化应用。对牧民给予牧草良种补贴、牧畜改良及基础母畜补贴，引导牧民采用良种。充分发挥畜牧科研部门和广大科技工作者的作用，推进“良种、良料、良养、良法”等实用技术的推广应用，大力推广冻精冷配、人工授精、胚胎移植、优质饲草料种植加工、高产家畜规模化养殖、动物防疫、项目管理等技术，提高科技成果转化率。尽快将牧区主要畜产品纳入现代农业产业技术体系，提高畜牧业科技自主创新能力，促进科技成果转化。

四是健全草原生态补偿机制，完善现代畜牧业可持续发展的制度安排。要真正实现“草原禁得住、牛羊减得下、产业能发展、牧民能致富”的目标，必须尽快健全草原生态补偿机制，对因落实草畜平衡、基本草原保护、禁牧休牧等草原保护制度而使牧民牺牲个人利益的，应给予足额的补偿。重点对草原生态保护和建设活动直接进行补偿，包括草原改良、草原防火、人工增雨、草原鼠害虫及生物灾害防治和生态监测等内容；对因保护草原生态而放弃发展机会的人群和地区给予经济补偿，包括退牧补偿、生态移民补偿、牧区环境补贴等；对具有重要环境价值的草原进行保护性投入，如草原自然保护区建设。认真落实好和用好国家每年安排的草原生态保护补助奖励政策资金。

五是推进龙头企业和合作组织建设，提高牧业生产经营的组织化程度。着力培育壮大一批畜牧生产、畜产品加工营销的龙头企业，按照“扶优、扶强、扶大”的原则，重点扶持省级以上重点产业化龙头企业，积极支持中小型企业的发展，形成大中小型龙头企业共同发展的格局，切实提高畜产品的精深加工和转化增值能力。积极发展“订单畜牧业”、利润返还、股份合作等方式，构建龙头企业和养殖户之间新型的垂直协作形式，建立起利益共享、风险共担的利益联结机制。建立财政扶持合作组织建设的长效机制，着力培育一批规模较大、运作规范、经济效益好、纽带作用明显的专业合作组织。通过组建专业合作组织，带动广大牧民与龙头企业开展畜牧业生产、加工、流通等多环节、多形式、多层次的合作。支持合作组织发展，充分发挥专业合作组织在政策传递、科技传播、信息共享、保护牧民利益等方面的服务功能。

六是加大对金融保险支持力度，为畜牧业发展提供资金保障。积极采取贴息等方式，引导金融部门加大对畜牧业的贷款数量。积极推广农民联户担保等各种行之有效的方式，支持有实力的企业依法组建信用担保公司，着力解决农牧民、中小畜牧企业“贷款难”问题。积极探索政府扶持、农户投保、企业参与、合作保险、市场运作的畜牧业保险机制，加快畜牧业政策性保险试点，为畜牧业提供广泛的金融支持。将牧区肉牛、能繁母牛、种羊纳入中央财政保费补贴范围，提高中央财政保费补贴比例。

七是培养新型牧民，造就建设现代畜牧业的人才队伍。建设现代畜牧业，最终要靠有文化、懂技术、会经营的新型牧民。首先，要加强文化基础教育，这是牧民学科学、学技术，实现职业转化的必要的文化基础；其次要加强科技宣传和培训，普及科技知识，提高牧民科技文化素质；三要大力加强牧区职业教育，着力培养专业技术型牧民。通过乡镇文化站、图书室开展与畜牧业生产、牧区经济发展密切相关的、务实有效的畜牧业科技培训，提高牧民科技致富能力；最后要强化现代市场经济观念培育，提高牧民参与市场竞争素质。充分发挥电视、广播、报纸、网络等新闻媒体的作用，向牧民宣传市场经济的基本理论以及市场竞争的成功案例，努力培育牧民的市场经济观念，调动牧民参与市场竞争的积极性，提高市场竞争能力。

（二）扎实推进新牧区建设，促进牧区繁荣发展

新牧区的建设应当从广大牧民群众最关心、最直接、最现实的问题入手，全面改善和提高牧民生活质量。新牧区的建设大体可分为硬件基础设施建设和软件政策制度设计。在基础设施建设方面，重点要强化水电路气房的建设。

一是尽快制定和出台关于改善牧民住房建设的普惠性优惠政策。对于生态移民和游牧定居点的建设，国家要出台相关政策，运用财政、金融、信贷等部门的职能，协同解决建设资金来源和牧民建房资金的信贷困难等问题。加大牧

民定居工程建设力度，扩大牧民定居工程实施范围，提高牧民定居工程补助标准，完善牧民定居的相关配套设施，帮助牧民实现暖季放牧、冷季舍饲和农牧并举。对于边境及其他牧区冬春草场的牧民聚居点，要制定优惠政策和措施，加快对当地危旧房的改造，改善牧民的住房条件。对于游牧所需的帐篷、游牧车、蒙古包、毡房等住所，也要给予同样的优惠政策，以改善他们在草原畜牧业生产过程中的基本生活质量。

二是加大资金投入，采取多种方式解决牧民的人畜饮水问题。在城镇周边的新定居点要与城镇基础设施建设相衔接，主要以通可安全饮用的自来水为目标。而在自然形成的老定居点，则要重点解决基本井问题，修建集中供水点，方便牧民的取用和牲畜的饮用，降低生产生活费用。对游牧和居住比较分散的牧户，要根据实际需要，为他们免费提供家用小型净水设备或者为他们远距离取水提供柴油补贴。

三是依托国家电网，综合开发水能、风能、光能等资源，切实改善牧民生产生活用能问题。加大电网建设力度，尽快完成牧区电网改造的续建配套工程，提高牧民定居点、聚居点的电网入户率。在适宜地区积极推广沼气、秸秆气化、小水电、太阳灶、太阳能、风力发电、风光互补等清洁能源技术。在有条件的地区优先铺设天然气管道，解决牧民的生活和取暖问题。鉴于电网输电线路长、电压较低、电能损耗大、电价过高及新能源设备购置费用昂贵等实际情况，在原有补贴的基础上，进一步提高牧民用能的补贴标准。

四是提高牧区乡村公路建设补助标准，加大乡村道路建设力度。建立县通二级公路、乡通三级公路、村通沙石公路的补助标准。重点提高中央财政对牧区通乡、通村公路的补助标准，并结合各地牧区实际，确定牧区乡村公路建设补助系数，有差别地对牧区加大补助力度。建立牧区乡村公路养护专项资金，专门用于牧区乡村公路养护和维修，并将其列入国家预算。增加牧区客运货运服务站点，扩大交通运输能力，解决牧民出行难和畜产品流通难的问题。对于需要远距离转场的牧区，将主要转场牧道纳入国家道路建设和养护管理范围，确保转场道路的畅通。

五是加强通信网络建设，提高牧区广播电视电话覆盖率，促进牧业综合信息服务平台的建设。通过无线信号覆盖、中继站、有线网络建设、配备机顶盒等多种形式，提高牧区广播电视、手机信号和互联网的覆盖率。充分整合地利用涉牧信息资源，强化面向牧区的信息服务，提升牧业信息化服务质量。加大对牧区邮政服务的补贴，并对电信运营企业在牧区征地、市电引入、税收等方面给予优惠。

在政策制度设计方面，重点要加强牧区教育、医疗卫生、社会保障和文化事业的建设。一是深入推进牧区义务教育工作，使牧民子女“有学可上”。合理规划学校布局，完成中小学校布局调整。大力加强自然条件恶劣地区和人口集聚区的学校基础设施及配套工程建设，尤其要加强边境牧区学校建设，集中力量改扩建一批寄宿制学校，将牧区中小学全部建设成为标准化学校。建立并强化牧区义务教育经费保障机制，扩大牧民子女义务教育“三包”政策覆盖范围并逐步提高补助标准，进一步改善牧民子女义务教育阶段的生活和学习条件。制定贫困生救助制度，保证不让学生因家庭贫困而失学。全面扩大牧区学前教育资源，实行牧区幼儿免费学前教育，少数民族集中的牧区学前双语教育实现全覆盖。

二是全面加强新型牧民合作医疗，使牧民“病有所医”。强化牧区三级卫生服务网络体系建设，加强卫生院房屋、设施设备等配置，制定牧区引进卫生人才的特殊政策、措施和经费保障制度，完善基本医疗卫生服务体系，提高医疗机构服务能力。着力提高新型合作医疗的地域广度。针对偏远地区，在牧业生产点较集中的地方增加建立定点医疗服务站，让农牧民就近享受到优惠的医疗服务。有条件的牧区要逐步提高补助标准和最高报销封顶线，进一步提高新农合的医疗保障水平。简化牧民报账程序，使参合牧民就近、方便、快捷地获得补偿。

三是尽快建立和完善牧民最低生活保障制度，确保低保对象应保尽保、应补尽补。对于还没有建立牧民最低生活保障制度的牧区，地方政府要参考其他地区建立最低生活保障制度的先进经验，加大财政支持力度，尽快建立；对于已建立牧民最低生活保障制度的牧区，地方政府要不断完善最低生活保障制度，根据财力增长水平适时“提标扩面”，加大保障力度。同时，由于牧区属于我国经济相对欠发达的地区，不少地区财政收支属于吃饭财政，根本没有自己的经济收入来源，依靠财政解决城市最低生活保障问题已勉为其难，对覆盖面广、居住分散、数量巨大的牧民最低生活保障工作，资金缺口更是难以弥补。因此，中央财政要加大对牧民最低生活保障资金的投资力度，使符合条件的贫困牧民普遍得到救助。另外，要进一步完善牧业村“五保户”供养、特困户生活救助、残疾人、灾民救助等社会救助体系。

四是积极开展新型牧民养老保险试点和推广工作，使牧民“老有所养”。由于牧区地区差异大和区域经济发展不平衡，在有条件的地区要积极开展新型牧区养老保险试点，积累相关经验，为建立基本制度统一、保基本、多层次、可持续、覆盖面广的牧区社会养老保险制度打好基础。国家规定新农保基金由个人缴费、集体补助和政府补贴构成。有条件的地区要加大对牧民的集体补助和政府补贴，降低牧民参保费用，提高牧民积极性。加强征缴发放管理，实行财政专户管理和收支两条线管理，提高信息透明度，自觉接受群众监督，逐步实现社会化发放。做好牧民养老保险制度与牧区五保供养、社会优抚、计划生育奖励扶助、扶贫助残等制度的衔接，充分发挥制度合力，保障牧民既得利益。同时，要加大对牧民养老保险制度的宣传，帮助牧民认识到自身的老年风险，让牧民转变完全信赖家庭和土地养老的观念，培养他们自我保障意识和投入保险的消费习惯。

五是大力发展牧区文化事业，满足牧民的精神文化需求。加强文化基础设施建设，重点建设一批集教育、娱乐、休闲、健身等功能于一体的居民文化活动中心，设施配套的休闲健身场所和报纸杂志丰富的图书室；加强广播电视进村入户工程的推进，大幅度提高牧区少数民族语言广播电影电视节目的译制、制作能力；加强牧区文化队伍和业余骨干队伍建设，组建有一定文艺特长、自主创新能力较强、积极性较高、乐于奉献的文艺队伍；加强对业余文艺创作人才的辅导、培养、提高的工作，改善牧区缺乏文化人才和文艺骨干的现状，推进农村牧区文化建设。

（三）努力扩大牧民就业，促进牧民持续增收

解决牧民收入问题，最根本在扩大牧民就业。既要充分挖掘畜牧业内部的“容人之量”，又要拓展牧区二三产业的就业空间；既要鼓励部分牧民走出去，又要引导一些牧民留下来，还要支持出去的牧民回乡创业。

一是大力发展畜产品加工业，延长产业链条，促进牧民就业增收。用足用好国家支持西部发展的一揽子政策，引进、培育和壮大一批龙头企业，支持大、中、小型龙头企业都有不同程度的发展，大力发展畜产品精深加工，延长畜牧业产业链。鼓励龙头企业与牧民之间开展不同程度和不同层次的联合与合作，完善两者之间的利益联结机制，促进龙头企业与牧民结成更紧密的利益共同体，让牧民分享加工增值利润。根据地区特色，大力发展无公害、绿色和有机畜产品，提升农产品档次，争创优质产品品牌，破解畜产品高质量低价格的矛盾。

二是积极培育矿产、新能源、新材料等新兴产业，优化产业结构，促进牧民就业增收。要把发展新兴产业作为吸纳牧民就业增收的新增长点，把优化产业结构作为增强吸纳牧民就业增收潜力的重要举措。有条件的牧区要大力发展清洁能源，加快风电基地规划和建设，抓好太阳能、生物质能发电项目建设，合理有序开发煤炭、石油、天然气等矿藏资源，积极发展硅、稀土、有色等新材料产业，稳步推进实施煤化工项目。巩固提升传统资源型产业，采取有力措施推进资源就地转化，推动优势特色产业升级。加快利用先进适用技术改造和提升传

统产业，逐步淘汰现有高消耗、高污染的落后生产工艺和设施，不断提升产业层次。积极发展现代物流业，加快边贸物流设施建设，培育和发展第三方物流龙头企业，支持制造业和物流业联动发展。

三是大力发展旅游服务业，促进牧民就业增收。整合草原旅游和民族文化旅游这两个旅游资源，加大对草原系列、游牧文化保护和旅游产品的和谐开发，加强重点旅游景区、线路建设。选择一批民族文化特色保留较好、自然风光好、交通条件合适的牧户进行基础设施建设，以牧民的生活生产形态为内容吸引游客进行牧家游。

四要积极鼓励创业，促进牧民就业增收。要进一步放宽政策，打破地区界限，采取有力措施，改善牧民创业环境，支持牧民发展牧业规模化、标准化、专业化生产，支持转产牧民经营各种加工业、运输业和服务业，并在贷款、税收、场地等方面予以支持。

在拓宽牧民就业渠道，增加就业岗位的同时，要抓好劳动力的培训和输出工作。一要加强宣传。针对目前牧民存在的离土不离乡的传统观念，要采取有力措施，宣传劳务经济在增收致富中的重要作用，引导牧民增强发展意识，自觉积极更新观念。二要抓好技能培训。深入开展“阳光工程”“春风工程”等培训活动，整合现有各类教育资源，建立多渠道、多层次、多形式的牧民技术培训体系和培训网络，使每名外出务工牧民掌握1～2门适用技术，培育具有地方特色的劳务输出品牌。加强少数民族地区的汉语培训教育，为劳务输出创造有利条件。三要建立完善劳务输出组织。着力完善县、乡镇、村的劳务输出组织，建立以东部发达地区、省会城市、区域性中心城市和中亚国家为重点的劳务输出基地，加强劳务输出管理与服务。

五、传统牧区畜牧业发展方式转变的思路和建议

目前，我国城乡居民食物消费已经进入结构转型期。传统牧区作为我国畜牧业生产的一个重要基地，其发展面临着日益凸显的资源环境压力和消费者对健康、营养和多样化的要求，传统的畜牧业发展方式要在养殖风险与市场波动问题日益突出、环保和质量安全要求更严苛等新的挑战中不断转变，向着高产、优质、高效、生态的方向发展。要实现这一目标，必须统一思想、转变观念，明确定位，对今后的畜牧业发展政策进行完整设计。

（一）发展阶段和目标任务

当前，我国畜牧业从总量上已经越过了供不应求的发展阶段，到了产量、结构、质量并举，效率、环保、创新并重的发展阶段。在这一发展阶段，畜牧业在农业产业中的地位将不断提升，草食畜牧业的发展越来越突出；标准化、规模化养殖势在必行，产业化趋势日益明显；人民对畜产品的质量安全要求不断提高，生态、绿色、环保畜产品市场需求不断增加。这就要求调整农牧业结构，转变畜牧业发展方式，实现节能、减排、环保、安全的可持续发展。概括起来，我国传统牧区畜牧业发展要实现的目标任务就是：调结构、控风险、保质量、提效率、保生态。

（二）产业政策定位

从各国发展经验来看，畜牧业发展到一定阶段以后，不仅要制定关于整个畜牧业发展的政策框架，而且要在不同发展阶段针对不同区域产业结构特征、市场潜在需求等实际情况，有重点地制定符合品种特征的政策。我国牧区幅员辽阔，分布在南北地域，既有干旱半干旱的荒漠化草原，又有典型草原和湿润半湿润的草甸草原，还有温暖湿润的亚高山草原，资源条件多样；另一方面，我国城乡居民消费层次多样，牛羊肉产品市场需求快速增加，市场上对精深加工畜产品的需求也在快速增加。因此，应针对特定发展阶段、区域特色、品种生物学特性、质量安全控制状况、市场变化情况、国际贸易状况等制定专门政策、采取专门措施，走差异化、多层次、多元化发展之路。

（三）发展方向和道路

在资源环境、市场环境双约束下，传统牧区的传统畜牧业发展道路已经难以为继，必须转变发展方式，走出一条产出高效、产品安全、资源节约、环境友好的新型畜牧业发展道路。

在传统牧区要因地制宜地发展人工半人工草地。根据当地的气候、土壤和水资源条件，种植适宜品种的牧草，避免因种植牧草导致水资源的浪费。在水土条件好的地区，除了供应当地牧草外，发展草产业，种植牧草供应外地。建立人工草地，引入加工环节，加大科技投入，开发和引进先进生产设备和工艺，提高草产品营养价值和经济价值，既保护生态环境，又能够创收。在干旱半干旱地区发展人工牧草地，通过有机肥料和原生种类，尽量保持其自然生长。青藏高原地区，草地退化较为严重，且海拔高，气候条件恶劣，为大江大河发源地，应以保护生态环境、保护草地为主，严格实施草畜平衡、禁牧休牧政策。同时要尽快恢复已垦草原的植被。

(四)具体政策建议

一是调整农牧业结构,利用好两个资源、两个市场。1. 调整畜牧业生产结构。随着饲料粮供给压力和环境压力加大,我国生猪生产趋于稳定,节粮型草食畜牧业则快速发展。要在稳定传统品种的基础上,加快肉牛、奶牛、肉羊等品种及其他特色品种的发展。在北方草原区,创建品牌畜牧业和借助草原文化传统发展与旅游商务文化产业等相结合的高端化畜牧业。按照区域自然经济特点,对畜牧业进行区域性专业化布局,划分“乳、肉、草”等畜产品专业化生产基地。2. 走“粮草兼顾、农牧结合”的路子。从资源利用的角度,坚持“宜农则农,宜草则草”的原则,减轻耕地和水资源压力。在北方草原重点开发紫花苜蓿、优质禾本科牧草;针对北方越冬青贮饲料不足,加强青贮饲料贮藏基地建设;在传统农区继续利用好谷物、秸秆资源保持畜禽养殖的合理发展;积极开发饲草资源,加大优质饲草基地建设投资力度,扩大专用饲料作物种植面积;积极探索南方草山草坡开发利用途径,加快启动南方草山草坡改良利用工程,恢复草地植被和适度发展人工饲草料地;在南方闲置农田上适度发展种草,加快发展草食家畜等。3. 抓紧研究畜牧业的“走出去”政策。从合理利用两种资源、两个市场的角度,分析我国畜牧业竞争力,研究畜产品“走出去”面临的问题,提出相应的咨询建议。

二是完善畜牧业支持保护体系,稳定产业发展基础。1. 拓宽投资渠道、加大投资规模。一是政府要继续扩大对传统牧区畜牧业的投入,加大财政支牧惠牧力度。财政支持畜牧业比重要逐年按照一定比例提高。管理部门要做好统筹协调,把钱用在刀刃上。资金的下发上要做到公开、公正、公平。2. 健全畜牧业生产补贴制度。健全畜禽种业发展政策,制定地方品种保种开发、育种投入政策等,加快提升国内畜禽育种水平。加大畜禽品种改良扶持力度。加大饲料研发投入,充分开发和利用各种来源的营养成分,强化基础和应用研究。鼓励和支持企业研发。在农机补贴中增加先进养殖设备补贴目录。加快环保低碳的设施畜牧业发展。加大对养殖畜舍标准化改造补贴力度,对养殖场所的水、电、路、防疫室、储料库、粪污处理设施改造予以补贴。进一步完善农村能源政策,包括农村沼气工程社会化后续服务、大型沼气工程项目扶持、沼气发电后并入电网、沼气能源综合利用等,以提升沼气能源商业开发利用价值。3. 增加信贷资金对传统牧区畜牧业的投入。扩大政策性金融业务,银行信贷资金要优先用于发放传统牧区畜牧业贷款,保证传统牧区畜牧业贷款资金能够及时、足额到位。调整传统牧区畜牧业信贷结构,增加传统牧区畜牧业中、长期贷款的比重。建立风险基金，增强抵御风险的能力，提高信贷资产质量。4. 加大畜牧业保险政策支持力度。按照政府投入一部分，牧户自筹一部分的原则，鼓励牧户参加农业保险，提高抵御自然灾害的能力。建议在奶业率先开展试点，摸索经验。5. 平抑市场周期性波动。通过生产许可准入制度，提升经营者素质，提高行业发展质量；逐步推行产量控制，调控养殖规模和产量，为实现供求结构平衡、平抑价格波动奠定基础。按照市场原则，理顺价格形成机制。推行契约化经营，积极发展契约经营，发展期货市场。建立完善的肉类储备制度。6. 完善草原生态补偿机制。加快明确省级生态功能区划和功能定位。强化基础研究工作和技术支撑，摸清生态区域、生态保护者的底数。在国家和地方层面，抓紧研究横向生态补偿的法律依据和政策规范。进行资源税改革和环境税制定的研究。

三是加强公共服务体系建设。要在教育、科技创新、技术推广、价格支持等方面加大支持力度，健全服务体系。1. 培养具备现代生产技术、懂得经营管理知识、具有市场意识的新型牧民。完善传统牧区教育体系，充实教育设施，提高人口文化水平。引导人才流向畜产品加工、文化旅游业等；通过职业培训及农业高校产学研结合的形式提高这部分人的知识水平。完善大学生创业贷款等制度，鼓励高校毕业生回乡创业，吸引海外归国人员回乡创业。逐步采取“资格认证”制度，提高畜牧业行业人才门槛。2. 加强动物防疫体系建设。加大无规定疫病区建设力度，积极推行健康养殖模式。健全疫情监测网络、基础设施装备和机构队伍，提升动物疫情监测预警能力和应急管理能力。3. 完善质量安全控制体系。从安全监管体制、法律法规、标准、检验检测、认证认可、科技、信息交流等方面，强化食品安全控制支撑，形成多利益主体密切配合、相互协作的工作局面。实行规范的市场准入制度，强化溯源管理。健全标准体系；加强信息系统建设；积极推行健康养殖模式，加强过程控制和源头控制；强化地方对食品安全监管的统一和协调；发挥行业组织自律，加强社会监督；从监管体制、法律法规标准、检验检测、认证认可、科技、信息交流等方面下功夫；鼓励开展食品安全认证；加大监管力度，完善相关法律法规。对扰乱市场秩序、破坏食品安全的行为加大处罚力度。4. 加快科技创新。要强化科技研究开发，加大科研投入，因地制宜地研究出适合传统牧区的生态技术。如高产、优质、高效的牧草和牲畜品种，防治病虫害技术，草地资源和环境的保护和治理技术，牧场物质循环技术等。加大动物良种工程实施力度，创新繁育体制，推进育繁推一体化。5. 推进畜舍标准化建设。6. 加大道路、通讯、市场设施和饲草基地建设投资，完善道路、交通、水电、网络等公共服务体系。将互联网服务于畜牧业，使传统牧区畜牧业通过互联网平台走向世界。加快牧区物流体系建设，改变传统牧区封闭的面貌，使其走向市场。完善信息服务体系，将信息技术革命的最新成果应用于畜牧业产前、产中、产后，拓宽畜牧业信息渠道。

四是稳定完善家庭经营和规范草场流转。1. 坚持家庭经营的主体地位，提升家庭经营集约化水平。加快草原确权工作。加快舍饲半舍饲养殖业发展，提高集约化水平。改善设施条件、提升机械化水平，提高畜牧业生产的规模化、组织化、专业化水平。2. 完善草牧场经营权有偿流转制度，规范流转双方行为。完善相关法律法规，建立规范的草牧场有偿流转市场和中介组织。做好草牧场流转供求信息服务；通过培训，规范中介组织服务流转程序，规范牧民草牧场流转行为，保护流转双方利益，减少矛盾和纠纷。鼓励和引导牧民按照“自愿、有偿、公平、合理”的原则，加大流转力度，延长流转期限。3. 支持合作社和加工企业发展。支持牧民自组织的合作社的发展；引导合作社完善供应链，创建品牌和走向市场。扩大冷却肉生产，延长肉品保质期。大力发展畜产品加工业，提升制革业和羊毛加工业层次，加快牧机工业改革发展。

五是加大品牌建设。在现行国家认证标准体系下，围绕区域环境、科技和文化特色，制定彰显区域优势和差异化、特色化的畜产品认证标准和产品标准，开展特色畜产品的无公害、绿色认证，建立特色畜产品原产地保护制度，将传统牧区打造成绿色无公害精品畜产品生产基地。保护好苏尼特羊、乌珠穆沁羊、藏羊、草原红牛、藏牦牛等名优品种肉产品，白牦牛、新疆细毛羊、阿尔巴斯绒山羊等名优品种的特色毛、绒产品等驰名中外的品牌。提升产品质量水平。因地制宜地打造绿色生态品牌，加大宣传力度。充分利用“互联网＋畜牧业”，鼓励引导牧民通过互联网拓宽销售渠道，与城市社区和超市建立直销关系，提升品牌。

参考文献

1. Colin G Brown, Scott A Waldron, John W Longworth. 中国西部草原可持续发展研究——管理牧区人口、草场和牲畜系统. 赵玉田、王欧主译. 中国农业出版社,2009 年.
2. Jim Sweet. Livestock-Coping with Drought: Namibia: A Case Study. FAO paper.
3. Tony Banks, Camille Richard, Li Ping, Yan Zhaoli. Community-based Grassland Management in Western China: Rational, pilot Project Experience, and policy implication. Mountain Research and Development, Vol 23, No 2, May 2003,132 - 140.
4. Tony J Banks. GRASSLAND TENURE IN CHINA: AN ECONOMIC ANALYSIS. A paper presented at the Second International Convention of Asia Scholars, Free University, Berlin, 9 - 12 August 2001.
5. Wenjun Li, Saleem H Ali. Simulated Property Rights and Grassland Degradation: a case study of Xilingol Biosphfere Reserve, Inner Mogolia of China.
6. 敖仁其. 草原产权制度的变迁与创新. 内蒙古社会科学(汉文版). 2003 年第 4 期.
7. 敖仁其,席锁柱. 游牧文明的现代价值. 前沿,2012 年,第 15 期.
8. 巴合提娜孜・比克什. 牧民定居与新疆草原畜牧业可持续发展关联研究. 新疆财经大学硕士论文,2011.
9. 包玉山,特格西毕力格. 关于游牧畜牧业的几个理论问题. 中央民族大学学报(哲学社会科学版),2008 年第 5 期.
10. 宝音都仍,根锁,郭晓川等. 草原畜牧业现代发展刍议——以内蒙古锡林郭勒盟正蓝旗为例. 中国草食动物,2008 年第 2 期.
11. 宝音都仍,满达,王治国. 我国山羊绒生产、出口状况及未来发展分析. 中国畜牧杂志,2006 年第 10 期.
12. 暴庆伍等. 草原生态经济协调持续发展. 呼和浩特:内蒙古人民出版社,1997.
13. 财政部,农业部. 西藏自治区建立草原生态保护奖励机制试点工作 2009 年度实施方案.
14. 陈洁,罗丹. 中国草原生态治理调查. 上海远东出版社,2009.
15. 陈洁等. 禁牧对农牧交错带农户生产和生计的影响. 农业经济问题,2008 年第 6 期.
16. 陈洁. 青海省三江源退牧还草和生态移民考察——基于玛多县的调查分析. 青海民族研究,2008 年第 1 期.
17. 陈洁,方炎. 论从传统草原畜牧业到现代畜牧业的转变. 中国软科学,2003 年第 6 期.
18. 陈洁. 荒漠半荒漠草原生态治理与畜牧业发展互动——以新疆富蕴县为例. 中国农村经济,2003 年 12 期.
19. 陈洁. 我国畜牧业发展面临的挑战、问题与对策. 农村工作通讯,2014 年第 21 期.
20. 陈屹松. 自然资源可持续利用的产权制度激励创新研究. 资源科学,2001 年第 3 期.
21. 崔晓黎等. 关于内蒙古自治区草原生态与治理问题的考察报告. 国务院发展研究中心农村部调研报告.

22. 东嘎仓·才让加. 现行草原牧业经济制度中存在的若干问题研究. 西北民族学院学报(哲学社会科学版),2002 年第 5 期.
23. 董筱丹,徐德徽,崔惠玲. 中国奶业发展的污染问题与生态问题. 世界农业,2002 年第 3 期.
24. 杜青林. 中国草业可持续发展战略. 中国农业出版社,2006.
25. 达林太,郑易生. 牧区与市场：牧民经济学. 北京：社会科学文献出版社,2010.
26. 邓艾. 青藏高原草原牧区生态经济研究. 民族出版社,2005.
27. 范爱军,王丽丽. 我国城镇化发展与农民收入增长的实证分析. 山东社会科学,2007 年第 3 期.
28. 樊胜岳,周立华,马永欢. 宁夏盐池县生态保护政策对农户的影响. 中国人口·资源与环境,2005 年第 15 期.
29. 冯静蕾,扎玛,曹建民,盖志毅. 内蒙古草原放牧管理制度对牧民生计的影响——基于内蒙古锡林郭勒盟 4 个嘎查的调查. 中国草地学报,2014 年第 2 期.
30. 付胜利. 我国畜牧业机械化现状及发展趋势. 农村牧区机械化,2012 年第 3 期.
31. 盖志毅. 草原生态经济系统可持续发展研究. 中国林业出版社,2007.
32. 高翠玲. 内蒙古草原畜牧业生产组织制度创新研究. 内蒙古农业大学博士论文,2014.
33. 根锁等. 东北亚干旱地区可持续农业系统开发研究. 呼和浩特：内蒙古科学技术出版社,2009.
34. 国际草原大会. 草原牧区管理——核心概念注释. 2008 年世界草地与草原大会翻译小组译. 科学出版社,2008.
35. 国家发展与改革委员会. 牧区发展调研报告. 2010.
36. 格日乐其其格. 资金投入是内蒙古畜牧业发展的关键. 内蒙古师范大学学报(哲学社会科学版). 2005 年第 6 期.
37. 格日勒图,对锡林郭勒盟边远牧区推广风能、太阳能发电的思考,《内蒙古科技与经济》2007 年第 1 期.
38. 蓝红星. 中国牧区经济社会发展的现状及对策研究. 西南民族大学学报(人文社会科学版),2012 年第 11 期.
39. 李瑾. 畜产品消费转型与生产调控问题研究. 中国农业科学技术出版社,2010.
40. 李鹏,谭向勇. 粮食直接补贴政策对农民种粮净收益的影响分析. 农业技术经济,2006 年第 1 期.
41. 李蕊超,金藏玉,林慧龙. 传统牧区草地农业替代战略——基于 6 大牧区的研究. 草地学报,2014 年第 7 期.
42. 李毓堂. 中国草原政策的变迁. 草业科学,2008 年第 6 期.
43. 李顺. 中国畜牧业发展历程分析及趋势预测. 畜牧经济,2010 年第 12 期.
44. 李群. 中国近代畜牧发展研究. 南京农业大学博士学位论文,2003.
45. 李文华等. 生态系统服务功能价值评估的理论、方法与应用. 中国人民大学出版社,2008.
46. 李文军,张倩. 解读草原困境——对于干旱半干旱草原利用和管理若干问题的认识. 经济科学出版社,2009.
47. 梁春梅,肖卫东. 城镇化发展与农民收入增长关系分析. 山东社会科学,2010 年第 8 期.
48. 林岗,张宇. 产权分析的两种范式. 中国社会科学,2000 年第 1 期.

49. 刘加文. 不断发展的中国草原畜牧业. 草业科学,2010 年第 4 期.
50. 刘加文,草权制度改革势在必行,《中国牧业通讯》,2008 年第 18 期.
51. 刘金祥. 中国南方牧草. 化学工业出版社,2004.
52. 刘黎明,赵英伟,谢花林. 我国草地退化的区域特征及其可持续利用管理. 中国人口·资源与环境,2003 年第 4 期.
53. 马梅,乔光华. 制度变迁背景下的草地退化——以锡林郭勒盟为例. 黑龙江畜牧兽医,2015 年第 6 期.
54. 马兴文. 草场使用及草权制度的历史变迁——基于青海省同德县 X 村的调研. 柴达木开发研究,2012 年第 2 期.
55. 马彦丽,杨云. 粮食直补政策对农户种粮意愿、农民收入和生产投入的影响——一个基于河北案例的实证研究. 农业技术经济,2005 年第 2 期.
56. 马倩. 青海省草原使用权流转现状及对策. 青海畜牧兽医杂志,2003 年第 4 期.
57. 那荣光. 试论全面推行草原有偿承包责任制的若干问题. 新疆畜牧业,1999 年第 3 期.
58. 农业部发展计划司.《农牧民收入情况的对比分析》报告,2010.
59. 农业部课题组. 建设社会主义新农村若干问题研究. 中国农业出版社,2005.
60. 农业部畜牧兽医局委托农业部农村经济研究中心课题. 西部省区草原生态保护和建设措施研究"课题总报告,2003.
61. 潘耀辉. 中国畜牧业生产和肉类消费大趋势. 中国畜牧杂志,2010 年第 12 期.
62. 任治. 草畜分而治之与推进畜牧业可持续发展探讨. 农业经济问题,2003 年第 5 期.
63. 洒文君,刘勇,刘永红. 应用 PRA 方法调查、评定青海省青南牧区"四配套"防灾基地建设成效. 草业与牧业,2008 年第 9 期.
64. 宋元梁,肖卫东. 中国城镇化发展与农民收入增长关系的动态计量经济分析. 数量经济技术经济研究. 2005 年第 9 期.
65. 孙发平,曾贤刚等. 中国三江源区生态价值及补偿机制研究. 中国环境科学出版社,2008.
66. 王关区. 牧区经济发展中存在的主要问题及其对策. 内蒙古社会科学(汉文版),2010 年第 3 期.
67. 王济民等. 畜牧业转型与发展——第十二次全国畜牧业经济高峰论坛文集. 中国农业出版社,2014.
68. 王建革. 游牧圈与游牧社会——以满铁资料为主的研究. 中国经济史研究,2000 年第 3 期.
69. 王金南等. 生态补偿机制与政策设计国际研讨会论文集. 中国环境科学出版社,2006.
70. 王谊鹃. 我国少数民族地区畜牧业存在的问题及发展对策. 改革与战略,2011 年第 8 期.
71. 吴利华,贾玉斌,王志强,曹军等. 对草原畜牧业机械化的思考. 农村牧区机械化,2014 年第 4 期.
72. 乌日陶克套胡. 论蒙古族游牧经济及其基本矛盾. 中央民族大学学报(哲学社会科学版),2007 年第 3 期.
73. 乌日陶克套胡,王瑞军. 内蒙古现代畜牧业发展主导模式选择. 中央民族大学学报(哲学社会科学版),2012 年第 6 期.
74. 席锁柱. 论现代化背景下的游牧生产方式. 前沿,2010 年第 15 期.
75. 香港乐施会资助课题. 西部地区退牧还草政策研究——内蒙古分报告,2004.

76. 阎东兴.《草原法》:促进草原可持续发展的法律保障.国务院法制办公室,2009.
77. 原英.呼伦贝尔盟草原畜牧业可持续发展问题研究.内蒙古农业大学硕士学位论文,2001.
78. 杨振海.努力谱写草原保护建设新篇章.中国草地学报,2009年总第31期第2期.
79. 约翰·W·朗沃斯,格里格·J·威廉姆森.中国的牧区.丁文广主译,甘肃文化出版社,1995.
80. 张小平,韩志敏.内蒙古自治区草原使用权流转现状及对策.内蒙古草业,1998年第2期.
81. 张新焕等.中国畜牧业发展的时空演变及趋势分析.干旱区地理,2003年第3期.
82. 张新时,李博,史培军等.中国科学院生物学部"南方草地资源开发利用"咨询组考察报告.1997.
83. 中国21世纪议程管理中心可持续发展战略研究组.生态补偿:国际经验与中国实践.社会科学文献出版社,2007.
84. 张存根.中国畜牧业经济发展60年变迁.中国牧业通讯,2009年第19期.
85. 王济民等.中国畜牧业发展阶段特征与制约因素及其对策.农业展望,2006年第2期.
86. 张立中.草原畜牧业适度规模经营问题研究.经济问题探索,2011年第12期.
87. 张立中,盖志毅.中国牧区经济与生态协调发展问题研究.商业研究,2009年第12期.
88. 张立中,王云霞.中国草原畜牧业发展模式的国际经验借鉴.内蒙古社会科学(汉文版),2004年第6期.
89. 张弦,刘志颐.中国现代畜牧业发展路径选择.世界农业,2015年第2期.
90. 张新时.我国必须走发展人工草地和草地农业的道路.科学对社会的影响,2010年第3期.
91. 张智山,刘天明.我国草原资源可持续发展的限制因素与对策.中国草地,2001年第5期.
92. 郑玉花.我国草原畜牧业的发展经验、存在的问题及转型思路.畜牧与饲料科学,2014年第4期.
93. 中国林牧渔业经济学会畜牧业经济专业委员会编.第十三次全国畜牧业解决高峰论坛论文集.呼和浩特,2014.
94. 周立,姜智强.竞争性牧业、草原生态与牧民生计维系.中国农业大学学报(社会科学版),2011年第2期.
95. 周其仁.确权是土地流转的前提与基础.农村工作通讯,2009年第14期.
96. 周曙东,崔奇峰.西部传统牧区农村能源消费研究.能源技术与管理,2007年第5期.
97. 周应恒,卓佳.消费者食品安全风险认知研究—基于三聚氰胺事件下南京消费者的调查.农业技术经济,2010年第2期.